人物叢書

新装版

聖《しょう》　宝《ぼう》

佐伯有清

日本歴史学会編集

吉川弘文館

聖宝画像（醍醐寺蔵）

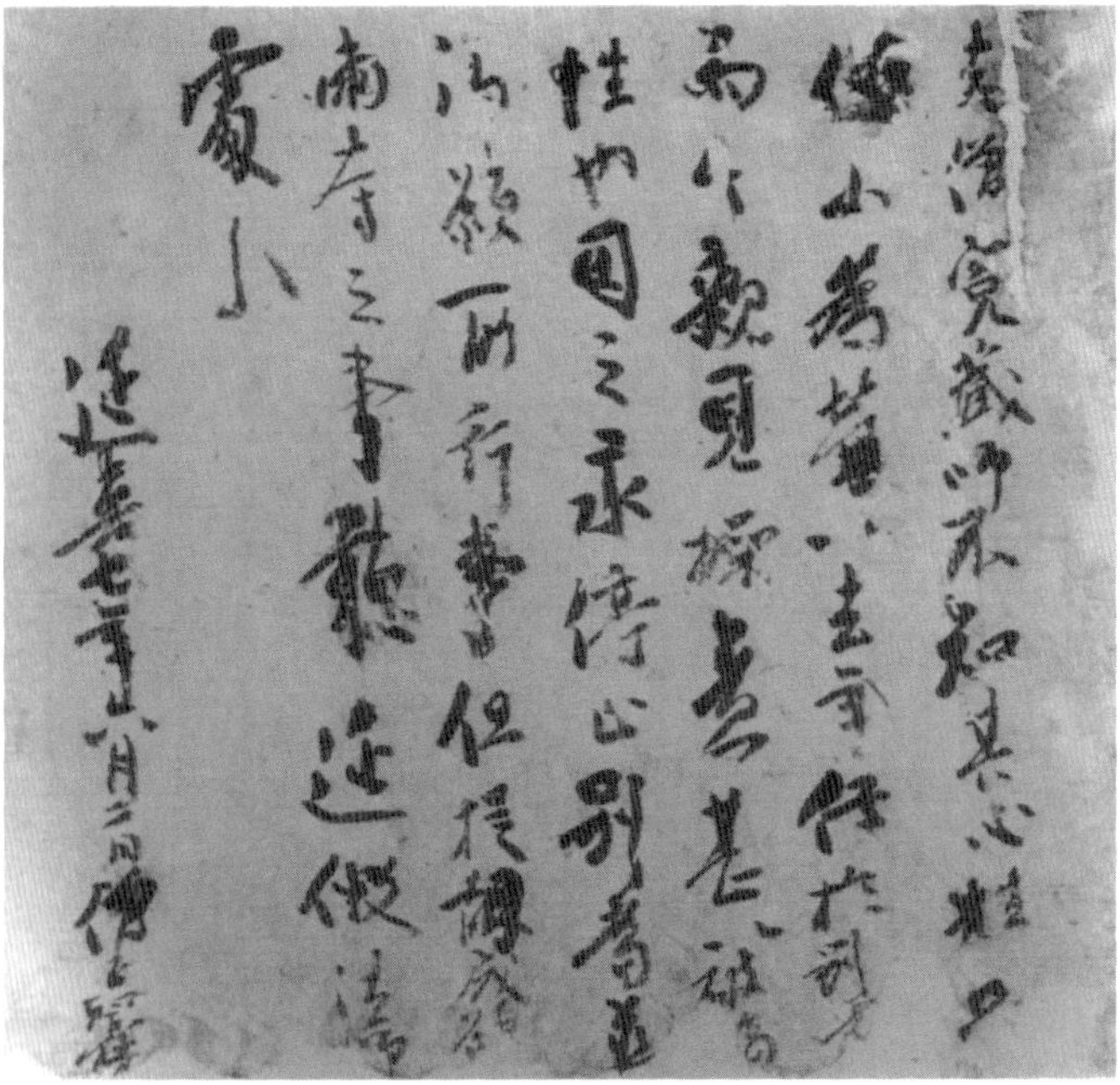

聖宝筆処分状（醍醐寺蔵）
〔213ページ参照〕

はしがき

理源大師聖宝《りげんだいししょうぼう》（八三二―九〇九）は、京都の醍醐寺《だいごじ》を開創し、また修験道当山派《しゅげんどうとうざんは》の祖として、あまねく知れわたっている。古代における名高い僧侶十名をあげるならば、聖宝は、かならずそのなかに顔をあらわすほどの高僧である。

しかしながら聖宝の足跡をたどることは、きわめて困難である。なぜならば聖宝は、主として伝説の世界に生きていて、その行跡《ぎょうせき》をしめす確実な史料は、いたって乏しいからである。そのために今日でも、聖宝の伝記にふれた記述をみると、主として伝説・説話の類《たぐい》をふまえて、聖宝の生涯を説くものが、多く目にとまる。

そうしたなかで、もっとも信頼に足る優れた聖宝についての伝記書は、かつて北海道大学文学部で私の同僚であった大隅和雄《おおすみかずお》氏（現、東京女子大学教授）の著わされた『聖宝理源大師』（昭和五十一年四月、総本山醍醐寺寺務所刊）である。大隅氏は、昭和三十八年（一九六三）の夏以来、醍醐寺の古文書・聖教《しょうぎょう》調査に参加され、現在に至っている。このように聖宝が開山した醍醐寺とのかかわりが深く、かつ日本中世思想史・古代中世仏教史などを専門とされている大隅氏の執筆になる聖宝伝は、他の追随を許さない立派な出来栄えであることは申すまでもない。

したがって本書は、大隅氏の著書に依拠したところが、まことに多い。ただ本書の取り得を、あえてあげれば、大隅氏がもちいられなかった聖宝関係の直接的史料の二、三を新たに取りあげ、また聖宝周辺の史料を生かして、記述をより膨《ふく》らませたところであろう。その幾つかをあげてみると、たとえば聖宝の身近《みぢか》の一族を探りだして、聖宝の出自をより一段と明らかにしたこと、また聖宝の師である真雅《しんが》（八〇一―八七九）の死没した直後に、それまで真雅の実兄空海《くうかい》（七七四―八三五）が創始した真言宗派のなかで傍流の道を歩んでいた聖宝が、にわかに真言宗の本流に躍りでたことは、真雅の生前に、聖宝と師の真雅とのあいだに、それぞれの生き方の違いによる疎隔《そかく》と対立があったことを明確に裏づけていることを指摘した点である。さらに晩年の聖宝の伝記のうえで重要なかかわりをもつ東大寺東南院の前身、佐伯院《さえきいん》（香積寺《こうしやくじ》）の移建問題について、当時の東大寺別当道義《どうぎ》（八二七―九〇五）の行為は、理不尽なものとして非難されているが、そのころの東大寺の動向に眼をひろげてみると、その移建問題は東大寺の失地回復の動きと切りはなすことのできない喫緊《きっきん》の課題であったことを明らかにすることができた点があげられるであろう。

私が聖宝の名前を知ったのは、ずいぶん古いことに属する。私は十歳代の後半に、私の八代前の祖先で、越中富山藩の儒学者として初代の佐伯有望《さえきありもち》（?—一七六九）が、宝暦十三年（一七六三）三月にしたためた家蔵の『由緒書上帳《ゆいしょかきあげちょう》』草稿に、「先祖」として書きあげていた佐伯有若《ありわか》の名前を、神保町の古本屋で、たまたま手にした星野恒《ほしのひさし》（一八三九—一九一七）の序がある『古文書類纂』所載の延喜五年（九〇五）七月十一日付「佐伯院付属状」の末尾に、「越中守従五位下佐伯宿禰有若」とあるのを見いだし、同書を購入して、よく理解できないながらも、その文書を通読し、そこに聖宝の名前が記されているのを知ったのである。それ以来、私は聖宝という僧侶のことが念頭から去らなかった。こうした少年の日の思い出と十五年前に北大日本史学研究室で大隅和雄氏から『聖宝理源大師』を恵贈された時の無量の感慨と学的刺激とが、本書を執筆させる動機となっていることは否定できない。

もともと人物叢書の『聖宝』を執筆することになっていたのは、日本史の各分野で活躍され、早くから修験道史をも一つの専攻とし、聖宝のことにもふれておられた和歌森太郎《わかもりたろう》氏（一九一五―一九七七）である。和歌森氏は、人物叢書『聖宝』を完成させることなく忽然《こつぜん》として世を去られてしまった。もし和歌森氏の聖宝伝が上梓《じょうし》されていたならば、本書とは、ずいぶん異なった特色のあるものとなっていたであろう。和歌森氏の御冥福を、ただひたすら御祈りするばかりである。

一九九一年三月二日

佐伯有清

目次

口絵

聖宝画像

聖宝筆処分状

挿図

第一　聖宝の出自と出家

一　聖宝の家系

天長九年四月の宴

天長《てんちょう》九年（八三二）四月十五日、淳和《じゅんな》天皇は南殿《なでん》（紫宸殿）に出御《しゅつぎょ》し、左衛門府《さえもんふ》および左《さ》兵衛府《ひょうえふ》からの献上物を受け取った。この日、南殿では盛大な宴会が催され、音楽が入れ替わり奏され、歌舞妓《かぶぎ》の演ずる舞い遊びも花やかであった。群臣《ぐんしん》は酔《よ》い痴《し》れて、乱舞する有り様であった。わずか八日前にも、これと同じような宴会が南殿で催され、「群臣、具《とも》に酔《よ》はざること莫《な》し」（『類聚国史』巻七十八、献物、天長九年四月己巳条）といった状況が繰り広げられたばかりであった。

旱魃と飢饉

天皇・群臣が初夏の宴《うたげ》に興《きょう》じていたころの世相は、それとは打って変わって、きわめて深刻であった。前年の旱魃《かんばつ》が災いして、飢饉が全国的に蔓延《まんえん》するにいたっていたからである。

去年、秋稼《しうか》稔《みの》らず、諸国、飢《き》を告《つ》ぐ。今茲《いまここ》に疫旱《えきかん》相《あ》ひ仍《よ》り、人物夭折《えうせつ》す。加以《しかのみならず》、往々《わうわう》火災ありて、民《たみ》、或は所を失ふ。

とは、五月十八日に発せられた勅文《ちよくぶん》の一節である。

経典の転読による祈雨

この時、全国で十七日間、『大般若経《だいはんにやきよう》』を転読させ、「禍《わざはひ》を転《てん》じて福《ふく》と為《な》さ」しめようとしたのであった（『類聚国史』巻百七十三、凶年、天長九年五月己酉条）。『大般若経』の転読は、その前日にも、八省院《はっしょういん》（朝堂院）に百僧《ひやくそう》を集めて行なわれていた。また練行僧《れんぎょうそう》（仏道の修行を積んだ僧侶）の居住している山寺に使者を派遣して諸僧に経を読ませている。これは、いずれも祈雨のためであった（『日本紀略』天長九年五月戊申条）。八省院では、十九日にも読経が行なわれ、降雨を祈るために集まった僧侶たちは、中庭《なかにわ》で日に晒《さら》されながら至心に誓願したという（『日本紀略』天長九年五月庚戌条）。その効果といえば、その日の午後に雨がぱらついた程度であった。

寺院での止雨祈願と賑給

ところが、七月に入ると一転して、連日風雨に悩まされることとなった。八月十一日に、十三大寺の僧、二百人に僧位一階が叙せられたのは、八日から十五日まで、それぞれの寺院で止雨を祈るために『大般若経』を転読したことにたいする褒美としてであった。しかし、その月末には大風雨に見舞われ、河内《かわち》と摂津《せっつ》の国では、「洪水汎溢《はんいつ》し、堤防決壊《けっくわい》す」(『日本紀略』天長九年八月己卯条)といった状態となった。伊賀《いが》の国をはじめ、諸国で飢えに苦しむ人びと、火事で家を失った人びと、病気に悩む人びと、そして洪水で家財を流された者たちにたいする賑給《しんごう》(国郡の正税から稲粟などを人びとに施すこと)が、あいついでなされた。

聖宝の誕生と家柄

こうした災厄《さいやく》に明け暮れた年に、聖宝《しょうぼう》は生まれたのである。聖宝の俗名は恒蔭王《つねかげおう》といい、父は正六位下の位《くらい》に相当する兵部大丞《ひょうぶのだいじょう》の官職に就《つ》いていた葛声王《かつなおう》であった。この父子の名前から知られるように、聖宝は王氏《おうし》の家柄《いえがら》であって、天智《てんじ》天皇の皇子である施基皇子《しきのみこ》(?—七一六)を始祖としていた名門であった。

春日王の後裔

施基(志貴・志紀・芝基)皇子の子には、後に光仁《こうにん》天皇となる白壁王《しらかべおう》や湯原王《ゆはらおう》・榎井王《えのいおう》・春日王《かすがおう》などの兄弟がいた。聖宝は、その兄弟のうち春日王の子孫といわれ、また五世の王であったと伝えられている。春日王の子孫で、もっとも著名なのは、参議に任ぜられ、大同元年(八〇六)五月に春原朝臣《はるはらのあそん》の氏姓を賜わった五百枝王《いおえおう》である。五百枝王の父は市《いち》原王《はらおう》、祖父は安貴王《あきおう》で、ともに万葉歌人として名高い。その安貴王の父が春日王なのである。実はこの春日王は、聖宝の高祖父にあたる春日王とは別人であって、五百枝王の曾祖父である春日王は、施基皇子の兄である川島《かわしまの》(河島)皇子《みこ》の子であったとみなされている（黛弘道「律令時代に於ける計世法」『律令国家成立史の研究』所収参照）。

同族の賜姓

　いま五百枝王の曾祖父にあたる春日王ではなく、聖宝の高祖父の春日王の子孫で、聖宝が活躍していたころの同族の人たちについて見てみると、『三代実録』仁和元年二月十五日辛丑《しんちゅう》の条の記事が注目されるのである。

　左京《さきやう》の人、大舎人助《おほとねりのすけ》正六位上氏宗王《うぢむねわう》の男峯兄《だんみねえ》、峯行《みねゆき》、峯良《みねよし》、峯安《みねやす》、峯依《みねより》、峯永《みねなが》、正六位上氏世王《うぢよわう》の男俊実《だんとしざね》、正六位上浜並王《はまなみわう》の男有相《だんありすけ》、正六位上弥並王《いやなみわう》の男善益《だんよします》、秋実《あきざね》、秀範《ひでのり》、春淑《はるとし》、正六位上富貞王《とみさだわう》の男恒並《だんつねなみ》、恒世《つねよ》、今恒《いまつね》、浄恒《きよつね》、良並《よしなみ》、恒身《つねみ》、恒秀等《つねひでら》の十九人に姓惟原朝臣《これはらのあそん》を賜ふ。其《そ》の先《せん》は田原《たはら》天皇の後春日親王《のちかすがのみこ》自《よ》り出《い》づるなり。

田原天皇と春日王

　この賜姓《しせい》記事にみえる田原天皇は、施基皇子のことであって、施基皇子の子白壁王が天皇になったので、施基皇子にも田原天皇の称が追尊《ついそん》されたのである。その子の春日王もまた天皇の皇子に準じて親王と呼ばれることになった。仁和元年（八八五）二月に惟原《これはらの》朝臣《あそん》の氏姓を賜わった峯兄《みねえ》以下、十九名の人たちの続柄《つづきがら》は、幸いにも系図が伝えられているので明らかにすることができる。

「恒」の字の通り名

　次頁に掲げた系図によって明らかなように、惟原朝臣の氏姓を賜わった峯兄らの父親、すなわち氏宗王《うじむねおう》、氏世王《うじよおう》、浜並王《はまなみおう》、弥並王《いやなみおう》、富貞王《とみさだおう》は、ともに五世の王であって、聖宝

惟原朝臣氏の系図

- 施基(志貴)皇子
  - 春日王(一世王)
    - 高田王(二世王)
      - 近海王(三世王)
        - 美努王(四世王)
          - 氏宗王(五世王)
            - 峯兄
            - 峯行
            - 峯良
            - 峯安
            - 峯依
            - 峯永
          - 氏世王
            - 俊実
        - 国前王
          - 浜並王
            - 有相
          - 弥並王
            - 善益
            - 秋実
            - 秀範
            - 春淑
      - 長谷王
        - 真貞王
          - 富貞王
            - 恒並
            - 恒世
            - 今恒
            - 浄恒
            - 良並
            - 恒身
            - 恒秀

(備考)　この系図は宝賀寿男編著『古代氏族系譜集成』上巻所載の「天智天皇裔氏族」系図を参照し、さらに『三代実録』仁和元年二月十五日辛丑条の記事にみえる富貞王の男七名を加えて作成したものである。

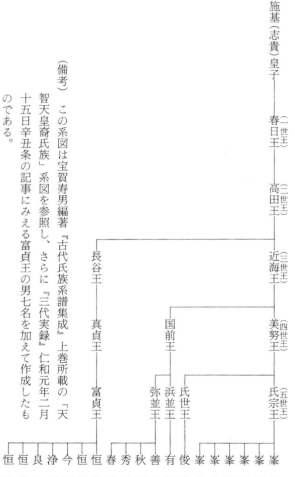

と世代を同じくしている。さらに系図を見て注目されるのは、五世の王の富貞王の子の多くが「恒」の字を通《とお》り名《な》としていることである。「恒」の字は、聖宝の俗名にもふくまれていた。しかも、この一族のあいだでは、「氏」「並」「世」「実」などの字が、兄弟をこえて、ひろく名前にもちいられている。とすると聖宝、すなわち恒蔭王は、恒並、恒世ら兄弟の近親者であって、恒並らの父富貞王とは従兄弟の続柄にあったとも考えられる。その関係を系図にしてみると、

（一世王）春日王―（二世王）高田王―（三世王）長谷王┬（四世王）葛声王―（五世王）恒蔭王（聖宝）
　　　　　　　　　　　　　　　　　　　　　　　　└（四世王）真貞王―（五世王）富貞王┬恒並
　　└恒世
（以下略）

となる。これはあくまで推定ではあるが、聖宝の俗名恒蔭王の「恒」の字に着目すれば、上述したような続柄は、あながち否定しがたいであろう。聖宝が僧籍に入らずに、子孫をもうけていたならば、その氏姓が惟原朝臣《これはらのあそん》となったことは確かである。

讃岐の国の生まれとする説

惟原朝臣の氏姓を賜わった恒並らは、いずれも平安左京の人であった。出家するまで恒蔭王と称していた聖宝もまた左京の人であったと伝えられている。聖宝はまた大和の国の人とも讃岐の国で生まれたともいわれている。大和の国の人であるとするのは、「聖宝が南都の諸寺で修学し、大和の諸山を跋渉して修行したことから出たもの」（大隅和雄『聖宝理源大師』）と考えてよいかもしれない。ただし、『密宗血脈鈔』には、「大和の国の人、兵部丞（ママ）葛声王の息」とあり、また同書に引く『或記』に、「大和の国の（ママ）兵部大丞葛声王の息」とみえ、さらに『石山寺座主伝記』が引用している『石山寺僧宝伝』には、「大和の国の人、兵部郎中葛声王の子」と記されているように、いずれも大和の国の人であることを聖宝の父葛声王《かつなおう》に冠して述べている。そこで、「葛声王大和より左京に移り玉ふか」（竜海『理源大師寔録《りげんだいしじきろく》』上）という推論も、しりぞけられない。平安京に都が移されるまで葛声王の家は、大和の国を本貫《ほんがん》の地（本籍地）としていたことは確実である。

いっぽう、聖宝が讃岐の国の人であるとする説は、文永十一年（一二七四）から建治元年（一二七五）までの間に成立した『明匠略伝《めいしょうりゃくでん》』に、「讃岐の国の人なり」と記されているのが、もっとも古い。ついで元亨《げんこう》二年（一三二二）に撰述された『元亨釈書《げんこうしゃくしょ》』にも、「讃州《さんしゅう》の人」とある。また遥かにくだっては、聖宝を讃岐の国鵜足郡《うたりぐん》狭岑島《さみねじま》の人とする伝説がある。狭岑島は、沙弥島《しゃみじま》（香川県坂出市沙弥島）ともいい、塩飽《しわく》諸島のなかの一島である（現在は埋め立てられて四国本土と陸続きとなっている）。伝説によると、聖宝の母が、この地に流されてきた時、もしくは、ある罪をきて大宰府に流されていた夫《おっと》の葛声王を慕って大宰府へ行く途中、この地に着いて聖宝を産んだという。そして天安二年（八五八）ごろ聖宝が讃岐の国を巡錫《じゅんしゃく》したさいに、沙弥島に一堂を建てて、亡き母を追福《ついふく》したという話がある（竜海『理源大師寔録』上、参照）。また同島の権現山《ごんげんやま》の山頂（二八メートル）にある上円《じょうえん》下《か》方墳《ほうふん》の陪冢《ばいちょう》である千人塚《せんにんづか》は、聖宝の母の墓であると言い伝えられている。さらに塩飽諸島の一島である本島《ほんじま》（香川県丸亀市本島町）にある正覚院《しょうがくいん》（妙智山観音寺、本島町泊《とまり》）の地が聖宝の誕生地であるという異伝もあって、諸説紛々《ふんぷん》としている。

聖宝の母は佐伯直氏か

聖宝の誕生地が讃岐の国と結びついているのは、聖宝の母が、讃岐の国の佐伯直《さえきのあたい》氏の出身であったことによるのかもしれない（大隅和雄、前掲書参照）。聖宝が讃岐の国の佐伯直氏の一族である空海《くうかい》の実弟真雅《しんが》の門に入って出家したのも母方の縁によるものであったことをうかがわせる。

二　真雅と東大寺の僧房

真雅のもとで出家

聖宝が真雅《しんが》（八〇一―八七九）のもとで剃髪《ていはつ》し、仏教の修行に励むようになったのは、承和《じょうわ》十四年（八四七）、十六歳の時のことであった。その年に師の真雅は、東大寺の別当に補任《ぶにん》されている。

真雅の経歴

真雅は、大同四年（八〇九）九歳の時に、讃岐の国から平安京に入り、弘仁七年（八一六）十六歳の時に、兄空海のもとで真言《しんごん》を学んだ。同十年（八一九）に東大寺において具足戒《ぐそくかい》を受け、二十三歳の時に、内裏《だいり》において真言三十七尊の梵号《ぼんごう》を唱誦《しょうじゅ》した。その「声《こゑ》は、珠《たま》を貫《つらぬ》くが如《ごと》く、舌端《ぜったん》は渋《とどこほ》らず。皇帝、之を悦《よろこ》びて厚く施《ほどこ》」（寛平五年六月三日付『故僧正法印大和尚位真雅伝記』）したという。真雅二十三歳の時は、弘仁十四年（八二三）にあたるので、真雅の内裏での梵号唱誦は、その年の十月十三日、空海がこの日から三日三夜にわたって皇后院において息災《そくさい》の法を行《ぎょう》じた時か、もしくは十二月二十三日、空海が長恵・勤操《ごんぞう》らとともに清涼殿《せいりょうでん》で大通方広《だいつうほうこう》の法を修した（『日本紀略』弘仁十四年十月癸巳条、および同年十二月癸卯条参照）さいではなかったかと推察されている（高木訷元「真雅」『国史大辞典』所収参照）。

東大寺での修業

その後、承和二年（八三五）に弘福寺《ぐふくじ》の別当となり、同十四年に東大寺の別当に任ぜられた時、真雅は四十七歳であった。

真雅のもとで出家した十六歳の聖宝は、当初、東大寺で修業していたらしい。そのころの聖宝をめぐる著名な伝説に、次のようなものがある。

修学の比《ころほひ》、東大寺の東僧房の南第二室に住めり。件の房は、本願の時従《よ》り、鬼神が栖《すみか》たるに依り、内作《ないさく》（内部の造作）もせず、并《なら》びに荒室《あらむろ》と号し、人が住むこと能《あた》はず。而して居住の房無《な》きに依りて、件の室に寄住す。其の間、鬼神種々の形を現《あらは》し、戟《ほこ》を持ちて遂に勝つことを得ず。鬼神、他処《たしよ》に去《さ》り畢《をは》んぬ。（『醍醐根本僧正略伝』）

東大寺の僧房にすむ鬼神伝説

聖宝が居住していた東大寺の東僧房の南第二室は、建立した時から鬼神の栖《すみか》となっていたため、内部の造作もしないままに放置され、「荒室《あらむろ》」と名づけられて僧侶が住める状態の部屋ではなかった。聖宝は住む所がなかったので、その部屋に寄宿することになった。鬼神は、さまざまな形であらわれたけれども、聖宝に対抗することができないで、ついに退散していったというのである。

『東大寺要録』にみえる伝説

この伝説は、聖宝の示寂後二十八年がたった承平七年（九三七）九月に書かれた『醍醐《だいご》根《こん》本僧正略伝《ぼんそうじょうりゃくでん》』に、すでに書きとめられているので、かなり早くから語られていた伝説

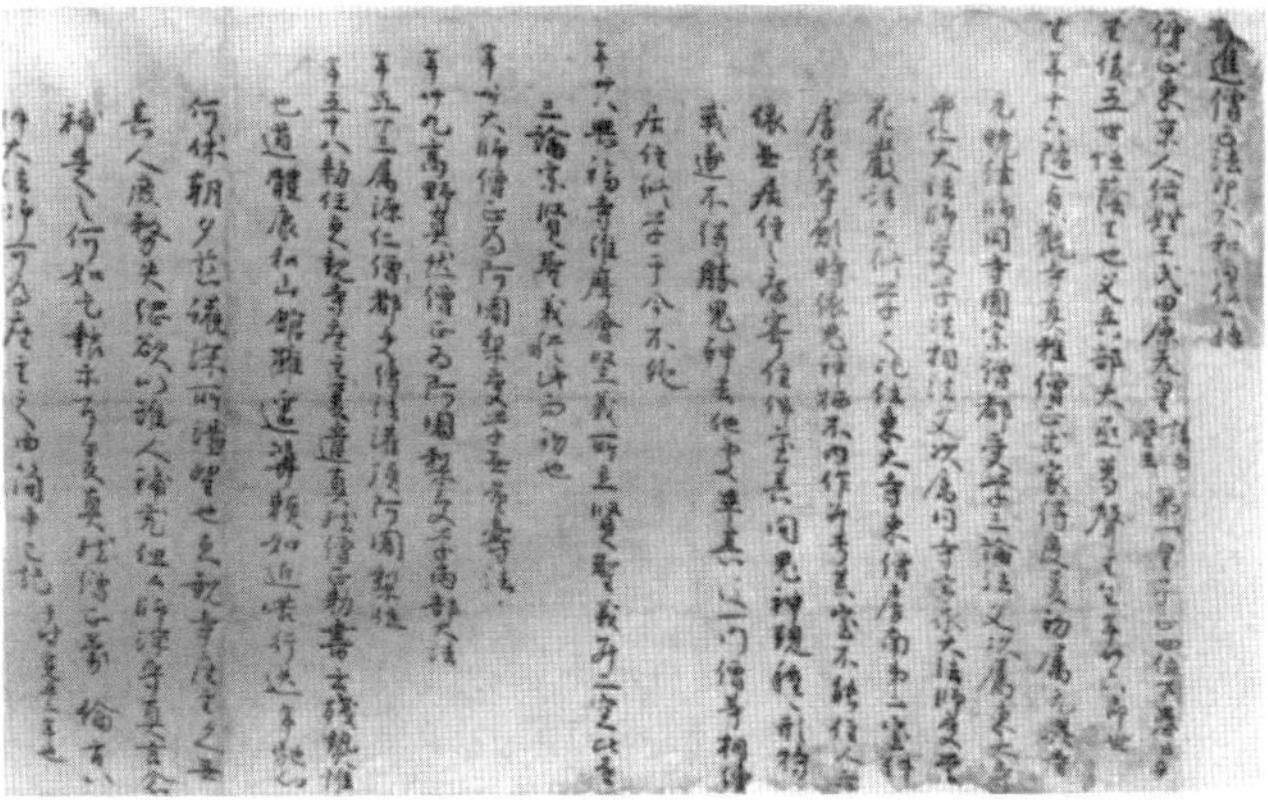

『醍醐根本僧正略伝』（醍醐寺蔵）

である。これとほぼ同じ説話が、建長六年（一二五四）十月に成立した『古今著聞集《ここんちょもんじゅう》』にもあって、ひろく知られている。この間、聖宝をめぐる鬼神伝説は、尾鰭《おひれ》がついて語り伝えられ、そうした伝説で古いものに属するのは、元永元年（一一一八）に成立した『東大寺要録』諸院章第四、三面僧房の条に記載されている耆宿《きしゅく》が語ったという話である。

　三面の僧房の東室南端自《よ》り第二坊は、聖宝僧正の住房なり。建立の時従《よ》り、鬼神が栖《すみか》たるに依り、内造を畢《をは》らず。仍りて荒室《あらむろ》と号す。古従《いにしへよ》り未だ寄住の人有《あ》らず。而して彼《か》の僧正、少年の時に、師資相承《ししそうじょう》の由《よし》を注して、寺務《じむ》に請《こ》へり。時に未だ一人の弟子も在《あ》らず。寺司、咲《せう》を含《ふく》み乍《なが》ら判を与《あた》へ了《をは》んぬ。請得の後、此の坊に孤《ひと》り宿《やど》る。其の夜、燈を燃やし終夜学問す。睡眠を除《のぞ》かんが為《ため》に、傍《かたは》らに茶一杯を置き、鬼神を相ひ待つ。徐《おもむろ》に夜半に至り、天井従《てんじやうよ》り大蚍《だいだ》、頭《かうべ》を傾《た》れ、口を開《ひら》きて、将《まさ》に呑噉《どんたん》せんとす。其の蚍の頭影、茶の底に写《うつ》る。僧正仰《あふ》ぎ見て、剱を抜きて切り落《お》とす。明旦《めいたん》に至りて、雌蚍《しだ》人に現《げん》じて僧正に申して云ふ。此《こ》の坊は頃年《けいねん》（近年）の住室なり。吾《われ》、今夫《いまをつと》を失《うしな》ひ、住処も又亡《うしな》ふ。願《ねが》はくは慈哀《じあい》を垂《た》れて居処を許さる可《べ》しと。然して僧正、他所に移《うつ》さ令《し》む。其の間、多く奇妙の事有《ことあ》り。勝《あげ》で計《かぞ》ふ可《べ》からず。是れ則《すなは》ち一蚍《いちだ》の命《いのち》、多くの人の寿《よはひ》を与《あた》ふ。此の小𦬇《せうぼさつ》、戒を持して饒益有情《ねうやくうじやう》と名《な》づけらる。非道を行なふも仏道に通達するとは、此の謂《いは》れか。

聖宝の住房に大蛇があらわれる話は、『元亨釈書』の聖宝伝にも記されているが、それには、

初め東大寺の東坊に鬼の祟《たたり》有り。衆、懼《おそ》れて居さず。宝（聖宝）、請《こ》ひて住めり。鬼、形を現《げん》じ争ひ拒む。宝、屈せず、鬼、他所に移る。爾後《そののち》、此の宇に嬈害《ぜうがい》（わずらわしい害）無し。一夕の燈下、書を此に読む。傍《かたは》らに茶盞《ちやさん》を瀹《ひた》して、昏睡《こんすゐ》に備ふ。中夜、大蚍梁間自り下る。影、盞中に見ゆ。宝、仰ぎて叱《しか》る。蛇忽ち見えず。

とある。ここでは鬼神伝説と大蛇伝説とが別の時点のこととして語られている。しかし、『元亨釈書』よりも二百年余り前に成立した『東大寺要録』に載せる耆宿が語ったという伝説のように、鬼神が大蛇の姿をとってあらわれた話のほうが原形に近いであろう。ただし耆宿の話も、そうとう要約されており、またかなり原話に潤色が加えられていると思われる。

『尊師御一期日記』にみえる鬼神伝説

たとえば、「文永年中（一二六四―一二七五）、此の記、金峯山《きんぶせん》自《よ》り尋ね得て、書写せられ候所なり」という奥書《おくがき》のある『尊師御一期日記《そんしごいちごにっき》』によって、その省略されている箇所、あるいは潤色されている部分が推しはかられる。それには、「伝に云はく」として、

修学の間、東大寺の東僧房の南第二室に住めり。件の房は、建立の時従《よ》り、鬼神が栖《すみか》たるに依り、内造を畢《をは》らず。因りて荒室《あらむろ》と号す。古《いにしへ》自《よ》り未だ寄住の人有らず。而して居住の房無《な》きに依りて、師資相承《ししさうじよう》の由を注して、寺司に請《こ》へり。時に未だ一人の弟子も有《あ》らず。寺司、咲《せう》を含《ふく》み判を与《あた》へ了《をは》んぬ。之を請得し、件の房に居住す。其の間、鬼神種々の形を現《あらは》し、戟《ほこ》を持ち相《あ》ひ嬈乱《ぜうらん》せんと欲す。然《しか》りと雖《いへど》も遂に勝つことを得ず。鬼神、力屈《ちからくつ》して隟《すき》を伺《うかが》ふこと能《あた》はず。遂に示現《じげん》を致して、他所に移り去り了《をは》んぬ。鬼神と相ひ争ふの間、奇異の事、勝《あげ》て計《かぞ》ふ可《べ》からず。

という伝説が掲げられている。これを一読して、ただちに気がつくのは、聖宝の伝記でもっとも古い『醍醐根本僧正略伝』に記されている文と、十二世紀の初頭に成立した『東大寺要録』にみえる耆宿の語った伝説の文と、ほぼ同じ文章が右の伝説にみられることである。しかし、この伝説には、大蛇出現の話はみられない。聖宝が、師資相承《ししそうじょう》の次第を書き記して、寺務《じむ》(寺内の事務を掌る役)に要請した理由が『東大寺要録』にみえる話では良くわからない。ところが『尊師御一期日記』では、同じ文の上に、「而して居住の房無きに依りて」とあるように、『醍醐根本僧正略伝』にみえる文と同様な文言《もんごん》があって、聖宝が、どうして寺務を訪れたかが理解できる。したがって『東大寺要録』にみえる耆宿の話は、聖宝が居住する房がなかったので、寺務を訪ねることになる部分の言葉が省略されていることがわかる。このことから耆宿の話には、ほかにも省略されているところがあることが察せられる。そこで意を補って耆宿の話を再現してみると、次のようになろう。

大蛇退治の伝説

聖宝が少年の時に、まだ住む房舎がなかったので、師資相承の次第を書き記して、寺務に住房をあたえてくれるように願いでたのである。その時、聖宝には、まだ一人の弟子もいなかったので、寺司は嘲笑《あざわら》いを浮べながら住房を認める判を押してくれた。それを受け取った聖宝は、建立以来、鬼神が住むと恐れられていた東僧房の南第二室に居住することになった。その夜、聖宝は燈を燃やし、徹夜で学問にはげんだ。眠気《ねむけ》ざましに茶一杯を用意して鬼神があらわれるのを待っていた。真夜中になると、天井《てんじょう》から大蛇《だいじゃ》が頭を垂《た》れ、口を開いて、まさに聖宝を呑みこもうとした。大蛇の頭が、茶碗《ちゃわん》の底に写ったので、聖宝は上を向いて、剱を抜いて大蛇を斬り落とした。翌朝になると、雌《めす》の蛇が人になってあらわれ、聖宝に、「この部屋は、近年、私たちの住んでいた部屋です。私は、いま夫《おっと》を喪《うしな》い、住居もまた失《うしな》ってしまいました。どうか、慈《いつく》しみ哀《あわ》れんでくださって、住まわせてください」と懇願した。そこで聖宝は、その雌の蛇を他の所に住まわせた。その間、多くの奇妙なことが、数えきれないほどあった。すなわち一匹の蛇が命《いのち》にかえて、多くの人びとの寿命を延ばしてくれることになったのである。蛇であるこの小菩薩《しょうぼさつ》は、戒律を堅く遵奉したので、饒益有情《にょうやくうじょう》（もろもろの衆生を救済すること）と名づけられた。道理にはずれている行ないをしたものでも、仏の説いた道によく熟達するというのは、これを言うのである。

伝説にひそむ真相

さらにこの伝説の奥にかくされている意味を汲みとってみると、次のような破戒の僧の姿が浮びあがってくる。出家したばかりで、まだ一人の弟子も持っていない駆《か》け出しの僧侶である聖宝を侮《あなど》った寺司が、ひとつ聖宝を脅《おど》かしてやろうと、鬼神の出るという部屋をあてがった。実は、その寺司は、かねがね鬼神の栖《すみか》だと触れまわって、人びとを恐れさせ、その部屋に人を住まわせないでいた。そしてこっそりと「妻」をその空き部屋に置いていたのである。寺司は鬼神が出ると聖宝に語ったのに、聖宝は、いっこうに怯《ひる》まず、その部屋に長く住みこむ気配であった。これでは寺司にとって、まことに都合が悪い。蛇の姿に化けた寺司が、聖宝を驚かせ、部屋から退散させようとして夜中にあらわれたのはよいが、逆に聖宝に剱で打ち殺されてしまう結果となった。翌朝、隠れていた寺司の「妻」があらわれて、ことの次第を聖宝に話し、聖宝は、その「妻」の住み場所を見つけてやった。聖宝が「夫」の寺司を打ち殺す前に、仏の説いた道を寺司に諄々と説いたのであろう。だからこそ寺司は、一命にかえて、多くの人びとの命を救うことを誓ったのである。

金峯山における大蛇退治伝説

もちろん、この話は実際にあったことではない。この大蛇伝説は、後にふれるような金峯山《きんぶせん》における聖宝の大蛇退治伝説に影響を受けて、鬼神伝説に結びつけられたものではないかと考えられるであろう。しかし、金峯山での聖宝の大蛇退治伝説の成立は、十三世紀のごく末期、もしくは十四世紀の初頭であって（宮家準「聖宝伝説考―修験道の伝承を中心として―」『インド古典研究』六所収参照）、聖宝の住房にかかわる大蛇伝説が記録されている年次よりも、およそ二百年も後に成立しているのである。したがって、大蛇伝説は、金峯山での大蛇退治伝説にもとづいて、あらたに造作されたものではないことになる。むしろ金峯山での大蛇退治伝説のほうが、住房での大蛇伝説によって、後世に語られだしたのであった。ちなみに『元亨釈書』に記されている大蛇伝説では、聖宝がただ蛇を叱りつけただけで、剱で斬り落とした話が落とされている。これは僧侶である聖宝が剱を身のまわりに置き、大蛇を斬るといった話は、ふさわしいことではないから、故意に抜剱のことを抜き去ったのであろう。『東大寺具書』にみえる醍醐寺がわの主張には、聖宝が「大蛇を切るの剱」で造ったという仏像を安置してあることがみえる。この伝えによると、聖宝の身のまわりにあった剱は、仏像を制作するためのものであった。ただし、醍醐寺がわの伝えでは、大蛇を斬ったのは聖宝ではなく、「誰人」かが斬った「異朝伝来」の剱であるとしている。

大蛇伝説の背景

もっとも早く成立した『醍醐根本僧正略伝』には、鬼神伝説だけを記し、大蛇伝説はともなっていない。だからといって『東大寺要録』に載せる耆宿の語った大蛇伝説が、はるか後世の所産であるとは断じられない。確かに鬼神伝説に潤色が加えられて大蛇伝説が添えられたとは考えられるけれども、その成立は、かなり古いとみなしてよいであろう。鬼神伝説の背景に、「当時の東大寺の中における派閥的な争いを想像することもできようし、聖宝の験力《げんりき》を伝えたものと理解することもできるであろう」（大隅和雄、前掲書）が、またいっぽう大蛇伝説の背景には、当時の東大寺の僧侶の破戒行為や腐敗堕落した状況があったことを推察できるかもしれない。

三　聖宝の修学時代と師僧たち

円仁の帰国と義空の渡来

聖宝が出家した承和十四年（八四七）には、足かけ十年におよぶ入唐求法の旅を終えた円《えん》仁《にん》（七九四—八六四）が大宰府に帰着している。またこの年には、唐僧の義空《ぎくう》が法弟の道昉《どうぼう》をともなって日本に渡来している（高木訷元「唐僧義空の来朝をめぐる諸問題」『高野山大学論叢』一六所収参照）。唐僧の義空は、日本に仏心宗《ぶっしんしゅう》（禅宗）を伝えた僧侶として禅宗史のうえで忘れられない人物となっている。

義空と円珍

義空と同時代の人である円珍（八一四—八九一）は、その著『諸家教相同異略集《しょけきょうそうどういりやくしゅう》』のなかで、問ふ、此の宗（禅宗）は、誰が之を将来せるや。答ふ、山上の先先《せんせん》の入唐求法大師等（最澄と円仁）、親しく此の道を承《う》けて帰朝するなり。唯《ただ》、安国禅院《あんこくぜんいん》（檀林寺）の大唐の義空和上有《あ》り。自ら其の宗の人なり。彼の入室の弟子源謂《げんしょ》禅師は、面《まのあた》りに之を受得するなり。

と、義空のことに言及し、さらに円珍は、『仏説観普賢菩薩行法経文句合記《ぶっせつかんふげんぼさつぎょうほうきょうもんくごうき》』巻下末において、

其の度縁を得る受戒の僧尼は、只《ただ》、己《おのれ》が活《いく》る為にして、曾《かつ》て護法守戒の心《こころ》無し。衣色は俗に同じくして、都《すべ》て定色無し。他《か》の客僧《かくそう》義空等をして昔《むかし》、鑒真《がんじん》より来《こ》のかた此《ここ》の伝戒、何の軌則《きそく》か有《あ》らんと責め令《し》む。僧頭《そうとう》、唐に似《に》るも、行《ぎやう》と衣とは、曾《かつ》て交接すること無く、一切の行事は、多く戒と背《そむ》く。傷《いた》む可《べ》し、傷む可し。

と述べ、義空ら唐僧が、当時の日本の僧尼が護法守戒の精神に欠け、腐敗堕落していると批判していたことを取りあげている。承和十四年閏三月八日付の「太政官符《だいじょうかんぷ》」によれば、平安京の常住寺《じょうじゅうじ》（京都市北区北野の北野廃寺跡が、同寺の寺跡といわれる）の別当・三綱《さんごう》（上座・寺主・都維那《ついな》とよばれる三人の役僧）などが腐敗していたことを同寺の十禅師《じゅうぜんじ》願修《がんしゅう》らが、その上表で、「件の寺は、皇城に迫近《はくきん》し、男女、濫《みだ》れること多し」と指摘し、また「頃《けい》年《ねん》、別当・三綱、主従混雑し、各々《おのおの》、房舎を営み、堂塔の破損を顧《かへり》みること無く、濫行《らんかう》

して、還《また》、十禅師を汚《けが》す」と述べている。

常住寺の場合からも察せられるように、聖宝が出家したころの僧尼の濫行には、目に余るものがあった。なかでも寺務をつかさどる上座《じょうざ》などの僧侶の貪欲《どんよく》行為も、ひろく蔓《はびこ》っていた。そのような乱れに聖宝が果敢《かかん》に抵抗していたことを物語る説話がある。『宇治拾遺物語』巻第十二の「聖宝僧正一条大路渡《わた》る事」が、それである。

僧尼の濫行

聖宝、東大寺の上座僧に争いを挑む

その昔《むかし》、東大寺に上座法師で、きわめて富裕な僧侶がいた。取るに足りない物でも他の人に与えることをせず、物惜《ものお》しみをし、貪欲《どんよく》で罪深く思われた。聖宝は、そのころまだ若い僧であったが、聖宝は、この上座の僧侶の物を惜しむ罪の極端さを見るにみかねて、故意に争いごとをもちかけ、「あなたは何をしたら多くの僧たちに供養をしますか」と言うと、上座の僧侶は、「争いごとをして、もし負けた時に供養してもつまらない。そうかといって、多くの僧侶のなかで、こういうことについて何も答えないのも残念なことである」と思い、聖宝には、とてもできそうにないことを思いついた。そこで聖宝に、「賀茂祭の日に、まる裸《はだか》になり、褌《ふんどし》だけで、干鮭《からざけ》を太刀としてさし、やせた牝牛《めうし》に跨《また》がって、一条大路《いちじょうおおじ》を大宮《おおみや》(皇居)から賀茂川の河原《かわら》まで、『わたしは、東大寺の聖宝である』と大声《おおごえ》で名乗りをあげて通ってみよ。そうすれば、東大寺の大衆《だいしゅ》から下部《しもべ》にい

たるまで、すべての僧たちに大いに供養を施すことにする」と語った。上座の僧侶は、心のなかで、そのように言っても、聖宝は、いくらなんでも、そうしたことはやらないであろうと思い、かたく賭《かけ》の約束をしたのである。上座の僧侶は、聖宝をはじめ東大寺の大衆《だいしゅ》をすべて呼び集めて、大仏の前で鐘《かね》を打って誓い、仏に告げて去って行った。

裸になった聖宝

上座の僧侶が約束した日が近くなって一条の富小路《とみこうじ》に桟敷《さじき》を構《かま》え、聖宝が通るのを見ようと東大寺の大衆がすべて集まってきた。上座の僧侶も、もちろん群集のなかに顔を見せていた。しばらくして、一条大路の見物の人たちが、ひどく騒《さわ》がしくなった。何事が起こったのかと思って、頭を突きだして西の方を見てみると、牝牛に跨がった裸の聖宝が、干鮭を太刀としてさし、牛の尻を鞭《むち》で打ち、そのあとから何百何千という子供たちがついてきて、「東大寺の聖宝が、上座の僧侶と賭をして、今こそお通りだ」と大声をはりあげてやって来たのである。この年の賀茂祭において、これが、まさに第一の見ものであった。

聖宝との賭に負けた上座僧

こうして東大寺の大衆《だいしゅ》は、それぞれ寺に帰り、上座の僧侶に大いに供養を施させたのである。これを聞いた天皇は、「聖宝は、自分の身を捨てて、他の人を導く立派な人物である。現代に、どうしてこのような尊い人物がいたのであろうか」と聖宝を召しだして、僧正に昇任させたのである。

すでに指摘されているように、「この説話は、聖宝が権僧正になったのが七一歳、僧正になったのが七五歳のことであることなどを考えると、結びの部分などは説話らしい誇張であると思われるが、これも聖宝の豪放な性格を語っており、東大寺修業時代の聖宝の姿をしのばせるのである」(大隅和雄、前掲書)。この説話に聖宝の豪放な性格を読みとることもさることながら、さらに、この説話に強欲《ごうよく》な東大寺の上層部の僧侶にたいして、聖宝が批判の眼《まなこ》をそそぎ、敢然《かんぜん》として上座の僧に抵抗する聖宝の姿勢を見てとることもできる。

説話からみた聖宝の性格

十三世紀の初期に成立した『宇治拾遺物語』とほぼ同時期に撰述された『古事談《こじだん》』の「聖宝、始めて加茂の祭に渡りし聖人たる事」の条に、「加茂祭に聖人の渡る事は、聖宝僧正渡り始めけり。その後 僧《(ママ)》 賀上人渡らると云々」とあるのは、聖宝が裸《はだか》になって腰に干鮭《からざけ》(ひものの鮭)を太刀として佩《は》き、牝牛《めうし》に跨《また》がり、賀茂祭の行列の先頭《せんとう》に立って行進し、見物の人びとを仰天させ、聖宝との約束を履行しなければならない破目にさせた東大寺の上座僧についての説話をさしているとみなしてよい。

牝牛に跨がった聖宝

右に引いた『古事談』の短い文にみえる 僧《(ママ)》 賀上人、すなわち増賀《ぞうが》(九一七―一〇〇三)にも

増賀の異装説話

聖宝の異装説話とまったく同類の逸話があることは、よく知られている。

僧正（良源）の慶賀を申せし日に（良源が僧正に任ぜられ参内した天元二年〈九七九〉の時）、前駈の員《かず》に入りて、増賀干鮭《からざけ》をもて剣となし、牝牛《めうし》をもて乗物となせり。供奉《ぐぶ》の人劫け去らしむといへども、猶しもて相従ひて自《みづか》ら曰く、誰人か我を除きて、禅房（高僧である良源をさす）の御車の牛口前駈を勤仕せむやといへり。

増賀の批判精神

この逸話は、大江匡房《おおえのまさふさ》（一〇四一―一一一一）の『続本朝往生伝』にみえるものである。鴨長明（一一五五―一二一六）が撰述したといわれる『発心集《ほっしんしゅう》』の「多武峯《たふのみね》僧賀上人、遁世《とんせい》往生の事」にも、同じ話がふくまれている。それには、「乾鮭《からざけ》と云ふ物を太刀《たち》にはきて、骨の限《かぎ》りなる女牛《めうし》のあさましげなるに乗つて」、行列の先駆《ぜんく》となったとある。

干鮭を太刀にして牝牛に乗る増賀

（『扶桑隠逸伝』より）

増賀の異装説話は、増賀が痛烈な批判精神の持ち主であったことを物語っているものである。竜海の『理源大師寔録』では、聖宝と増賀のこれらの説話

を取りあげて、

裸形にて鮭を太刀とし、痩牸牛《やせめうし》に乗りて、加茂祭の日、人叢裡《じんそうり》を跳行すなど、一ツとして、東大寺の住侶、登壇得戒の和尚分のなすべき作業ならず、若《もし》王命に依て、国家の大事、衆民を救ふための破戒ならば、会釈の設《まうけ》やうもあるべけれど、一人を化せんがための小利益に、尽《ことごとく》未来際《みらいざい》をかけて誓ふ大戒を破り、日本風顛漢《ふうてんかん》の始祖となり玉ふ事は、あるまじきなり、こは増賀ひじりの事を取ませて、かくいひしとみゆ。

と論じている。ここでは、「東大寺の住侶、登壇得戒の和尚分のなすべき作業ならず」という点から聖宝の異装行為が事実あったことではないと否定されている。ただ、こうした理由だけで聖宝の行為の有無を論じることはできないが、「こは増賀ひじりの事を取ませて、かくいひしとみゆ」という指摘は、一考を要する問題である。

聖宝の干鮭太刀伝説

たしかに増賀の異装説話は、十二世紀初頭に成立した『続本朝往生伝』に載せられているのにたいして、聖宝の説話は、それよりも百年も後の『宇治拾遺物語』に、はじめてみえるのである。増賀は聖宝の没後十八年たってからこの世に生を享《う》けた人物であるとはいえ、その異装説話は、聖宝のそれよりも早く成立し、それにもとづいて聖宝の干鮭太刀伝説が語られだしたと考えることができる。両者に共通する説話があるのは、ともに痛烈な批判精神の持ち主であったからにほかならない。

干鮭太刀の話

なお同類の干鮭太刀の説話は、『今昔物語集』の「右近《うこん》の馬場《むまば》にて殿上人《てんじょうびと》の種合《くさあわせ》せし語《こと》」のなかにもみえる。その種合《くさあわせ》（種々趣向をこらしたものを出して競いあう行事）は、後一条天皇の万寿四年（一〇二七）ごろに行なわれたさいの話である。左右に分かれての種合での勝負も半ば進んだころになって、左方から関白藤原頼通《よりみち》の随身《ずいしん》であり、騎馬の名手として世に知られていた近衛舎人《このえのとねり》下毛野公忠《しもつけののきみただ》が、競馬《くらべうま》の装束で、もっともすばらしいものを着用し、平文《ひょうもん》（金銀や貝などで模様をかたどったものに漆をかけ、磨きだして平らにしたもの）の移《うつ》し鞍《ぐら》（供奉などの時、馬寮から乗りかえ用として給わった乗馬に用いる鞍）を置いたこれまたすばらしい駿馬に跨がって、左方の控えの建物の南から馬場に打って出たのである。公忠が意気揚々《いきようよう》としていると、右方の控えの建物から打って出た者がいた。見ると、ひどく貧相な老法師《おいほうし》が、くたびれた装束を身に着け、枯鮭《からざけ》（干鮭）を太刀に佩《は》いて、粗末な鞍を置いた牝牛《めうし》に乗って出てきたのである。下毛野公忠は、これを見て激怒し、怒りの言葉を口にしながら、さっさと引っ込んでしまった。それを見た右方の者は手をたたき、大いに笑いあったという。

不正なことに抵抗する聖宝

この話の末尾に近いところで、関白頼通は、右方の頭中将《とうのちゅうじょう》源顕基《みなもとのあきもと》をはじめ右方の人びとを不快に思っており、そこで右方の者は、関白が「左方をひいきにしている」と言って関白を恨んだと語られている。例によって干鮭の太刀と牝牛といった異装の僧侶がかかわっているこの話にも、関白頼通にたいする抵抗・批判の精神が介在していることが読みとれる。下毛野公忠を激怒させた異装の話は、実際にあったことを語り伝えたものとみなすことができる。これにたいして聖宝や増賀の異装説話は、まゆつば物である。しかし、こうした説話が聖宝にともなって伝えられているのは、不正なことにたいして批判・抵抗する聖宝の姿勢が顕著であったことにもとづくものであることは、みとめられるであろう。

多くの学僧に師事元興寺の願暁

真雅のもとで出家した聖宝は、幾多の学僧に師事して学業を磨いた。聖宝が最初に学んだのは、三論宗の教義であって、元興寺の願暁《がんぎょう》（?―八七四）と円宗《えんそう》（?―八八三）とが、その師であった。願暁は、薬宝《やくほう》・勤操《ごんぞう》に従って三論を研習し、法相宗唯識および密教に通じていた。承和十二年（八四五）十月、維摩会《ゆいまえ》講師《こうじ》となり、貞観六年（八六四）二月、伝燈大法師位から法橋上人位に移り、律師となった。同十六年（八七四）三月二十七日、入滅したが享年は未詳である。聖宝の伝記である『尊師御一期日記』には、願暁の師資相承《ししそうじょう》について、「私に云く、三論の師宗《しそう》相伝に云ふ。道慈律師、善議大徳、勤操僧正、願暁律師、聖宝僧正なりと。又《また》、智蔵、智光、霊叡、薬宝法師、願暁と相承するなり」とみえる。つまり願暁は、道慈にはじまる大安寺流の三論と智蔵・智光の流れに属する元興寺流の三論教学をあわせ学んだのである。その著書としては、『因明義骨《いんみょうぎこつ》』『金光明最勝王経玄枢《こんこうみょうさいしょうおうきょうげんすう》』『大乗法門章《だいじょうほうもんしょう》』『内外万物縁起章《ないげまんもつえんぎしょう》』などが知られている。これらの著書のうち『金光明最勝王経玄枢』は、密教的色彩を帯びたもっとも早い時代の著作といわれ、「十義」のうちの六の秘密法を説いているところに、「広くは蘇悉地、金剛頂等の如《ごと》し」とあって、願暁が『蘇悉地経』や『金剛頂経』に関する知識を持っていたことが知られ、願暁は明らかに密教に接触していたのである（大屋徳城『寧楽仏教史論』第四章「平安朝以後の寧楽仏教」参照）。

願暁の『金光明最勝王経玄枢』

ちなみに本書の序文を書いた「従四位下文章博士兼播磨権守菅原朝臣」は、菅原道真《すがわらのみちざね》の祖父清公《きよとも》である。清公が「文章博士兼播磨権守」であったのは、『続日本後紀』承和九年十月丁丑の条の薨伝《こうでん》に、

天長元年、出て播磨権守と為《な》る。左貶《さへん》と異《こと》ならず。時《とき》の人《ひと》、之を憂《うれ》ふ。二年八月、公卿議奏すらく、国の元老、まさに遠離《えんり》すべからずと。更《あらた》めて都に入らしめ、文章

博士を兼《か》ねしむ。三年三月、亦、弾正大弼に遷《うつ》り、信濃守を兼ぬ。

とあるのによれば、天長二年（八二五）八月以降、同三年三月以前の間であったことがわかる。ただし、天長四年五月十四日付の『経国集』の序に、「従四位上行大学頭兼文章博士播磨権守臣菅原清公」とみえるので、清公は同四年五月当時も播磨権守を兼任していた。しかし清公が従四位下から従四位上に昇ったのは、同四年正月二十一日のことであったから（『類聚国史』九九、叙位、天長四年正月癸未条）、願暁の『金光明最勝王経玄枢』の序を清公が叙述したのは、やはりそれ以前としなければならない。同序には清公の位階を従四位下としているからである。したがって『金光明最勝王経玄枢』の成立は、天長三年（八二六）ごろとみなしてよいであろう。

願暁は名僧

願暁は、すでに記したように貞観十六年（八七四）三月に没しているので、それより四十九年前に成立した『金光明最勝王経玄枢』は、願暁のきわめて若い時分に執筆した著述であったことになる。清公が、同書の序で、願暁のことを、「元興寺に願暁法師有り。夙《つと》に真地《しんち》に登り、深く慧門《ゑもん》に入る。果葉を四諦《したい》に照らし、円対《ゑんたい》を一乗《いちじょう》に転ず」（元興寺には願暁がいて、子供の時から仏土に登って、深く教法に入った。木の実や葉を四諦《したい》〈苦諦・集諦《じったい》・滅諦・道諦の四つの真理〉に照らし、円教《えんぎょう》〈完全な教え〉と対機《たいき》〈法を説くこと〉を一乗〈一切衆生がひとしく仏に成ること〉に転じた）と讃えている。願暁は、若くして名僧として知られていたのである。

願暁の因明関係著書

願暁の因明関係の著書で、これまでに知られているのは、上記したように『因明義骨』であるが、円珍が撰述した『山王院蔵書目録』（『山王院蔵』）には、『因明義骨』二巻のもとに「奈良坂暁律」として願暁の名前が記されている。なお同目録には、「暁記」として『因明疏問答』一巻、「暁」として『因明九句弁三支問答』一巻、同じく『因明問答』二巻が著録されているが、これらの書は、いままで願暁の著書として、あげられることのなかったものであり、願暁が因明学にも詳しかった学僧であったことがわかる（佐伯有清「円珍と山王院蔵書目録」『成城文芸』一三二参照）。

元興寺の円宗

聖宝が三論の教学を修めたもうひとりの師である円宗《えんしゅう》は、願暁と同門であって『東大寺具書』には、「本元興寺の隆応、願暁、円宗は、同じく同寺（元興寺）の薬宝、竝《なら》びに東大寺の玄覚に受く」とある。円宗の名前が、もっとも早くみえる史料は、貞観元年（八五九）十二月二十五日付の「近江国依智荘検田帳」であって、それには元興寺の三論衆学頭の玄豊《げんぼう》らが勘収したことを記す署名のなかに別当としてみえる（竹内理三編『平安遺文』一—一一〇参照）。ついで円宗は、貞観十一年（八六九）十月に興福寺維摩会の講師となり、翌十二年正月には御斎会の講師をつとめた。その時、円宗は伝燈大法師位であった（『三代実録』貞観十二年正月八日辛酉条）。同十六年十二月、律師となり、元慶七年（八八三）十月、少僧都となった。この時、法橋上人位の僧位にあった。円宗は、同年十二月二十二日に没したが、願暁と同じく享年は伝えられていない。

円宗の著書

円宗に著書のあったことは知られていない。しかし円珍の『山王院蔵書目録』に著録されている『因明九句問答』一巻のもとに「香山宗都」とあるのは、少僧都であった円宗のことであって、円宗に著書のあったことが、これによって知られるのである。「香山」は、香山薬師寺（新薬師寺）、もしくは香山寺のことであり、円宗は晩年に香山寺に居住していたと考えられる（佐伯有清、前掲論文参照）。なおこの香山寺は、香山寺ともいう香山薬師寺（新薬師寺・香薬寺）ではなく、南大和にあった香山寺《かぐやまでら》（香久山寺・興善寺、奈良県橿原市戒外町）であったと思われる（福山敏男「新薬師寺と香山寺」『日本建築史研究』所収参照）。

東大寺の平仁

次に聖宝は、東大寺の平仁《ひょうにん》のもとで法相宗《ほっそうしゅう》の法文を受学した。平仁について『尊師御一期日記』に、

私に云《いは》く、空晴僧都の四人の碩学の弟子に真義、仲筭、守延、平仁あり。之《こ》の平仁か。時代を尋ぬ可《べ》し。此の人、或は僧綱補任の中の維摩講師の所に有《あ》り。次第、昇進、委しく勘す可《べ》きか。若しくは又《また》、他人になるか。私に云《いは》く、又《また》、空晴僧都の弟

子に平仁と云ふ人有るは、同名なるか。

とあることからもうかがえるように、その経歴に不明なところが多い人物である。空晴《くうせい》（八七八—九五七、空晴は「こうじょう」とも訓む）は、興福寺の法相の碩学で、同寺の別当となった学僧であるが、元慶二年（八七八）の生まれであるから、その門弟の平仁が、聖宝の師の平仁でないことは、明らかである。「平仁も、仁和二年の維摩会講師であるが、……頗る其の伝を詳にしない」（境野黄洋『日本仏教史講話』）といわれている。しかし、あらためて史料を精査してみると、断片的ながら聖宝の師の平仁の像が浮かびあがってくる。

平仁の経歴

師蛮《しばん》の『本朝高僧伝』の栄仁《えいにん》伝にあわせて、平仁の伝があり、それに、「又《また》、釈平仁、東大寺に居す。栄仁《えいにん》と同宗にして、一字の名も同じ。講を歴《ふ》ること亦《また》同じ。仁和三年、宮中最勝会に講師として択任《たくにん》せらる」とあるのは、従来の指摘と、それほどの違いはない。ここに仁和三年（八八七）に、最勝会の講師となったとあるのは、『三代実録』仁和三年正月八日壬午の条に、「大極殿に於て、始めて最勝王経を斎講す。東大寺の僧法相宗伝燈大法師位平仁を以て講師と為《な》す」と記されているのによったのである。また『尊師御一期日記』に、「此の人、或は僧綱補任の中の維摩講師の所に有り」とあるのは、『僧綱補任』仁和二年の条に「講師、平仁〈法相宗、東大寺〉」とあるのを指している。『三会定一記』仁和二年の条にも、「講師、平仁〈東大寺、法相宗〉、竪義《りふぎ》〈民勢〈律宗〉研学の初なり〉」とみえ、「今年、興福寺、薬師寺の解《げ》に依り、又維摩・最勝二会、各々竪義一人を加ふ」と記されている。

平仁、高雄山寺で灌頂を受ける

さて平仁のことが記録にあらわれる最初は、『高雄山寺灌頂歴名』においてである。この文書によると弘仁三年（八一二）十二月十四日、高雄山寺で胎蔵界の灌頂を受けた人びとのなかに沙弥《しゃみ》である平仁の名前が記され、また翌四年三月六日、同寺で金剛界の灌頂を受けた人びとのなかにも沙弥として平仁の名前が見いだせる。前者には、「平仁〈虚空無辺〉」（竹内理三編『平安遺文』一一—二四九）とみえ、後者には、「平仁〈虚〉」（同上書、一一—三五二）とある。弘仁三年末の灌頂のさいには最澄・泰範・円澄・光定らが、また翌年三月の灌頂にあたっては泰範・円澄・光定らが灌頂を受けていて、天台宗関係の僧侶が、かなり含まれていたことで知られている（田村晃祐『最澄』〈人物叢書一九三〉参照）。

平仁の生涯

平仁が仁和三年（八八七）正月、最勝会の講師をつとめた時から数えると、弘仁三、四年の灌頂は、実に七十五、六年前のことであるから、平仁が、かなり長寿の人であったことになる。とすると空海から灌頂を受けた沙弥の平仁は、聖宝の師の平仁とは別人であるという疑いもかけられないではない。しかし、『東大寺要録』に引用されている『天地院師資次第』に、「僧正良弁、次に実忠和尚の資は、等定《とうぢやう》大僧都、〻(等定)の資は、平仁已講〈律宗を兼ぬ〉、〻(平仁)の資は、大僧都祥勢《しやうせい》〈律宗、戒和上《かいわじやう》、花厳を兼ぬ〉なり」とあるのを見ると、平仁は、延暦十九年（八〇〇）に没した等定のもとで、幼年時代に出家したことが推察できるので、弘仁三、四年の高雄山寺で灌頂を受けた平仁は、聖宝の師の平仁と同一人物であるとみなしてよい。そして平仁が最初に寄住した寺院は、東大寺の子院《しいん》である天地院（法蓮寺）であったのであろう。ちなみに等定の師である実忠は、『東大寺要録』所収の「東大寺権別当実忠二十九ケ条」によって、弘仁六年（八一五）四月二十五日当時も在世していたことがわかり――実忠は、「生年、既に九十の員《かず》に入る」と述べているので、かなり長寿の人であった――、また平仁の資《し》（弟子）とされている詳勢《しようせい》（八一一―八九五）は、弘仁二年（八一一）の生まれであるから、右の天地院の師資次第には、年代的な矛盾はみとめられない。

平仁は律宗の徒

良弁にはじまり等定にいたる教学は、華厳宗であったから、平仁は当初、華厳を学び、そして胎蔵界と金剛界の灌頂を受けたように真言にも接していたのであった。さらに「律宗を兼ぬ」と『天地院師資次第』にみえるとおり、平仁は、鑑真の流れに属する律宗の徒でもあった。天平勝宝七歳（七五五）、鑑真が東大寺内に創建してから天平宝字三年

（七五九）に唐招提寺《とうしょうだいじ》に移るまで居住していた唐禅院《とうぜんいん》の「師資次第」が、『東大寺要録』、および『東大寺続要録』に記されている。それには、鑑真の弟子法進《ほっしん》の弟子十人のうち景《けい》深《じん》の門弟として「平仁已講」の名前があげられている（『要録』と『続要録』との間に異同があるが、境野黄洋、前掲書掲載の律宗系統図による）。

平仁は道義の師

さらに平仁は、あとでふれることになる東大寺の別当道義《どうぎ》の師であって（『東大寺別当次第』伝燈大法師道義の項参照）、東大寺の修二会《しゅにえ》の時に読まれる『東大寺上院修中過去帳《しゅうちゅうかこちょう》』（『二月堂過去帳』）には、宇多天皇のもとに道義とともに「平仁已講」が名をつらねている。

平仁の師の玄永

聖宝の師平仁は、上述したように華厳をも学んだ僧侶であったが、聖宝が華厳の教学を本格的に修めたのは、東大寺の玄永《げんにょう》（玄栄）のもとにおいてであった。玄永は、等《とう》定《じょう》の弟子正進《しょうしん》（？—八〇四）の門弟であって、相弟子に興智がおり、玄永は興智とともに碩学として評判の高い人物であった。玄永は興智よりやや年少であったらしく、興智の門にも入った（『本朝高僧伝』参照）。玄永は仁寿四年（八五四）四月、伝燈大法師位智戒らとともに七道諸国の名神社で『大般若経』を転読し、民福を祈るために遣わされている。時に伝燈法師位であった（『文徳実録』斉衡元年四月丁巳条）。また貞観十四年（八七二）には維摩会の講師となり、翌十五年正月には最勝会の講師となった。時に「東大寺僧華厳宗伝燈大法師位玄永」と記録されている（『三代実録』貞観十五年正月八日甲戌条）。仁和年間には東大寺の修二会に関係し、『東大寺上院修中過去帳』に「玄栄已講」とみえる。

東大寺の真蔵

さらに聖宝は、鑑真の弟子法進の流れを受けつぐ律宗をも兼学し、その師は真蔵《しんぞう》であった（延喜五年三月二十七日付「唐禅院師資次第」『東大寺要録』所収参照）。真蔵の経歴は不明であるが、聖宝は東大寺の唐禅院で真蔵に師事し、律の教学を修めたのであろう。

聖宝の修学の特徴

以上みてきたように聖宝は真言を真雅から学んだのをはじめとして、三論宗を願暁と円宗に、法相宗を平仁に、華厳宗を玄永に、そして律宗を真蔵について学んだのであった。いくつかの宗派の教学を兼ね修めることは、当時の僧侶のあいだでは、さして珍しいことではなかったが、聖宝の研修は、とくに際立《きわだ》っているといわなければならない。それは聖宝のあくなき仏教教理の探究精神によることもさることながら、聖宝の修学時代に仏教界の腐敗堕落の傾向が強まっていたなかで、仏教の真理が、どの宗派から得られるかを模索してのことであったようにも思える。後世の東大寺の僧凝然《ぎょうねん》（一二四〇―一三二一）が著わした『三国仏法伝通縁起《さんごくぶっぽうでんずうえんぎ》』の三論宗の項において、凝然は聖宝のことを「三論を以て本宗《ほんしゅう》と為《な》し、法相、華厳、因明、倶舎、成実を兼学す。顕宗《けんしゅう》の義途《ぎと》は、精覈《せいかく》にして究暢《きうちゃう》し、秘蔵《ひざう》の真言《しんごん》は、旨帰《しき》を研覈《けんかく》す。包括《はうくわつ》の徳は、敵対する者無し（三論を本宗とし、法相・華厳・因明・倶舎・成実を兼学し、顕教《けんぎょう》の正しい道を詳しく調べて、究め広げ、密教の真言の趣旨を深く明らめ究めた。その包括した教化に対抗できる者はいなかった)」と評している。この評言は、他者に抽《ぬき》んでて諸宗派の研学につとめた聖宝にたいする言葉として、まことにふさわしいものといえるのである。

第二　聖宝の山林修行

一　聖宝と真雅の確執

東大寺での受戒

聖宝が東大寺の戒壇《かいだん》に登り、受戒したのは、仁寿三年（八五三）のことであったとする伝えがある（雲雅『理源大師行実記』、祐宝『続伝燈広録』参照）。これは聖宝が二十二歳の時であり、受戒後に、元興寺の願暁らに随従したという説もある（雲雅、前掲書、竜海『理源大師寔録』参照）。しかし、これらの説は、聖宝に理源大師《りげんだいし》の諡号《しごう》が贈られた宝永四年（一七〇七）以後に成立した伝記書にみえるものであるから、にわかに信ずることはできない。

四国遍歴

また天安二年（八五八）、聖宝が二十七歳の時に四国を遍歴し、讃岐の国で観賢《かんげん》（八五三—九二五）を見出だしたという著名な説話がある（雲雅、竜海、前掲書参照）。だが、その年次も観賢が五、六歳の童子のころであったという他の記録によって割りだされたものであると思われるので、聖宝が天安二年に四国を巡錫《じゅんしゃく》したと確信をもっていえることではない。

真雅との確執

聖宝の四国巡錫の発端は、聖宝と師の真雅との確執によるものであったと伝えられている。その説話を記しているもっとも古い記録は、『醍醐《だいご》雑事記《ぞうじき》』（『慶延記《けいえんき》』）に収められているものである。その説話は、次のようなものであった。

真雅の肖像
（『先徳図像』，東京国立博物館蔵）

真雅の愛犬を猟師にあたえる

真雅は、犬をたいそう可愛がり、大事に飼っていた。聖宝は、犬を憎み嫌悪していた。二人の犬にたいする愛憎は、水火《すいか》の仲といってよいものであった。真雅が外出していた折りに、門前に猟師が行ったり来たりして、犬を見ながら、いかにもその犬を欲しそうなそぶりをあらわしていた。聖宝は、それを察して欲しいなら捕《つか》まえて、早く立ち去れと言った。猟師は、たいそう喜んで犬を連れていってしまった。

真雅の怒り

やがて真雅が寺に帰ってきて、食事の時間に愛犬を呼んだが、もちろん犬は顔をみせなかった。翌日になって真雅は、犬を探したが、犬の姿はどこにもみあたらなかった。

この時、真雅は怒って、「この寺房には犬を憎んでいる者がいるのを、わたしは知っている。わたしの寺房のなかの者で、わたしが犬を可愛がっているのを受け入れない者は、同宿させるわけにはいかない」と言った。

四国への旅立ち

この時、聖宝は自分のしたことを顧みて、真雅の言いつけを気にかけ、寺を抜けだして四国《しこく》に旅立ち修行につとめることになった。讃岐の国に行った聖宝は、人家の前で乞《こつ》食《じき》をしていると、門のあたりに五、六歳くらいの子供が遊んでいた。聖宝が立ちどまって、よくよく見ると、その子供は非凡な顔だちをしており、仏法の大立《おおだ》て者となるにちがいない相《そう》をしていた。

子供を都につれて帰る

聖宝が、その子供に父親はどこにいるのかと訊くと、子供は、「父は田植をしているが、母は家にいる」と答えた。聖宝が、子供の家に行って物を乞うと、家の主《あるじ》は、聖宝を見て深く尊敬の念をおこし、「食物を召しあがるか」と言ったので、聖宝が「いただこう」と応じると、大豆の飯を新しい黒色の土器に盛ってきて、食べるように勧めてくれた。食事をすませて立ち去ろうとしたら、門の外には、まだその子供がいた。そこで聖宝が、「さあ坊や、都《みやこ》に来ないか、美しいものを見せてあげるよ」と話しかけると、その子供は、「はい」と答えた。聖宝は子供を抱いて、足早《あしばや》にそこを立ち去ったのであった。

聖宝の苦労

ほどなく都に帰ってきた聖宝は、仁和寺《にんなじ》や般若寺《はんにゃじ》などの庵室《あんしつ》に、その子供を置き、都に出かけては乞食《こつじき》をつづけ、一日《いちにち》に供養を受けた食物は、あくる日の分に残すことができなかった。このような苦労をかさねて、聖宝は、月日《つきひ》を送っていた。

藤原良房との出会い

ある日、中御門《なかみかど》の下で、しきりに先払《さきばら》いの声がして、集まっている人びとを追いはらっていた。聖宝は扉《とびら》の陰《かげ》に隠れて、ひそかに見ていると、先払いの主人が藤原良房《ふじわらのよしふさ》であることがわかった。聖宝が扉の陰に隠れていたにもかかわらず、良房は聖宝に目をとめて、驚いた様子で、「どういうお方か」と訊ねた。聖宝が、「乞食《こつじき》法師である」と答えると、良房は、「あなたは非凡なお方であろう。深く敬意を表したい。しかるべき日に、かならずわたしの家に来てもらえないか。お話ししたいことがある」と語った。聖宝は、それに応じたのであった。

藤原良房の要望

邸《やしき》にもどった藤原良房は、「しかじかの日に、僧がやって来て案内を乞うたら、すぐに取りつげ」と家人に命じた。約束した日に、聖宝が参上すると、徳の高そうな老人が出てきて、すぐに取りついでくれた。良房は、聖宝を召し入れ、普段着《ふだんぎ》のまま聖宝と対面した。しばらくして良房は若君《わかぎみ》を呼びだして、聖宝に、「申しつけたいのは、この若君のために祈禱してもらいたいことだ。今後、祈禱してもらえないものか」と言った。

聖宝は、それを引き受けることにした。

良房、子供に会う

その後、聖宝が、子供を般若寺に住まわせて、乞食《こつじき》をしながらその子供を養っていることを良房に話したところ、良房は、「それは喜ばしいことだ」と言って、聖宝を座席にすわらせたまま、若君《わかぎみ》の衣服を持たせて、子供を迎える使者を般若寺に遣わした。やがて連れてこられた子供を見た良房が、「この子供は、非凡な相《そう》があり、聡敏《そうびん》さも人に抜きんでている。この邸に住まわせ、若君と遊ばせたい」と言うと、聖宝は、「毎日、倶舎《くしゃ》の頌《じゅ》（世親《せしん》の著で唐の玄奘《げんじょう》が訳した『阿毘達磨倶舎論本頌《あびだつまくしゃろんほんじゅ》』）を読ませているので、御殿《ごてん》に伺《し》候《こう》させれば、学問は怠りがちになるから、時々参上させたい」と答えた。

般若寺の僧正観賢

その子供は、読書をすれば、たちまち理解してしまい、ふたたび質《たず》ねるようなことはなかった。たちまち倶舎の頌三十巻を覚えてしまったのである。般若寺の僧正観賢《かんげん》こそが、この子供なのであった。

勘当された聖宝

ついで聖宝が師の真雅から勘当《かんどう》されていることを良房に語ると、良房は、「わたしが一緒に貞観寺《じょうがんじ》へ行って、勘当を許してもらえるようにしてやろう。その日になったら来てほしい」と言った。それに応じた聖宝は、良房のもとを退出した。

金剛草履に訝る

藤原良房は、家人に命じて墨染《すみぞ》めの衣服と狩袴《かりばかま》、そして金剛草履《こんごうぞうり》（藁《わら》または藺《い》で作った大きくて丈夫な草履）を用意させた。聖宝が約束した日に参上すると、良房は以前のように対面し、用意させた衣服と狩袴を聖宝に着せて、同じ車で貞観寺へ向かった。良房の車が貞観寺に近づくと、先払いの声が、しきりに聞えてきたので、寺の人びとは、良房がどのような用事で、寺にやって来たのか訝《いぶか》った。良房が車から降りようとした時、踏《ふ》み台に金剛草履が置いてあったのを目にとめた寺の人びとは、不思議に思った。それは聖宝が車から降りる時に履くための草履であった。

真雅の勘気氷解

良房は真雅と面会して、「聖宝が勘当されているのを聞いたので、許してもらえるようにと一緒に参ったのである」と語った。それに答えて真雅は、「わたくしから申しあげることは、なにもない。思いもよらず聖宝を離別させてしまい、それ以後は、いつも後悔し、残念なことだと思っていた。聖宝がもどって来たのならば、このうえもなく嬉しいことで、わたくしの本心を満足させてくれることになる」と述べた。良房は喜んで、真雅のもとに来た時と同様に聖宝と同じ車に乗って帰ろうとしたが、聖宝は辞退したために馬で送ろうとした。しかし、聖宝は金剛草履を履き、般若寺へ歩いて帰っていった。

醍醐寺三宝院の慶延

これが聖宝が真雅の勘気にふれ、四国遍歴に出かけたさいに観賢《かんげん》を見出だし、また真雅の勘当を藤原良房のとりなしで許されたという説話である。『醍醐雑事記』を撰述した醍醐寺三宝院の慶延（慶縁、生没年未詳）は、仁平二年（一一五二）から安元二年（一一七六）まで知院《ちいん》をつとめ（『醍醐雑事記』巻第十三、紙背文書）、その間、永暦二年（一一六一）から永万二年（一一六六）まで従儀師を勤仕し（同上、巻第九「延暦寺千僧御読経行事」、同上、「祈雨清瀧宮仁王経御読経事」など）、治承三年（一一七九）には権寺主の任にあり（同上、巻第六「九日頭次第」、巻第九「奥書」）、ついで文治二年（一一八六）四月には三宝院の上座であった（同上、巻第十四「醍醐寺宝蔵文書櫃目録事」上、奥書、巻第十五「宝蔵文書櫃目録事」下、奥書）。すなわち慶延は、十二世紀後半の人物である。鎌倉幕府が成立する直前の平安時代末期には、聖宝をめぐる右のような説話が醍醐寺に伝えられていたのである。

憲深の語り伝えた話

ついで右の説話の要約されたかたちの古い話は、『密宗血脈鈔』（徳治二年〈一三〇七〉成立）所引の『真俗雑記』に引用されている憲深《けんじん》（一一九二—一二六三）の「御口に云はく」にみえる。その話の筋は、ほぼ同じであるが、『醍醐雑事記』のものと大きく異なるところは、良房が車で通りすぎた時に、良房が聖宝に目をとめて、「只人《ただびと》に非《あら》ずとて、召し寄せ、同車させ」、ただちに良房の家に至って物語したというところと、後日、聖宝が良房とともに貞観寺へ行った話のところで、「彼の寺に臨みて、車を留め榻《ふみだい》を置くに、彼《そ》の上に金剛草履」が置いてあったのを見た聖宝が、「車内にて子細を尋ね」たら、良房が、「貴辺の料なり（貴僧のものだ）」と言ったとある点である。そして話は前後するが、『醍醐雑事記』では、聖宝が観賢を抱いて讃岐の国から「ほどなく都にもどった」とあるところを、憲深の「御口に云はく」は、「小者を取《と》りて打《う》ち負《お》ひて、一日の間に般若寺《はんにゃじ》に著《つ》き給《たま》ひけり」に作っていて、聖宝が普通の人とはちがう超能力の持ち主であったことが強調されている。憲深《けんじん》が存命していた鎌倉時代の初期には、聖宝が不思議な能力を持っていた人物としての面が、ひろく口にされるようになっていたことが、この口伝《くでん》からうかがえる。

説話独特の誇張

さて、この説話には、藤原良房の時代にまだ存在していなかった仁和寺《にんなじ》や般若寺《はんにゃじ》などの名がでてきて、説話独特の誇張や潤色がある（大隅和雄『聖宝理源大師』参照）。仁和寺は、仁和二年（八八六）に起工され、翌年に完成した寺であり、また般若寺は、延喜年間（九〇一―九二三）に観賢を開基として建立された寺院であるからである。いずれも観賢にとって関係の深い寺であることから話が造作されたものであって、とうてい事実を物語るものとは思われない。

ありえない話

だいいち師の真雅が大事《だいじ》にしていた愛犬を、いくら大の犬嫌いであったとはいえ、聖宝が師の留守中に勝手に猟師にあたえてしまうということがありうるだろうか。児戯《じぎ》に類する行為を聖宝がしたとは、とうてい考えられない。作り話であることは明白である。また聖宝が、車で通った藤原良房に街頭で見出され、家に招かれて「若君」への祈禱を依頼されたというのも、話ができすぎていて信じがたい。強いていえば、聖宝が良房から祈禱を頼まれた「若君」というのは、良房の外孫惟仁《これひと》親王（清和天皇）であったかもしれない。とすると、この説話は、天安二、三年の時代を暗にふまえて語られていることになる。

聖宝と真雅の考え方の相違

この説話からうかがうことができる唯一の注目すべき事がらは、聖宝とその師真雅とのあいだに確執があったことであろう。それは、「聖宝が真雅と必ずしも信仰と行動をともにせず、仏教のあり方についてもこの師弟が考えを異にしていた」（大隅和雄、前掲書）ことにもとづくものであったと想像できる。

真雅の経歴

真雅は、その卒伝《そつでん》に、「清和太上天皇《せいわだいじやうてんわう》、降誕の初《はじ》め、入侍《にふじ》して聖躬《せいきゆう》を擁護《ようご》す。太政《だいじやう》大臣忠仁公《だいじんちゆうじんこう》（藤原良房）、真雅と相謀《あひはか》り、精舎《しやうじや》（嘉祥寺西院）を建立《こんりふ》して、尊像を安置し、震宮《しんきゆう》（皇太子）の奉為《おほんため》に、此《ここ》に於《おい》て修善《ずぜん》す。儲后《ちよこう》（皇太子）祚《そ》を履《ふ》むの初め、貞観元年、奏して年分度者《ねんぶんどしや》三人を置く」（『三代実録』元慶三年正月三日癸巳条）とあるように、真雅は、惟仁《これひと》親王（清和天皇）が嘉祥三年（八五〇）三月、誕生の当初より護持僧となって、親王の身の安泰を祈り、仁寿二年（八五二）には、藤原良房と相謀《あいはか》って嘉祥寺の西院を建立し、皇太子惟仁親王のために修法《ずほう》したのであった。そして親王が即位してから間もない天安三年（八五九）三月（四月に貞観と改元）に、真雅は嘉祥寺の西院に年分度者を置くことを奏請して、これが認可されたのである。この間、仁寿三年（八五三）十月に、律師《りっし》であった真雅は、少僧都《そうず》に任ぜられ（『文徳実録』仁寿三年十月壬午条）、斉衡三年（八五六）十月には大僧都となっている（同上、斉衡三年十月戊子条）。

藤原良房の強引な行動

時に右大臣から太政大臣に昇った藤原良房は、娘の明子《あきらけいこ》が産んだ惟仁親王の誕生前後から、しきりに惟仁親王の安穏息災を仏神に祈願するため天台・真言両宗の指導的立場にあった僧侶たちを動員し、祈禱に余念がなかった。それは惟仁親王を皇太子に立て、ひきつづいて天皇に即位させるための加持《かじ》祈禱であった。生まれてからまだ九カ月にしかならない惟仁親王を立太子させるにあたっての良房の行為には、強引さが目立った。世上では、「大枝《おほえ》を超《こえ》て、走《はし》り超《こえ》て、躍《を》どり騰《あ》がり超《こえ》て」（『三代実録』清和天皇即位前紀）云々という童謡《わざうた》が歌われ、世の人は、第一皇子の惟喬《これたか》親王以下、三人の兄たちを乗り越えて惟仁親王が皇太子となったことを批判した。九歳になった惟仁親王が即位した時にも、かならずしも政情が安定していなかったことは、「縦然《たとひ》、浮雲暫《しばら》く遮却《しゃきゃく》するとも、須臾《しゆゆ》にして還照《また》らさん、苦しみ傷むこと莫《な》かれ」（蔡輔「大徳唐帰入二朝新天一臨レ途日奉レ献詩一首」『風藻餞言集』所収）という詩にうかがえる。この詩は、円珍が唐から帰国し、大宰府から都に向かう日に唐人の蔡輔《さいほ》が円珍に贈った餞別の詩である。ここでは新天皇である清和天皇を新月に譬《たと》えて、月光が浮雲で、しばらく遮蔽《しやへい》されても、わずかの間でまた照らすことになろうから、苦しみ傷《いた》んではならないということを述べているのである（佐伯有清『円珍』参照）。

真雅にたいする批判の眼

このような政治情勢のなかで、真雅は時の権力者良房に近づき、良房の権勢を背景に、「宮廷を中心とする活動を繰りひろげ、真言宗の拡張につとめたのであった」（大隅和雄、前掲書）。いっぽう聖宝にしては、師真雅のこうした行き方に同調することができず、つねに批判の眼をそそいでいたために、師弟のあいだに隙《げき》を生じることとなったのであろう。

聖宝の修学年代

聖宝は、上述したように南都の東大寺で修学し、三論宗を元興寺の願暁と円宗について学び、法相宗を東大寺の平仁に、そして華厳宗を同寺の玄永（玄栄）に学んだのであった。さらに真蔵のもとで律宗をも修めたのであった。こうした聖宝の修学は、何年から何年までのことであったのか、まったく不明である。南都での修学を終えて都に帰ってきた年代も、また確定はできないが、いちおう真雅のもとにもどってきたのを聖宝の二十歳の半ば、すなわち斉衡三年（八五六）か翌天安元年のころとしておこう。

山林修行の反映

ところで聖宝が真雅の勘気を蒙って四国へ巡錫の旅に出たり、乞食《こつじき》の行《ぎょう》をしたりしたという説話があるのは、聖宝が南都での修学を終えて、都に帰ってくるまでに、すでに山林修行に入ることが、たびたびあったことの反映であると考えられる。

しかも、その説話のなかに、真雅に無断で聖宝が犬を猟師にあたえてしまう話がみえるのは、聖宝が山林修行のあいだに山の猟師のくらしにおいて、いかに犬が大切な存在であるかを理解したことが背景になっているとみなすことができるかもしれない。聖宝の山林修行については、『醍醐寺要書《だいごじようしよ》』に掲げられている延喜十三年（九一三）十月二十五日付の「太政官符」に引用されている観賢の奏状に、

先師《せんし》（聖宝）、昔《むかし》、飛錫《ひしやく》を振《ふる》つて、遍《あまね》く名山《めいさん》に遊び、翠嵐《すゐらん》、衣を吹《ふ》きて、何《いづ》れの巌《いはほ》を踏《ふ》まず、白雲《はくうん》、首《かうべ》を払《かす》めて、何れの岫《くき》を探らざるはなし。然らば則《すなは》ち徒《ただ》、遁世《とんぜい》長《ちやう》往《わう》の蹤《あと》を刪《さだ》めんとす（聖宝は、むかし錫杖を手にして、あまねく高山を遊行し、緑の山の気が、衣を動かし、いずれの大きな岩を踏まないことがなく、白い雲が頭をかすめて、いずれの山の洞穴を探らないことはなかった。こうしてただ、山林に隠栖《いんせい》し長逝する場所をさだめようとした）。

とみえる。聖宝が跋渉したのは、吉野山の山々であったであろう。なかでも聖宝がまず吉野の現光寺《げんこうじ》（比蘇山寺・放光寺・吉野寺とも呼ばれ、奈良県吉野郡大淀町大字比曽に所在）に入山したことは確実であると考えられる。

空海と虚空蔵求聞持法

聖宝が学んだ大安寺流の三論学派には、山林修行の思想的伝統があった。それは善無《ぜんむ》畏三蔵《いさんぞう》（六三七—七三五）が訳出した『虚空蔵菩薩《こくうぞうぼさつ》能満諸願《のうまんしょがん》最勝心《さいしょうしん》陀羅尼《だらに》求聞持法《ぐもんじほう》』一巻の所説にもとづく虚空蔵求聞持法《こくうぞうぐもんじほう》という行法《ぎょうぼう》である。この行法のうちの分別処法《ふんべつしょほう》には、空閑静処・浄室・塔廟・山頂・樹下の場所を選ぶという条件があげられていて、まさしく山林修行を一つの重要な行法としていたのである（薗田香融「古代仏教における山林修行とその意義」『平安仏教の研究』所収参照）。

空海の山林修行と勤操

この行法を実践したのは、真言宗の開祖空海であった。空海が『三教指帰《さんごうしいき》』の序文で、

爰《ここ》に一《ひとり》の沙門《しゃもん》有り。余《われ》に虚空蔵聞持《こくうざうもんぢ》の法《ほふ》を呈《しめ》す。……ここに大聖《だいしやう》（仏陀）の誠言《じやうごん》を信じて飛燄《ひえん》を鑽燧《さんすい》に望む（精進努力し、道を求めてやまない）。阿国大瀧嶽《あこくたいりようのたけ》に躋《のぼ》り攀《よ》ぢ、土州室戸崎《としうむろとのさき》に勤念《ごんねん》す。谷響《たにひびき》を惜しまず、明星来影《みやうじやうらいえい》す（修行につとめた結果がむなしくなく、虚空蔵菩薩の応化があった）。

と述べているのは、空海が虚空蔵求聞持法にもとづいて阿波の国の大瀧嶽《おおたきだけ》（徳島県那賀郡

鷲敷《わじき》町加茂谷太龍寺）や土佐の国の室戸岬《むろとみさき》（高知県室戸市）で山林修行をし、虚空蔵菩薩の応化をえたことを語っているのである。空海が山林修行を行なう動機となった虚空蔵求聞持法を空海に教えた「一《ひとり》の沙門」は、久しく大安寺三論宗の碩学勤操《ごんぞう》とみなされていたが、現今では勤操説に疑いをかけるのが定説となっている（渡辺照宏・宮坂宥勝『沙門空海』参照）。しかし、たとえ勤操と空海とのあいだに師弟関係がなくても、両者は親密な間柄であったから、入唐して、虚空蔵求聞持法をも将来してきた道慈から善議《ぜんぎ》へ、そして善議から勤操へと伝えられた同法の影響を空海が受けたことはありうることである。

虚空蔵求聞持法の流れ

聖宝は空海の高弟真雅のもとで、はじめて出家したのであるから空海が持していた虚空蔵求聞持法の行法の流れのなかにあったことになる。そればかりか聖宝の大安寺流の三論教学の師願暁は、勤操の門弟であったので、聖宝は、道慈以来伝授されてきた虚空蔵求聞持法が、願暁を通じて強く流れこむ環境のなかにいたのであった。

現光寺における山林修行の伝統

さらに願暁は、前章で述べたように元興寺の僧であり、元興寺流の三論教学ばかりでなく、法相宗唯識にも通じていた学僧であった。元興寺の法相宗の学系には、現光寺における山林修行の伝統があった。元興寺法相宗の大成者とされる護命《ごみょう》（七五〇—八三四）は、吉野山に入って苦行し、「月の上半は深山に入り、虚空蔵法を修し、下半は本寺（元興寺）

に在りて、宗旨を研精」（『続日本後紀』承和元年九月戊午条）したという学僧であり、護命が入った吉野山は、その学系からみなして、「芳野僧都」と呼ばれた神叡《じんえい》（?—七三七）が入居した現光寺（比蘇山寺）と考えられている（薗田香融、前掲論文参照）。神叡は、『扶桑略記』所引の『延暦僧録』に、「芳野に入り、現光寺に依りて、廬《いほり》を結び志を立て、三蔵を披閲《ひえつ》し、燭《しょく》を秉《と》り披《ひら》き翫《むさぼ》りて、夙夜《しゅくや》疲《つか》れを忘れ」、そして「自然智《じねんち》」をえたとある。「自然智」というのは、天賦の智慧のことであって、虚空蔵菩薩を祈願の対象とし、虚空蔵求聞持法によって「自然智」を感得するものであった（薗田香融、前掲論文参照）。

聖宝と虚空蔵求聞持法

このように元興寺の法相宗唯識において名高い神叡から護命にいたる学僧のあいだに虚空蔵求聞持法の行法《ぎょうぼう》が伝えられ、法相をも学んだ願暁にも、その行法の知識が受けつがれていたと考えられる。それを聖宝が実践するにいたったと考えるのは、あながち的はずれではないであろう。かくして聖宝は、神叡や護命が入居した吉野の現光寺を手はじめとして、山林修行につとめることになったのであろう。現に、聖宝が現光寺において、丈六の弥勒菩薩像と一丈の地蔵菩薩像を造ったと伝えられているのは（『醍醐寺根本僧正略伝』）、聖宝と現光寺とに密接な関係があったからである。護命は、「月の上半は深山に入り、虚空蔵法を修し、下半は本寺に在りて、宗旨を研精」したといい、あるいは「白月《びやくげつ》（月の上半）は山に入り、虚空蔵法を修し、黒月《こくげつ》（月の下半）は寺に帰りて誦習《しようしふ》」（『元亨釈書』元興寺護命伝）したという。そのような生活様式は、修学時代の聖宝にも通ずるものであったと考えてよいかもしれない。

二　金峯山をめぐる伝説

前節において聖宝は、空海が持していた虚空蔵求聞持法の行法の流れのなかにあったことを推測した。実際にそれを裏づける伝説がある。その伝説は大和の国添下《そうのしも》郡清澄《きよすみの》荘《しよう》（奈良県大和郡山市）にある虚空蔵寺についてのものである。虚空蔵寺は空海が求聞持法を勤修《ごんじゆ》した時、明星《みようじよう》が阿伽井《あかい》（閼伽井《あかい》とも書く。行法のさいに用いる清浄な水を汲む井戸）に落ちた所であるといわれ、実恵《じちえ》・真雅・真紹《しんじよう》・真然《しんぜん》らが、あいついで同寺を管摂し、聖宝がこの寺を管領していた時に、尊像に箔を置き、さらに二天《にてん》の像を刻みそえたという（『理源大師寔録』参照。なお貞観十九年十一月十六日付の「虚空蔵寺都維那覚如注進状」に、「抑《そもそも》、此の伽藍は弘法大師、大同二年の比《ころ》を以て、明星零落《れいらく》の地に於て、建立せらるる処なり」〈『大日本史料』一―五、『大和志料』上巻〉とみえる。この虚空蔵寺は、大和の国添上郡和邇庄付近の虚空蔵山〈奈良市山町ドドコロ〉にあって、弘仁寺ともいわれる。同寺は東大寺三論宗の末寺で、東南院の管領するところであったから〈堀池春峰「山辺の道の古代寺院と氏族」『南都仏教史の研究』下、諸寺篇参照〉、聖宝と関係があったことは確かである。伝説にみえる虚空蔵寺とは所在を異にするが、同じ寺とみなしてよい)。また聖宝は、現光寺(比蘇山寺)の座主に任ぜられたともいわれ(『理源大師寔録』参照)、聖宝が虚空蔵求聞持法の行法にもかかわっていたことは確実であって、この行法を手がかりとして聖宝は山林修行に励むようになったのであろう。

金峯山への入峯

聖宝の山林修行で、もっとも著名なのは金峯山《きんぶせん》への入峯《にゅうぶ》である。聖宝の金峯山にかかわる事蹟で信憑性のあるのは、『醍醐根本僧正略伝』に、「金峯山に堂を建て、幷びに居高六尺の金色如意輪観音、幷びに彩色一丈の多門天王、金剛蔵王菩薩像を造る。……金峯山の要路、吉野河の辺《ほとり》に船を設け、渡子《とし》、傜丁《えうてい》六人を申し置けり」とみえるものである。ただしこの聖宝の金峯山における堂舎の建立、造像、および金峯山への要路である吉野川の渡船の設置と船頭・人夫の配備などの活動は、聖宝が南都で修学していた若い時分になされたこととは考えがたい。「そうした活動が可能で、しかも実際に山岳を跋渉して激しい修行を続けることができた年齢を考慮す」(大隅和雄『聖宝理源大師』)れば、それは聖宝の宗教的活動が、かなり熟していた時期のことであったと思われる。これ以

金峯山入峯の伝説

藤原道長が金峯山に埋納した銅篋

外に金峯山における聖宝の修行を語るものは、すべてが伝説である。

　金峯山は大峯山《おおみねさん》（山上《さんじょう》ヶ岳《たけ》、標高一七二〇メートル）を中心とする連山の総称である。聖宝が金峯山に入峯したことを伝えるもっとも古い伝説は、『諸山縁起』にみえるものである。それによると、聖宝は忿怒月黶菩薩《ふんぬがってんぼさつ》の峯に三部経（『無量義経』『法華経』『観音賢経』の法華の三部か）と天台大師智顗の『摩訶止観』などを埋納し、醍醐天皇の使いとなって天皇宸筆の『法華経』を般若菩薩波羅蜜《はんにゃぼさつはらみつ》の峯に安置したという。

金峯山での埋経

　金峯山での埋経は、寛弘四年（一〇〇七）八月に入峯した藤原道長《みちなが》の事績がよく知られている。道長は長徳四年（九九八）に金字の『妙法蓮華経』一部八巻をみずから書写し、これを金峯山に奉納しようとしたが、この年は世間で病気が流行したために実現できなかった（『紺紙金字妙法蓮華経』巻第一、第八奥書、金峯山出土「経筒銘」参照。なおこの年に病気が流行したことは、『御堂関白記』長徳四年七月七日、九日の条によって確かめられる）。ついで寛弘四年八月に入峯した道長は、八月十一日に大峯山に登り、前年に書写した『妙法蓮華経』をはじめ、あらたに書写した『弥勒経』三巻、『阿弥陀経』一巻などあわせて十五巻を銅篋《どうきょう》に納めて埋め、その上に金銅燈楼を立て、常燈を奉った（『御堂関白記』寛弘四年八月十一日条裏書、金峯山出土「経筒銘」参照）。その銅篋（経筒）は、金峯山経塚遺跡から出土しており、遺物と記録とが符合する確実な埋経の事例である。

埋経風習の存在

出土した銅篋の銘文には、「先年、書き奉り賚参《らいさん》せんと欲するの間、世間病悩の事に依りて、願ひと違ふ」とあるだけなので、長徳四年に道長が金峯山に参詣しようとした時に奉納するつもりでいた金字の自筆『妙法蓮華経』一部八巻を大峯山上に埋める意志があったかどうかは、明らかではない。しかし金峯山などへの埋経は、寛弘四年（一〇〇七）八月、道長が初めて行なったのではなく、道長が『妙法蓮華経』を金字で書写した長徳四年（九九八）には、すでに埋経の風習は存在していた。それを物語っているのは、延暦寺の僧覚超《かくちょう》（九六〇—一〇三四）が永延三年（九八九）十一月八日（覚超自筆の草案では、この日付を抹消して正暦二年〈九九一〉九月九日とする）にしたためた『修善講式』に、「彼の輩（過去現在の父母、先祖、近親など）及び自身幷びに法界衆生平等利益の為《ため》に、仏を図《づ》し、経を書きて、卒堵婆《そとば》を立て、其の基《もとゐ》に件《くだん》の仏と経幷びに人々の名帳《みやうちやう》を埋納して霊験の仏地をして毎年今日《こんじつ》に恭《きよう》敬《けい》□□□奉る」（赤松俊秀「藤原時代浄土教と覚超」『摂関時代史の研究』所収参照）とみえる記載である。覚超は、寛弘元年（一〇〇四）五月に、道長が修した故東三条院（道長の姉で一条天皇の母藤原詮子《せんし》）のための法華八講に聴衆《ちょうじゅ》の一人として参列している（『御堂関白記』寛弘元年五月十九日条裏書参照）。道長の金峯山での埋経も、覚超らが行なっていた埋経の風潮のなかでの行為であった。

埋経盛行の時期

このように埋経は、十世紀の後半に確実に行なわれていたのであるが、それ以前の事例はいずれも伝説的なものであって裏づけできる史料はない。埋経の盛行は、十一、二世紀のころであるので（関秀夫「経塚起源論」『論争・学説日本の考古学』6歴史時代所収参照）、聖宝の金峯山での埋経は、そのころから語られだした伝説であって、事実を物語るものではないであろう。

聖宝の強力伝説

つぎに聖宝が強力《ごうりき》の人であったという伝説が金峯山にかかわって伝えられている。その所伝で、もっとも古いものは『東大寺要録』諸院章第四、三面僧房の条に記されているものであって、「件《くだん》の房、槶《くぬぎ》の下に赤石一丈ばかりを埋《うづ》む。僧正（聖宝）、金峯山従《よ》り脇に夾《さしはさ》み持ち来《きた》れりと」というのである。この伝説は、十三世紀の後半に書写された『尊師御一期日記』の「私に云はく」にも、「御嶽《みたけ》（金峯山）従りして自《みづか》ら大石を持ち来《きた》り、斯《これ》を履脱《くつぬぎ》の所と為す。即ち今にいたる迄、之に有り。其の力、等倫《とうりん》（同じ仲間）には無し。事已に以て顕然《けんぜん》たるものか」というかたちで伝えられている。さらに十四世紀前半に成立した『元亨釈書《げんこうしやくしよ》』になると、

> 庭上に巌石有り。世に曰ふ、宝《ぼう》（聖宝）、金峯山従《よ》り負《お》ひ来《きた》れりと。而して其の大《おほい》なること人の力の耐《よく》する所に非《あら》ざるなり。宝、修練を好み、名山霊地を経歴す。金峯の嶮径《けんけい》、役君《えんのきみ》の後、榛塞《いばらふさ》ぎて行く路無し。宝、葛藟《かづら》を撥《はら》ひて踏《ふ》み開《ひら》く。是れ自《よ》り苦行《くぎよう》の者、相ひ継ぎて絶《た》えず。

という伝説となって、聖宝の強力《ごうりき》伝説は、ひろく世に伝えられ、それに加えて聖宝は、役小角《えんのおづぬ》ののちに絶えていた金峯山への入峯を開いた人物として人びとのあいだで信じられることになる。なかでも修験者《しゆげんじや》から聖宝は金峯山修験道の再興の祖として崇《あが》められるにいたるのである。

修験者というのは、山岳などで修行することによって超自然的な験力《げんりき》を獲得した者のことであるが（宮家準編『修験道辞典』参照）、聖宝が金峯山から大きな巌石を持ってきたと

いう強力《ごうりき》伝説も、聖宝を修験者とみなすことから生じた伝説である。さきに取りあげた憲深《けんじん》の「御口に云はく」に、「小者を取りて打ち負ひて、一日の間に般若寺に著《つ》」いたという話も、聖宝が超自然的な験力の持ち主であると信じられていたことから生まれた伝説である。したがって『理源大師寔録』の著者が、「一日の二字写誤ある歟《か》」と疑っているが、その必要は毫《ごう》もない。聖宝が山上（大峯山）へ日参修行したという伝説や（『金峯山創草記』参照）、聖宝が醍醐寺から吉野の蔵王堂に詣《もう》で、ついで東大寺に寄って入堂し、その日のうちに醍醐寺に帰って日中《にっちゅう》（正午）の時《じ》（勤行《ごんぎょう》）を行なったというのも（『真言伝』参照）、そうした類《たぐい》の伝説である。

聖宝の山林抖擻

聖宝が醍醐を出て、大峯山の蔵王堂に参詣し、ついで東大寺に立ち寄り、正午には醍醐寺で勤行《ごんぎょう》をしたなどと超能力的な行為を記している『真言伝《しんごんでん》』は、栄海《えいかい》（一二七八—一三四七）が正中二年（一三二五）ごろに撰述したものであるが、その聖宝の伝には、「凡ソ幼少ヨリ斗《と》藪《そう》ヲ業トシテ大峯等ノ名山霊地経行セズト云事ナシ」とあって、聖宝が幼少のころから山林抖擻《とそう》を業としていたと述べ、さらに「又《また》、大峯ハ役行者《えんのぎやうじや》、霊地ヲ行ヒ顕シ給シ後、毒蛇《どくじや》多ク其道ヲフサギテ参詣スル人ナシ。然ルヲ僧正、毒蛇ヲ去《しりぞ》ケテ山門ヲ開ク。ソレヨリ以来斗藪《とそう》ノ行者《ぎようじや》相続テ絶ル事無シ」という聖宝の大峯山での著名な大蛇退治の伝説を載せている。

大蛇退治の伝説

この大蛇退治の伝説よりも、やや古い伝えは、『醍醐寺縁起』の末尾に付載されている「根本尊師は」にはじまる聖宝の伝記に、

役行者、修行の後、大蛇、大峯に有りて、斗藪中絶す。尊師（聖宝）、之を避《しりぞ》け除《のぞ》く。其の後、修験の道は本《もと》の如く興行せり。

とみえるものである。もっとも「根本尊師は」以下にみえる伝記の本文は、承平七年（九三七）九月に書かれた『醍醐根本僧正略伝』の古写本と、まったく同文であるが、大蛇退治の話は、その古写本には記されていないので、後世になって付加された伝説である。正安元年（一二九九）四月に定誉《じょうよ》によって『醍醐寺縁起』が書写されたころに金峯山での大蛇退治伝説が付記されたとすれば、その伝説の成立は、十三世紀のごく末期となる（宮家準「聖宝伝説考―修験道の伝承を中心として―」『インド古典研究』六所収参照）。大蛇退治伝説は、前章でふれたように、東大寺の住房での大蛇伝説に影響を受けて成立したものであると考えられる。

人に危害を加える金峯山の竜

ところで金峯山には人に危害を加える竜をめぐる話が十世紀の前半に、すでに伝えられていた。醍醐天皇の皇子重明《しげあきら》親王（九〇六―九五四）の日記である『吏部王記《りほうおうき》』の承平二年

（九三二）二月十四日条の逸文が九条家本『諸山縁起』と『古今著聞集』にあって、それには聖宝の門弟である貞崇《じょうしゅう》（八六六—九四四）が語ったこととして、次のような話がみえる。

阿古谷に棲む竜

古老があい伝えているのによれば、昔、中国に金峯山という山があって、金剛蔵王菩《こんごうぞうおうぼ》薩《さつ》がそこに住んでいた。ところが、その山は飛び去って大海を越えて日本に移ってきた。（吉野の）金峯山は、その山なのである。山に捨身の谿《たに》があって、阿古谷《あこだに》といわれ、一頭八身の竜がいた。昔、本元興寺の僧のもとに童子がいて、阿古《あこ》と名づけられていた。幼少なのに聡明であったので、得度を受ける前に行なわれる試験の時に、師は阿古に試験を受けさせ、合格すると、かわりに他人を得度させてしまうのであった。このようなことが二度ほどあったので、阿古は恨《うら》み怒《いか》って、この谷に身を投げ、竜となった。師は阿古が投身したことを聞き、驚き悲しんで谷に行って見ると、阿古は、すでに竜に化していて、頭は、なお人の顔をしており、走ってきて師を害しようとした。その時、金剛蔵王菩薩の冥護があって、石を崩して竜を押しつけてしまったので、師は害をのがれた。

観海、竜に会う

貞観年中（八五九—八七七）に観海《かんかい》法師が竜を見ようとして、その谷に行ってみると、夢に竜があらわれて、翌朝お目にかかりたいと頼んだのであった。夜明けごろになると、雲が湧き起こり、雹《あられ》が降ってきて、竜が首をあげるのを見ると、高さは二丈ばかりで、一頭八身であった。観海は竜に祈って、「八部の『法華経』を写し奉って、汝《なんじ》の苦を救いたいから、私を害しないでくれ」と言った。竜は、なお毒気を吐きつづけたので、害が観海の身におよぼうとした。観海は、大いに恐れ、心神が迷い惑《まど》った。そこで金剛蔵王菩薩に帰命《きみょう》して、『法華経』を写すことを願った。すると雲霧が立ちこめて暗くなり、竜のいるところが見えなくなってしまった。

善祐法師の起請

しばらくして雲霧が晴れると、たちまち菩薩の御座《おわ》します所に至った。観海は祈感して願いのように経を写し、これを供養しようと善祐《ぜんゆう》法師を請じて、講師《こうじ》とした。善祐法師は、それを固辞した。夢に菩薩が告げて、「我は今、汝を請じるのだ。あまり固辞するな。すべからく『法華経』方便品《ほうべんぼん》まで漢音で読まなければならぬ」と言った。善祐は感じ悟って起請し、菩薩が告げたとおりにした。『法華経』の第二品である方便品《ほうべんぼん》に至るころになって、大風が経をひるがえして、経典の飛び去った所がわからなくなってしまった。したがって、八部の『法華経』は、現に、その一巻が欠けているのである。

実在していた観海

この説話によって、十世紀の前半以前に、すでに金峯山には竜が住んでいた話があったことが知られる。そして人を害する竜に化身した阿古《あこ》という童子の悲しい物語のなかで活躍する貞観年中（八五九―八七七）の僧観海《かんかい》法師は、元慶八年（八八四）十一月十三日付の「僧綱牒案」に署名している威儀師《いぎし》（法会や授戒のさい僧たちを指南する役）の観海（竹内理三編『平安遺文』九―三四六三参照）と時代的にみて同一人物と考えられるから実在していた僧侶であった。

観海の金峯山修行

観海という僧侶のことは、これ以外あきらかでないが、おそらく真言密教系の僧であって、金峯山で山林修行をしたことのある経歴があり、金剛蔵王菩薩に帰依し、その威力をめぐる話が観海の金峯山入峯譚として世に伝わっていたのであろう。この説話を重明親王に語ったのが聖宝の門弟の貞崇であったことは、とくに注目される。この説話は、「吉野の鳥栖《とりすみ》に住んだ貞崇が語った話だっただけに」、「貞観年間に阿古谷の竜の障害を止めさせた観海は実は聖宝であるかのように受けとられたのかも知れ」ず、「貞観年間が丁度聖宝が南都で修行中の時期に付合するのも、この付会を正当づけるのに働いたのかもしれない」（宮家準、前掲論文）という指摘がなされているのも納得できる。

聖宝と阿古谷

たしかに『理源大師寔録』に引用されている源運《げんうん》（一一三一―一一八〇）の伝記である『源運僧都記』（『津抄』）の一節に、

金峯山は、聖宝僧正以前は、一切参詣人なし。その故は、大虵ありて参詣すれば、悉く是を噉《たんしょく》食す。尊師彼山に参詣し玉ふに、虵是を悦びて尊師を噉《たんしょく》食せんとす。

尊師蚍尾を蹈玉《ふみ》ふに、起《たた》んとすれども、強力に蹈付《ふみつけ》られて起事能《たつことあた》はず。尊師蚍に宣し含め仰せらるゝは、永く遠く此御山《みやま》を去るべし。若猶《もしなほ》来らば命根《めいこん》を断べし。如《かくの》此《ごとく》降伏して後、阿古谷に追ひ入給ひ畢云々。（『源運僧都記』は逸書であって、『東宝記』に引用されている逸文が和田英松編『国書逸文』に収められている。『理源大師寔録』の一文は、なににもとづいたのか不明。原文は漢文であったのを『理源大師寔録』の著者が訓みくだして引用している）

とあって、ここでは聖宝をめぐる話が阿古谷と結びつけられており、貞崇の話を展開させたものと推測することができる（宮家準、前掲論文参照）。

大蛇から竜へ

ただし聖宝の話が阿古谷と結びついているとはいっても、入峯した人を噉《く》らうのは、竜ではなく依然として大蛇であった。『多聞院日記』永禄九年（一五六六）三月十七日の条にみえる聖宝についての説話でも、「山伏入峯安居谷ニテ大蛇シタカヘ」たとある。大蛇が竜にとってかわるのは、聖宝に理源大師の諡号《しごう》が贈られた宝永四年（一七〇七）正月前後のころからであって、その伝説を記している文献では、かならず竜と阿古（安居）谷が結びついている。

悪竜、威ヲ和《やまと》ノ金峯山ニ擅《ほしいまま》ニシテ、毒ヲ吐《はき》人ヲ害スルヲモツテ、抖擻《とそう》ノ行者、峯ニ入ルコト能《あたは》ズ、修験ノ一道、既ニ断絶ニヲヨブガユヘニ、此災アリト云云。コレニヨツテ、上皇師ニ詔シテ而モ衣裳宝剱ヲ賜リ、用《もつ》テ竜ヲ伏シ、道ヲ開《ひらか》シム。師、勅命ヲ奉テ剣ヲ佩《お》ビ、錫《しやく》ヲ持チ、芳野ニ発向シ、径《ただち》ニ金峯ニ登リ、安居谷《あこのたに》ニ至テ、邈《はるか》ニコレヲ観矚《くわんしよく》スルニ、幸ヒナルカナ毒竜首ヲ南ニシテ睡臥ス。師、右ノ手ニ独古《どくこ》（独鈷）ヲ持《もち》、左ノ手ニ錫杖ヲ擣《つい》テ、纔《わづか》ニ其尾ヲ踏《ふめ》バ、竜大ニ苦痛シ鬣《たてがみ》ヲ揺《うごか》シ、鱗《うろこ》ヲ振ヒ、頭ヲ擎《ささ》ゲ身ヲ煩《もだ》ヘ後《うしろ》ヘニ顧ミ、前ニ躍《をどり》テ山谷ニ宛転《ゑんてん》シテ毒ヲ歕《はく》コト尤《もつとも》　劇《はなはだ》シ。師、懼怖《くふ》シ玉フコト無《なく》シテ、印《いん》ヲ結ビ明《みやう》ヲ誦《じゆ》シテ、

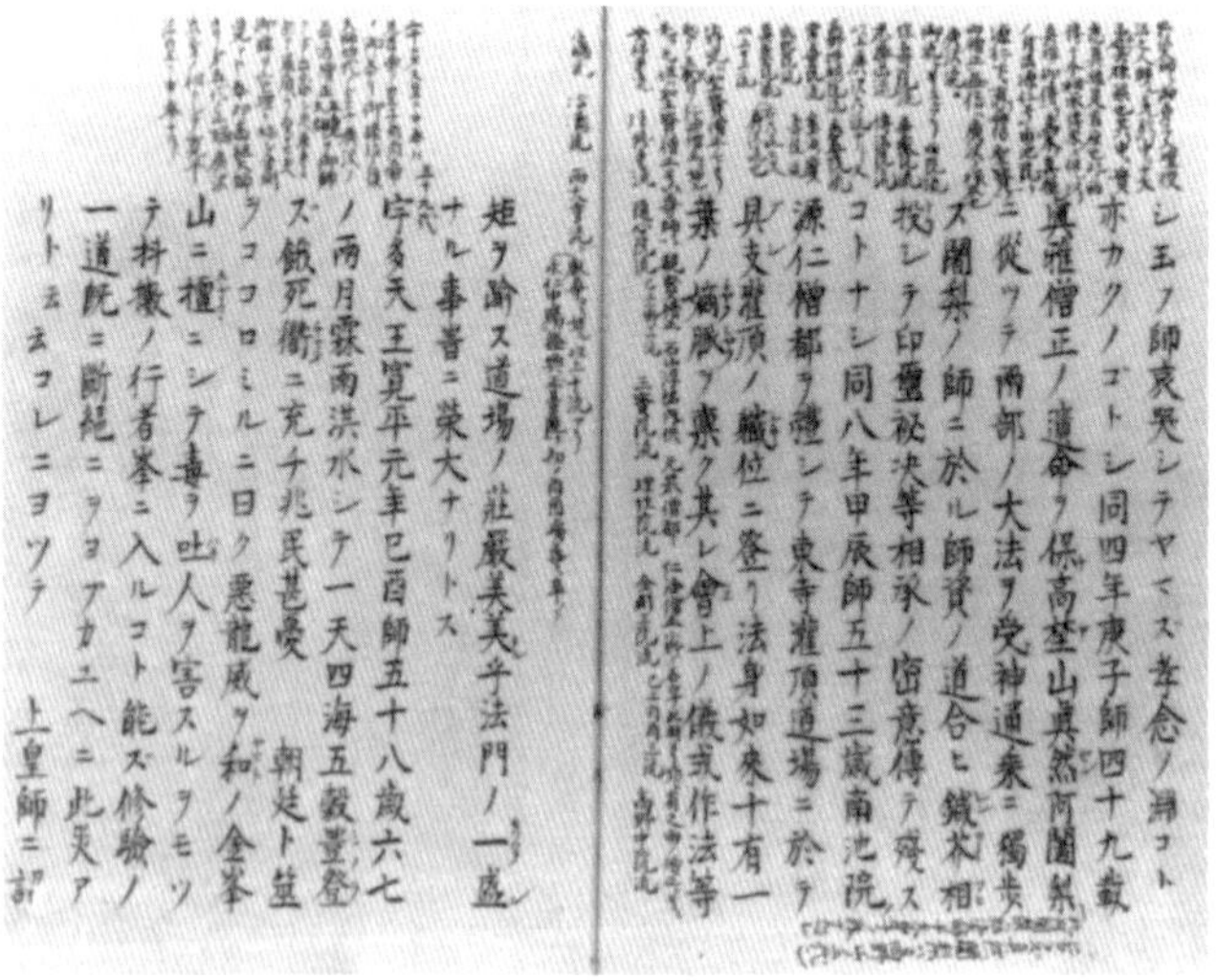

雲雅『理源大師行実記』（佐伯有清蔵）

遂ニコレヲ降伏シテ、即《すなはち》上皇 賜《たまはる》トコロノ宝剱ヲ以テ其鱗爪《そのりんさう》ヲ抜採《ぬきとる》コト三枚、時ニ竜首《かしら》ヲ低《た》レ救ヒヲ求ム、愍《あはれ》ンデタメニ法ヲ授ケ、帰戒《きかい》ヲ受《うけ》シメテ、以テ他処ニ永ク移シ、霞ヲ喰ヒ、雲ニ臥《ふす》ルノ輩ヲシテ悩害アルコト無《なか》ラシム。

これは宝永五年（一七〇八）七月に刊行された雲雅《うんが》の『理源大師行実記』の記述である。聖宝が金峯山の阿古谷の竜を降伏させた話は、貞崇が重明親王に語った金峯山の竜伝説の影響を受けながら聖宝の大蛇退治伝説をもとにして作られたもっとも新しい伝説なのである。

聖宝の竜退治伝説の成立

なお聖宝の強力伝説にかかわるものとして、『続古事談』第四、仏寺の項にみえる説話も、よく知られている。それは次のような話である。

大炊寺の薬師仏像

大炊寺に霊験灼《あらた》かな薬師仏像があった。清和天皇の護持僧であった広隆寺の別当道昌が、その仏像を広隆寺に借りてきて、天皇の快癒を七日間、祈った。その後、大炊寺の聖人が、道昌のもとに来て、天皇の病気が平癒したからには、薬師仏像を返してほしいと申し入れた。ところが道昌は、耳をかさなかった。困惑した大炊寺の聖人は聖宝のもとに行って、「大炊寺の薬師仏像を道昌が盗んで返してくれない。取りもどそうとしても、力がおよばない。どうしたら良いか」と、わけを話した。聖宝は、「たやすいこ

一搩手半の薬師仏像

阿古谷の竜に立ち向う聖宝（『理源大師行実記』写本より）

とだ。ただちに取りもどしてあげよう。だが、広隆寺の四壁は完璧であって、容易に破ることはできない。その日、その時に、人夫千人を大極殿の辺りに用意して、わたしを待っていてくれ。自分の力で、なんとか取り返してこよう」と答えた。大炊寺の聖人は、悦び帰って人夫千人を傭い集めた。

その日になって、大極殿の辺りに人夫を用意して聖宝を待っていたところ、聖宝があらわれて、「その薬師仏像は、わずかに一搩手半《いっちゃくしゅはん》（一尺二寸〈三六・二センチ〉）のものであった。一人だけでも取ってこれる。千人の人夫は、東大寺の大仏を盗みだす時に使うべきだ」と勝手な口をきいた。聖人は、いう言葉もなく、取りもどすのをやめてしまったのであった。
この説話は、『広隆寺来由起』『京太秦広隆寺大略縁起』などにもみえるが、前者は、清和天皇が病気になった年を貞観六年（八六四）のこととしている。ただし聖宝は、これらの話にあらわれない。いずれにしても『続古事談』にみえる説話は、実際にあったことにもとづくものではないであろう。おそらく聖宝が強力・剛胆な僧として伝えられるようになってから成立したものに違いない。聖宝が語ったところには、笑い話としての面白さもある。

笑い話としての面白さ

三　聖宝と維摩会竪義

伝説につつまれた聖宝

承和十四年（八四七）、真雅の門に入って出家してから貞観十一年（八六九）、興福寺の維摩会《ゆいまえ》の竪義《りゅうぎ》をつとめるまでの聖宝の動静は、伝説につつまれている。

空白の二十三年間

この空白の二十三年間に、政局は、めまぐるしく動いていた。嘉祥三年（八五〇）には、文徳天皇の即位と惟仁《これひと》親王の立太子があった。天安二年（八五八）、文徳天皇の急逝につづいて惟仁親王が即位し、清和天皇となった。その前年二月には藤原良房《ふじわらのよしふさ》が太政大臣となって、権力を一身に集中させるに至っていた。惟仁親王を皇太子に立て、ついで皇位につけるために良房は、さまざまな策略をめぐらし、また仏神の加護を仰いだ。こうした動きのなかで聖宝の師真雅は、良房に接近し、真言宗の拡張につとめていた。真雅のそうした動きに聖宝が批判の眼で見ていたであろうことは、さきに記したとおりである。そのころ、聖宝は南都で三論宗などの修学につとめることに加えて、山林修行にも精根をこめていたのであった。

東大寺大仏の頭の墜落

聖宝が修学の間、住房を構えていた東大寺では、斉衡二年（八五五）五月に、大仏の頭が墜落するという大事件があった。さっそく修理東大寺仏司が設置され、仏頭の修理にとりかかったが、修復するまで六年の歳月を要した。修理が終り、大仏開眼の供養が催されたのは、貞観三年（八六一）三月十四日のことであった。

大仏開眼の供養会

この日、開眼仏師《かいげんぶっし》の恵運《えうん》（七九八―八六九）は、籠《かご》に乗りこみ、轆轤《ろくろ》で引きあげられて、大仏の仏眼を点じた。その供養は、まことに荘厳華麗であって、天平勝宝四年（七五二）の大仏開眼供養会に勝るとも劣らないほどの一大盛儀であった。

殿廊《でんろう》の柱《はしら》、衣《き》するに錦繡《きんしう》を以《もつ》てし、壇場《だんぢやう》の上には其の朱紫《しゆし》を敷《し》き、七宝《しちほう》の樹《き》を懸《か》けて庭際《ていさい》に遶栽《ぜうさい》し、幡蓋《はんがい》を藻餝《さうしよく》して香花《かうげ》を排批《はいひ》し、巧《かう》を極《きは》め麗《れい》を尽《つく》して人《ひと》の目精《もくせい》を奪《うば》ふ。……大仏殿の第一層上に棚閣《ほうかく》を結構《けっこう》し、更に舞台《ぶたい》を施《ほどこ》して、天人天女《てんにんてんにょ》の彩《さい》衣霓裳《いげいしやう》、音伎《おんぎ》空《そら》に聒《かまびす》くして、以て一天《いってん》に移る。南北両京の貴賤の士女《しぢょ》、街《まち》に充《み》ち陌《みち》に塞《ふさが》りて聚《しゅうくわん》観せざる莫《な》く、足を蹋《ふ》み肩を翕《あは》せて人顧《ひとかへり》みるを得ず。（『三代実録』貞観三年三月十四日戊子条）

七宝の樹を建てる

この記事からも貞観の大仏開眼供養会の盛大なさまが、ありありと浮びあがってくる。右の文に、「七宝の樹を懸けて庭際に遶栽《ぜうさい》し（めぐらし植える）」たとあるが、「七宝の樹」というのは、会庭に歌舞が演ぜられる舞台が設置され、その東西にそれぞれ七本の松の樹木を宝樹として、あわせて十四本を植えたものである。もともと「七宝の樹」は、七宝（金・銀・琉璃《るり》・車磲《しゃこ》・馬瑙《めのう》・真珠・玫瑰《まいえ》の七つの宝石）の樹木からなる仏国土《ぶっこくど》の荘厳《しょうごん》さを象徴する思想にもとづいたものであって、貞観の大仏開眼供養会の導師《どうし》となった恵運は、東方の第七宝樹を飾ったのである（『東大寺要録』巻三供養章之余所引『御頭供養日記』参照）。『恵運僧都記録文』には、「僧綱《そうかう》、諸大寺の別当、有勢の人をして、大会庭の宝樹を荘厳《しやうごん》す。恵運は其の列に在りて、一樹を荘《かざ》り、掛《か》けるに衣裳の大衣《だいえ》、衾《ふすま》〈夏冬の六々の襲《かさね》、袈沙《（マヽ）》より帯、袜鞋《ばつあい》（草鞋《わらぐつ》）、大衣八襲、衾八条、般《おほおび》（大帯）卅有余腰《えう》に至る〉を以てす」（『東大寺要録』第三供養章之余）と記されているので、「七宝の樹」が、どのように飾られたかが知られる。

ところで聖宝の師である願暁も東方の第五宝樹を飾ったのであった（『東大寺要録』巻三供養章之余所引『御頭供養日記』参照）。『恵運僧都記録文』には、「一千僧を大仏の前に屈し、大会を設け、以て供養す」とあり、また「其の日、十五大寺、天下国内の万僧を請じて、供養す」とあるから（『東大寺要録』巻三供養章之余）、もし当時、聖宝が山林修行に入っていないで、東大寺の住房にいたならば、聖宝は、当然役僧として大仏開眼の供養の雑役に従事したに違いない。

聖宝と大仏開眼供養会

貞観の大仏開眼供養会を催すにあたっては、「先帝《せいだい》（文徳天皇）は、本願《ほんぐわん》の天皇（聖武天皇）の弘願《ぐぐわん》に准拠して、八幡大菩薩を以て主《しゆ》と為《な》し、天下の名神《みやうじん》及び万民《ばんみん》を知識衆《ちしきしゆう》と為して、初めて修理《すり》を行ひ、今当時《いまこのとき》に至りて此の事遂《つひ》に成《な》る」（『三代実録』貞観三年正月二十一日丙申条）と称揚し、また供養会の呪願文には、

供養会の呪願文

斯《こ》の功徳《くどく》に憑《よ》りて、感神《かんじん》（聖武天皇）の山陵《さんりよう》を資《たす》け奉《たてまつ》り、此の勝因《しよういん》を以て、田邑《たむら》（文徳天皇）の霊廟《れいべう》を翊《たす》け奉り、倶《とも》に真鏡《しんきやう》を懸《か》けて、遍周法界《へんしうほふかい》の光《ひかり》と為《な》し、同じく梵輪《ぼんりん》を転じて願行円満《ぐわんぎやうゑんまん》の仏《ほとけ》と為《な》さん。茲《こ》の景福《けいふく》を聖朝《せいてう》（清和天皇）に薦《すす》め奉らしめ、三《さん》才《さい》を四《し》にして儀を斉《ととの》へ、五龍《ごりよう》を六《ろく》にして寿《じゆ》に比《たぐ》へん。（『三代実録』貞観三年三月十四日戊

子条）

とあって、当然なこととはいえ、大仏開眼供養会は、あまりにも政治的色彩が濃厚であった。このような盛儀を目のあたりに見たであろう聖宝は、いったいどのような感慨にひたったであろうか。

真雅の威勢

貞観の大仏開眼供養会があった年の十一月、讃岐の国多度郡の佐伯直《さえきのあたい》氏の一族十一人に佐伯宿禰《すくね》の姓があたえられ、あわせて平安左京に移貫することがみとめられた。これより先に一族を代表して佐伯直豊雄《とよお》が、宿禰の姓を賜わるために申し述べたことのなかに、「今《いま》、大僧都伝燈大法師位真雅、幸《さいは》ひに時来《じらい》に属《あた》りて、久しく加護《かご》に侍《じ》す。彼《か》の両師《りやうし》（実恵と道雄）に比《ひ》するに、忽《たちま》ち高下《かうげ》を知《し》らん」（『三代実録』貞観三年十一月十一日辛巳条）とあることからもうかがえるように、当時の聖宝の師真雅の威勢は相当なものであった。豊雄らの賜姓を周旋《しゅうせん》したのは、時の中納言伴善男《とものよしお》であった（『三代実録』同上条参照）。真雅も伴善男と組んで佐伯氏一族の賜姓と移貫を実現させるために工作したであろう。そして貞観六年（八六四）二月、僧綱《そうごう》の位階が制定されたさいに、大僧都伝燈大法師位の真雅は、法印大和尚位《ほういんだいおしょうい》の位階を賜わり、僧正《そうじょう》に任ぜられたのである（『三代実録』貞観六年二月十六日癸酉条参照）。もともとこの新位階の制定は、真雅の上表によって定められたものであった（『僧綱補任抄出』上、貞観六年条参照）。かくして真雅は、僧綱の頂点に立って、仏教界を牛耳る地位を獲得した。

応天門の変

そのころの政局は、けっして安泰ではなかった。咳逆《がいぎやく》病《びよう》の流行による社会不安もひろがっていた。そうした情況の積み重なった結果が応天門の変であった。応天門は、大内裏の正殿である朝堂院（八省院）の南中央に位置する重要な門であった。その門から火が出て、門の左右前方に渡廊でつながる棲鳳《せいほう》・翔鸞《しようらん》の両楼も応天門とともに焼け落ちてしまったのは、貞観八年（八六六）閏三月十日の夜のことであった。その年の八月三日、時の大納言伴善男は、息子の中庸《なかつね》とともに応天門に火をつけた主謀者として告発され、二カ月も経っていない九月二十二日、善男らは大逆の罪で斬刑に相当するが、罪一等を減じられて遠流《おんる》の刑に処せられることが決定し、善男は伊豆の国へ、中庸は隠岐の国へ配流されたのである。

治安維持の法令

応天門の変が起こる一カ月余り前には、治安維持法ともいえる集会制限の命令が発せられており（『三代実録』貞観八年正月二十三日庚子条参照）、また変後、三カ月を経て、その治安維持法は、僧侶にも拡大適用されることとなった。その勅令では、「破戒濫行《はかいらんぎやう》の輩《やから》」が、「仏教に違《たが》ひ、王法《わうはふ》に乖《そむ》き、療病《れうびやう》に因《よ》るに非《あら》ずして、妄《みだ》りに自《みづか》ら觴《さかづき》を飛《と》ばし」していたことが非難されていた。「觴《さかづき》を飛ばす」というのは、杯《さかずき》をとりかわすことである。その勅令では、「僧侶の飲酒、及び贈物《ぞうぶつ》を禁《きん》」ずるのが目的であったが、勅令の冒頭に「飲宴度無《いんえんどな》し」(『三代実録』貞観八年六月四日丁丑条)とあるから、飲宴による集会の取り締まりに本来の目的があったのである。

破戒濫行の輩

当時の為政者の目に「破戒濫行の輩」として映じた僧侶たちは、そのころ民間の風俗となっていた御霊会《ごりょうえ》のさいに、「仏《ほとけ》を礼《らい》し経《きやう》を説《と》」(『三代実録』貞観五年五月二十日壬午条)いていた僧侶に通じるものであった。人びとは、疫病の頻発は冤魂《えんこん》によるものと信じて、その「御霊《ごりょう》」を祀ることを、しきりに行なっていた。民間の御霊会では、「仏を礼し経を説」くと同時に、「歌《うた》ひ且《か》つ舞《ま》」うという賑賑《にぎにぎ》しさであって、その祭りの場では、当然酒が振る舞われ、経を説く僧侶も集まった人びととともに酔い痴れることが多かったであろう。冤魂が疫病神《やくびょうがみ》となって荒れ狂うのを鎮《しず》めるための祭祀に先頭を切って行動する僧侶たちを、どうして「破戒濫行の輩」として非難することができるであろうか。「破戒濫行の輩」といっぽう的に決めつけることに疑問をいだいていた人びとのいたことも、また事実であったであろう。

僧侶のあるべき姿

その勅令には、僧侶の飲酒、および贈物の禁止を命じる前言として、出家《しゆつけ》の人《ひと》は、理《り》として生産無《せいさんな》く、唯一鉢《ただいつはつ》を仰《あふ》ぐ。当《まさ》に何《なに》の蓄《たくは》へか有《あ》るべき。而《しか》るに今《いま》、或《ある》は聞く、複試業《ふくしごふ》の時、資供豊盈《しぐほうえい》にして、贈遺《ぞうゐ》に煩費《はんぴ》あり。是《こ》の以《ゆえ》に身素《みもと》より清貧《せいひん》にして、営設《えいせつ》を階《みち》とすること無《な》き者は、高才《かうさい》有りと雖《いへど》も、其の業《ごふ》を果《はた》し難《がた》し。豈釈迦《あにしやか》の元意《げんい》、緇徒《しと》の淑行《しゆくぎやう》と云《い》はんや。（『三代実録』貞観八年六月四日丁丑条）

と述べられており、僧侶のあり方が妥当なかたちで説かれていた。しかしながら、それはあくまでも僧侶の理想像であって、社会の動きと政治の流れには複雑なものがあり、おしなべて僧侶の清貧なあり方を規定してしまうことはできない状態になっていた。こうした状況のなかで、僧侶は、いかにあるべきかが心ある出家人《しゆつけびと》のあいだでは、大きな課題であったと思われる。

伴善男の没落と真雅

僧侶の飲酒・贈物の禁止令も応天門の変にかかわって発令されたものであったと理解できるが、その禁止令が出されてから二カ月後に大納言伴善男らは告発され、間もなく流罪に処せられてしまった。颯爽《さつそう》と政界を闊歩《かつぽ》していた善男は、瞬《また》く間に没落してしまったのである。良房と善男の線につながっていた聖宝の師真雅は、複雑な思いにかられたに違いない。ひいては真雅の行動は、慎重にならざるをえなかったであろう。真雅の動静が、その伝記においてしばらく空白になっているのは、あるいはそのためであろうか。

維摩会の竪義となる

日ごろ深く考え行動する質《たち》であった聖宝は、隠微で暗然たる応天門の変の経過のなかで問われだした僧侶のあり方について、あらためて真剣に取り組んだことであろう。そのあらわれは、聖宝が三十八歳になった貞観十一年（八六九）に、維摩会《ゆいまえ》の竪義《りゅうぎ》に出て賢《げん》聖義《じょうぎ》と二空比量義《にくうひりょうぎ》とを論じたことにもみとめられる。

興福寺の維摩会

維摩会は、興福寺の講堂で藤原氏の祖である鎌足《かまたり》の忌日《きにち》十月十六日にあわせて『維摩経』を講じて供養する由緒《ゆいしょ》ある法会であった。十月十日から十六日までの七日間、毎年、その法会が行なわれるようになったのは、承和元年（八三四）からであった。竪義（立義）というのは、長年にわたって研鑽を積みかさねてきた修学僧が竪者《りっしゃ》（立者）となって、研学の成果にもとづいて自分の見解（義）を披瀝し、それにたいして已講《いこう》・擬講《ぎこう》などの学匠が問者となって質問をし、竪者とのあいだに質疑応答が闘わされ、竪者の立てた見解を探題《たんだい》が判断して、その及落を決める儀式のことである。

維摩会での聖宝の見解

すなわち聖宝は、貞観十一年十月の維摩会で竪者となって賢聖と二空比量についての見解を打ち出したのである。「賢聖」の賢《げん》というのは、仏教の真理は究めていないが、すでに悪を離れた人のことであり、また聖《じょう》というのは、真理を悟った境涯にある者である。聖宝が「賢聖」について、どのような見解を出したのか、知られていない。おそらく聖宝は仏教の修行者の根本にかかわる「賢聖」の位置づけをめぐって、三論宗の立場から独自の論を立てたものと考えられる。だからこそ、「三論宗の賢聖義は、此《こ》れ従《よ》りして初《はじ》まる也」（『醍醐根本僧正略伝』）といわれたのであろう。

願暁の賢聖義説

聖宝の師である願暁には、『大乗法門章《だいじようほうもんしよう》』という著書があった。この書は承和七年（八四〇）ごろに成立したものとみられているが、その第二の巻頭には「賢聖義」の章が収められている。願暁の「賢聖義」は、

問ふ、賢聖とは如何《いか》に。答ふ、義章第十六に云ふ。善に和するを賢と曰ひ、正《しやう》に会するを聖と名づく。正は謂《い》はく理なり。理は偏邪無《へんじやな》きが故に説きて正と為し、理を証して凡《ぼん》を捨《す》つるを説きて聖と為すなり。問ふ、位地とは如何に。答ふ、見道《けんだう》（修行の階梯《かいてい》の一つで、この位で煩悩《ぼんのう》が断たれ、聖者の位に就くことが可能となる）已前にして心を調《ととの》へ悪を離《はな》る。之を名づけて賢と為し、見諦《けんたい》（真理を悟った位）已上にして理を証し徳を成すを説きて以て聖と為す。

という文章から書きだされている。これによって知られるように願暁は、中国の北周《ほくしゆう》―隋《ずい》代の浄影寺《じようようじ》の僧慧遠《えおん》（五二三―五九二）が著わした『大乗義章《だいじようぎしよう》』で説明されている「賢聖

義」の論にもとづきながら賢と聖の階位を分ける説を詳細に説いている。聖宝が竪者となって論述した賢聖義は、おそらくこの願暁の所説に依拠しながら、賢聖義の諸説のうえに立って、聖宝自身の見解を述べたものであったであろう（大隅和雄『聖宝理源大師』参照）。

二空比量の論

聖宝が竪義の席で論述したいま一つの問題である二空比量というのは、人空《にんくう》と法空《ほうくう》の二空をめぐって、既知の事実にもとづき未知の事実を推理することである。人空とは、人間は五蘊《こうん》（人間の心身・環境のすべてを形づくる精神的・物質的なあらゆる要素）が仮に合成したものであって、実体とみられる自我などは存在しないとする説である。また法空というのは、あらゆる存在は因縁《いんねん》によって生じたものであるから、一切の存在自体が空であるとする主張である。

隆海の二空比量義論

聖宝が人空と法空の二空の問題をどのように論述していったかも、もとより明らかにすることはできない。ただ聖宝の身近《みぢか》なところで見てみると聖宝と同門で聖宝よりも十七歳年長の隆海《りゅうかい》（八一五―八八六）に『二空比量義』二巻の著述があることが注目されるのである。隆海の『二空比量義』と聖宝が立てた二空比量の論とは、無関係ではなかったであろう。

隆海の人となり

ちなみに隆海は、俗姓は清海真人《きようみのまひと》氏で摂津の国に生まれ、この国の講師薬円《こうじやくえん》に見いだされ、後に聖宝の師である願暁のもとで三論の宗義を学び、また中継《ちゆうけい》に法相《ほつそう》の宗義を受け、さらに平城天皇の第三皇子真如《しんによ》から真言の法を授けられ、聡明な人物として聞こえていた。貞観十一年（八六九）、すなわち聖宝が維摩会の竪義をつとめた年に大和の国の講師に任ぜられ、同十六年には維摩会の講師となった。元慶六年（八八二）には権律師《ごんりつし》、翌年には律師、そして仁和二年（八八六）七月二十二日、薪を積み身を焼いて死んだという。著書には、『二空比量義』のほか、『二諦義《にたいぎ》』一巻、『方言義《ほうごんぎ》』一巻、『四諦義《したいぎ》』二巻、『二智義《にちぎ》』二巻、『因明九句義《いんみようくぎ》』二巻などがあった（『三代実録』仁和二年七月二十二日己亥条参照）。後世、隆海は往生者《おうじようしや》のひとりとして名を遺した（『日本往生極楽記』『今昔物語集』など参照）。聖宝は同門の法兄である隆海を日ごろから畏敬していたであろう。

聖宝、伝燈満位を授けられる

聖宝が論じた賢聖義と二空比量義は、ともにその年の竪義の課題であったとはいえ、聖宝は、僧侶の修行の根本命題と大乗仏教の根本思想とを当時の仏教界の動向をふまえながら日ごろの所信を開陳したであろう。ここに「聖宝の南都における修学は修了したのであった」（大隅和雄、前掲書）。聖宝が竪義に出た年の四年前、すなわち貞観七年（八六五）四月に、興福寺の維摩会の竪義得第《りゆうぎとくだい》の僧を伝燈満位《でんとうまんい》の階に叙し、これを恒例《こうれい》とするという制令がだされている（『三代実録』貞観七年四月十五日乙丑条参照）。それゆえに聖宝は、竪義得第の僧として、維摩会が終ってから伝燈満位の僧階を授けられたはずである。

第三　笠取山の開山

一　醍醐寺の開創

応天門の再建

貞観十三年（八七一）十月二十九日、応天門が再建され、所司《しょし》は饌《せん》を設けて大工《たくみ》以下を饗《もて》なして、その労をねぎらった。公卿大夫《くぎょうたいふ》は、ことごとく参会したという（『三代実録』貞観十三年十月二十九日辛未条参照）。その饗宴のさまは、竣工式《しゅんこうしき》が盛大であったことをうかがわせてくれる。焼失してから五年半ぶりに、応天門は、その偉容をふたたび人びとの前にあらわしたのであった。

無量寿法の受学

この年、四十歳の聖宝は、師の真雅について無量寿法《むりょうじゅほう》を受学した（『醍醐根本僧正略伝』参照）。無量寿法というのは、おそらく祖師の空海が唐から将来した不空訳の『無量寿《むりょうじゅ》如来修観行供養儀軌《にょらいしゅかんぎょうくようぎき》』（『無量寿如来供養儀軌』『無量寿如来儀軌』）にもとづいた修法《ずほう》であろう。その作法次第は、空海が撰述した『無量寿次第』（『阿弥陀次第』）、および空海の撰次《せんじ》したものと伝えられている『無量寿如来供養作法次第』（『紅頗梨秘法《ぐはりひほう》』）にみられる。両次第は、ほとんど同文であるが、前者によって、その次第を見てみると、「先づ道場を荘厳にし、次に行《ぎやう》ずる人、威儀し」にはじまり、

面前に於て安楽世界を観ぜよ。瑠璃《るり》を地と為し、功徳《くどく》の乳海《にゆうかい》あり。其の海中に於て頡哩字《きりくじ》（阿弥陀仏の種子字《しゆじじ》）を観ぜよ。大光明を放つこと紅頗梨色《ぐはりしき》の如し。遍《あまね》く十方世界を照す。其の中の有情《うじやう》、斯《こ》の光に遇《あ》ふ者は、皆罪障消滅《みなざいしやうせうめつ》を得ざるといふこと無し。是の字、変じて微妙の開敷《かいふ》せる紅蓮花《ぐれんげ》と為る。……即ち変じて其の華《げ》、無量寿如来と為る。身は宝蓮花《ほうれんげ》の満月輪《まんがちりん》の上に在《いま》す。五智の宝冠を著《つ》けて、定印《ぢやういん》に住したまふ。身相《しんぞう》は紅頗梨色《ぐはりしき》なり。頂上従《よ》り紅頗梨《ぐはり》の光を放ち、無量恒沙《むりやうこうしや》の世界を照《てら》す。皆悉《ことごと》く紅頗梨色《ぐはりしき》なり。諸《もろもろ》の聖衆《しやうじゆ》の与《ため》に前後に囲繞《ゐねう》せらる。是《かく》の如《ごと》く観じ、已《すで》にして此の拳《けん》を以て地を印《いん》すること七遍せよ。

と説かれている。すなわち無量寿法とは、無量寿如来（阿弥陀如来《あみだにょらい》）を観想《かんそう》することからはじまる修法であった。この受法によって聖宝は、真言密教の立場より深めていったのである。

しかし聖宝は、経籍《きようじやく》の前に端座する学僧とはならなかった。聖宝は、顕教と密教と

笠取山の発見

笠　取　山（醍醐山）

を研覈《けんかく》し、それらを包括し実践する道をえらんだ。聖宝は、行動する人であった。すでに指摘されているように、聖宝は、「貴族社会に進出し、有力な貴族の援助のもとにつぎつぎと建立する大寺院の中に真言宗の勢力を扶植して行くのではなく、そうした方向に批判を感じながら、山林抖藪《とそう》の修行を重ね、日本の土着の信仰と仏教との関係の中に新しいものを摸索しつづける」（大隅和雄『聖宝理源大師』）のであった。

このころの聖宝は、修学の時代から行なっていた山林修行に、いっそう精魂をこめ、聖宝が信じる宗教的な活動の場を求めつづけ、諸方の山々を縦横に歩きまわっていた。そうしたなかで聖宝の探しあてたふさわしい地が、山城の国宇治郡の笠取山《かさとりやま》（京都市伏見区醍醐）であった。笠取山は高さ三七〇・五メートルであって、醍醐山地の一山であり、北に高さ四八五メートルの高塚山、南に高さ三五一メートルの天下《てんが》

草庵を結ぶ

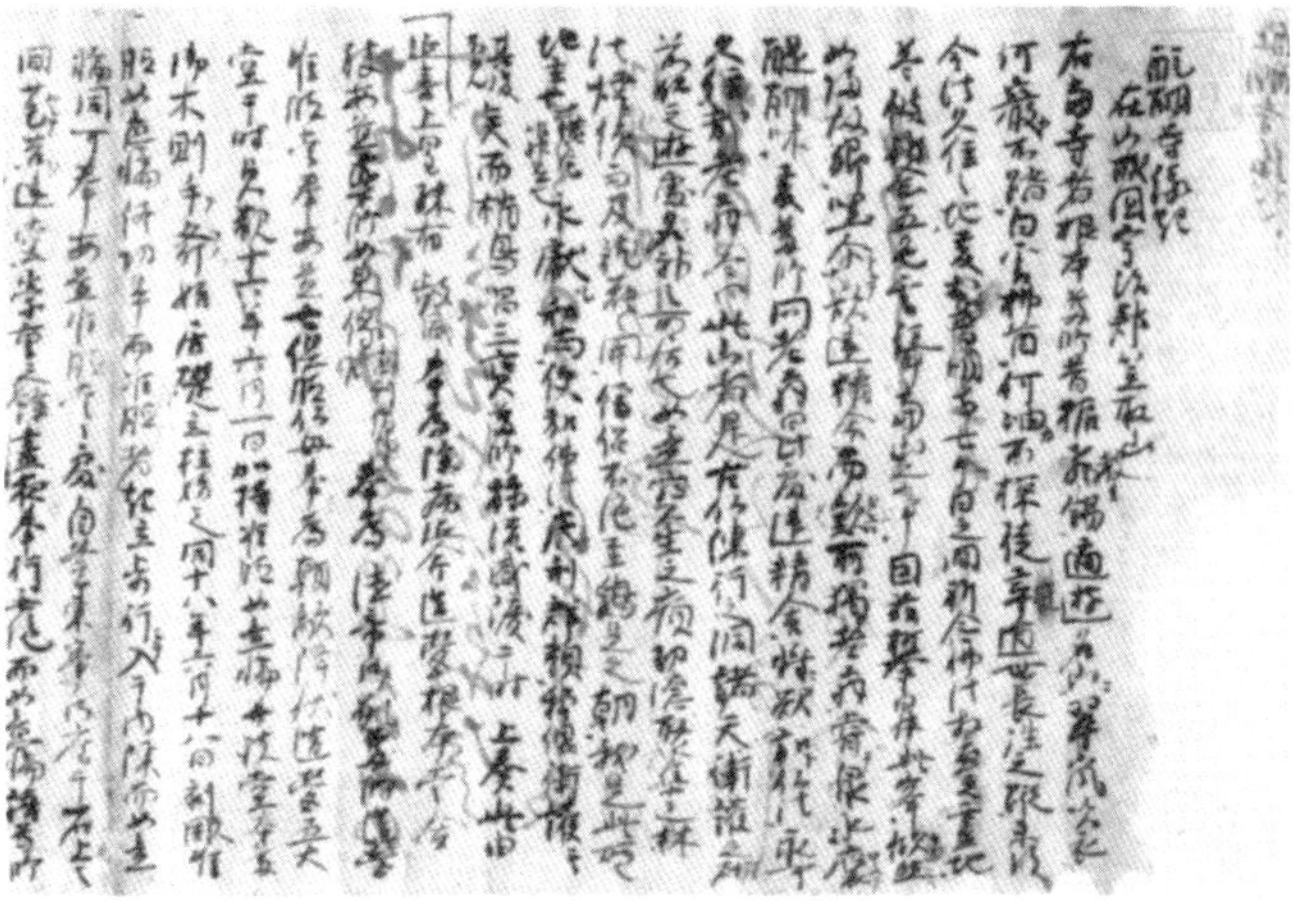

『醍醐寺縁起』（宮内庁書陵部蔵）

峰《みね》が連なっている。昭和四十六年（一九七一）の気象観測の結果によると、笠取山の気温は、夜になると谷底は山頂より五度ほど低くなり、また笠取山などの山間地では、夕方五時から八時の三時間ほどのあいだにおよそ九度も低下するという（林屋辰三郎他編『宇治市史』1参照）。こうした気象環境は、冬期になると一段と酷《きび》しいものとなるであろう。

こうした厳しい山地に聖宝は、草庵《そうあん》を結んだのである。そのありさまを『醍醐寺要書』が引用している延喜十三年（九一三）十月二十五日付の「太政官符」にみえる観賢の奏状は、

適々《たまたま》、貞観《ちやうぐわん》の末を以て此の峰（笠取

山）に攀《よ》じ昇《のぼ》り、欣然《きんぜん》として故郷に帰るが如し。嘿爾《もくじ》として精舎《しやうじや》を建《た》てんことを思ふ。樹下《じゆか》の草を採り菴居《あんきよ》を結成し、石上《せきしやう》の苔《こけ》を払《はら》ひ尊像を安置す。

と語っている。これが醍醐寺創建の端緒となったのである。

醍醐寺開創の経緯

多くの寺社縁起のなかでも古体を残しているとされる『醍醐寺縁起』には、聖宝が醍醐寺を開創するまでの経緯が記されている。その書きだしの部分を意訳してみると、次のようである。

仏法相応の霊地

聖宝は、諸名山を遍歴し、仏法の久住の地を求めていた。たまたま普明寺《ふみようじ》において、七日間、仏法相応の霊地を祈念していたところ、その祈請に答えて、五色の雲が笠取山の峯にたなびくのを見た。聖宝は、この峯に登って、このうえなく喜び、あたかも故郷に帰ったかのようであった。物も言わないで、ただ精舎を建てようとしたのである。そうすると谷あいに一人の老翁がいて、泉の水を嘗《な》めて、醍醐味《だいごみ》であると褒《ほ》めたたえた。

山あいでの地主神の示現

聖宝は、その老翁に、「ここに精舎を建てて、仏法を弘めたいのだが、永く久住の地となるかどうか」と訊ねた。老翁は、「この山は、むかし仏が修行したところで、諸天が仏を護衛し、仏が遊行なさったところであり、名神《みようじん》のおられたところである。如意《によい》宝生《ほうしよう》の嶺《みね》、功徳《くどく》の集まる林、法燈《ほうとう》がつづいて、龍華《りゆうげ》の開くに及び、僧侶は絶えず鶏足《けいそく》山《せん》に弥勒《みろく》があらわれる時に至るのである。わたしは、この山の地主神《じしゆじん》（これが横尾明神である）である。この山を永く和尚に献ずるが、仏法を弘め、広く人びとを救うために、わたしは、ともにお護《まも》りしたい」と答え、たちまち見えなくなってしまった。梢《こずえ》に飛び交《か》う鳥が三宝を唱え、聖宝は、感涙《かんるい》にむせぶばかりであった。

横尾明神

笠取山中で聖宝の前に影現《ようげん》したという地主の神、すなわち横尾明神については、『醍醐雑事記』巻第二に、「横尾明神、往古の本所は薬師堂の跡と云々。御願の勝地に立つ可《べ》き為《た》るに依り、尊師（聖宝）、今の横尾に勧請《くわんじやう》し奉《たてまつ》ると云々。本《もと》は地主明神《ぢしゆみやうじん》と申すと云々」とあるので、横尾明神というのは後世に称呼されたものである。聖宝が地主の神を横尾の地に勧請したのは、寛平九年（八九八）六月のことであったとする『理源大師行実記』には、

山上ヨリ巽《たつみ》山ノ下《ふもと》ニ草堂ヲ営ミ、地主明神ノ本地《ほんち》毗沙門天王《びしやもんてんわう》ヲ此所《このところ》ニ遷座《せんざ》シ玉ハント欲スル其願文《そのぐわんもん》ニ曰ク、山僧富貴ヲ願ハズ、声誉《しやうよ》ヲ好《この》マズ、清浄《しやうじやう》ニ自ラ活《くはつ》シテ、諸《もろもろ》ノ邪命《じやみやう》ヲ離《はな》レ、広ク法雨《はふう》ヲ施シ、普《あまね》ク含生《がんしやう》ヲ潤《うるを》シテ、仏慧《ほとけゑ》燈《とう》ヲ輝カシ、永ク昏《こん》暗《あん》ヲ燭《てら》サンコト、仰《あふぎ》願クハ地主《ぢしゆ》ノ尊天《そんてん》、我心慮《わがしんりよ》ヲ鑑《かんがみ》テ、厚ク冥助《みやうじよ》ヲ加ヘ、弘法利《こうはうり》生《しやう》ヲ垂《たれ》玉ヘト云云。今下笠取村横尾《いましもかさとりむらよこを》ノ毗沙門《びしやもん》ト号《なづく》ルハ是《これ》ナリ。

とある。

遷座の年次

これによれば、笠取山の地主の神の本地《ほんじ》は毘沙門天王であり、横尾明神の称呼は遷座先である下笠取村の横尾の地名にもとづくものであったことが知られる。『理源大師行実記』の著者である雲雅《うんが》が、なににもとづいて地主の神の遷座の年次を寛平九年六月のこととしたのか、また遷座にあたっての聖宝の願文は、いかなる記録によって記したのか、いっさい不明である。かかる伝説が醍醐寺にあったのかもしれないが、信憑性は、いたって薄い。

笠取山への道

地主の神や横尾への遷座のことは、ともかくとして、聖宝が笠取山の地に、「醍醐水の霊泉」を見つけ、そこに草庵を設けるようになったのは、聖宝が東大寺に遊学していたころ、その末寺である近江の国の石山寺が修練の道場でもあったから、しばしばこの間を往復していたので、その間に山中の踏査を行なったことがあったためであろうという指摘がある（中島俊司『醍醐寺略史』、佐和隆研『醍醐天皇と醍醐寺』など参照）。そうした推論の根拠として笠取山は、その西斜面からの登攀《とうはん》がすこぶる容易ではなく、これに反して近江の国の勢多川《せたがわ》の流れに沿って石山寺の方面よりすすめば、その間、もちろん連山が重畳《じゅうじょう》としているけれども、登攀の順序としては、もっともふさわしい順路と考えられることがあげられている（中島俊司、前掲書参照）。ただし大和の国の東大寺から近江の国の石山寺への道にこだわらなくても、笠取山は、山城、近江、大和への道の要衝であって、「笠取山の西麓を南北に走る道は、この時代の京都と奈良を結ぶ主要な道路であ」り、「東山から山科に入り、勧修寺《かんじゅじ》、小野、下醍醐、日野、六地蔵《ろくじぞう》と山麓の隈を曲折しながら宇治に抜ける道を見おろす地点」に笠取山は位置し、「そしてさらに、笠取山の山頂から尾根伝いに東に進めば、石山を経て琵琶湖の南岸に至り、山頂から南へ山伝いに行けば宇治に至る」のであって、「笠取山を通る尾根伝いの道は、おそらく山林修行の行者の道でもあった」（大隅和雄、前掲書）のである。

准胝・如意輪観音の造像

笠取山の山頂に草庵を構えた聖宝は、貞観十六年（八七四）六月一日に、准胝《じゅんでい》・如意輪《にょいりん》の両観音像を造像するための御衣木《みそぎ》（仏像を作る材料とする樹木）を加持《かじ》し、みずから斧《おの》を手にし、また堂舎の礎《いしずえ》を据《す》え柱を立てたという（『醍醐寺縁起』参照）。そして二年後の貞観十八年六月十八日、准胝観音と如意輪観音両像の彫刻が終わり、それらの像を安置する堂が完成した（同上縁起参照）。『醍醐雑事記』巻第一に、「貞観十八年、上醍醐《かみだいご》の諸堂の供養の導師は、遍照《へんぜう》僧正なり」とあるので、堂の落成供養の導師には遍照《へんじょう》（遍昭、八一六—八九〇）がなったという伝えがあった。たしかに「当時天台宗の僧侶として重きをなしていた遍昭

遍照が導師となる

現在の准胝堂

が、導師をつとめるというのは少し無理のようでもあり、平安時代末までの間に作られた伝承であろうか。今は確かめる術がない」（大隅和雄、前掲書）のである。

しかしながら笠取山の山上の堂舎の落成供養のさいに遍照が導師をつとめたこともありえないことではない。遍照は円仁を師とし真言法を修め、円仁の没後に円珍のもとで三部大法を聴習し、貞観十五年（八七三）九月、円珍の推挙によって伝法阿闍梨位を授けられている。この間、貞観十年（八六八）、遍照は花《か》山寺《ざんじ》（後に元慶寺《がんぎょうじ》となる。今は元慶寺《がんけいじ》と華山寺《かざんじ》の二寺。京都市山科区北花山河原町）を草創し、この寺の主として止住していた。聖宝が造立した笠取山の堂舎が落成した年にあたる貞観十八年（八七六）の四月二十三日から二十六日までの間、従四位下《じゅうしいのげ》の安倍朝臣貞行《あべのあそんさだゆき》が父の安仁《やすひと》（貞観元年〈八五九〉四月二十三日薨）の追善のため法華八講を花山寺（華山寺）で営んでいるので、この時、遍照はその法会を主催したと考えられ、貞観十八年当時、遍照は花山寺に止住していたことは確かである（『菅家文草』十一所収「前陸奥守安大夫の為に華山寺に於て法華経を講ずる願文」参照）。花山寺から笠取山までの距離は、およそ六キロメートル（一里半余り）であって、はなはだ近いのである。貞観寺《じょうがんじ》の上座僧である延祚《えんそ》が、貞観十六年（八七四）十一月と元慶六年（八八二）十月に、円珍から大法を授かり、また金剛界の灌頂を受けているように、真言宗の僧侶でも天台宗の円珍から受法しているのであって（佐伯有清「円珍と山王院蔵書目録」『成城文芸』一三二参照）、当時、真言宗と天台宗の僧侶のあいだに、わだかまりのない交流があったことがわかる。したがって天台宗の遍照が、真言宗系の聖宝が草創した堂舎の落成供養の導師に招かれたとしても不思議ではない。現に『醍醐雑事記』残闕に、「遍照僧正、醍醐山二十三首の詩の序案」（『大日本史料』一―一）と朱書されたものがあるのは、遍照が笠取山（醍醐山）とかかわりが深かったことを如実に物語っている。

遍照の序文

ところで『続群書類従』伝部二十四に収められている『聖宝僧正伝』は、『醍醐雑事記』の撰者である慶延《けいえん》が安元二年（一一七六）三月四日に書写した系統の本である（この写本の奥書に、「延喜四丁卯歳夷則初七。修補了。賢賀〈生六十四〉」と記されており、この日付は、東寺古写本の『円珍和尚伝』とまったく同日である〈佐伯有清『智証大師伝の研究』参照〉）。この本には、「或伝に云はく」として聖宝の造仏のことを中心とする略伝、上醍醐《かみだいご》・下醍醐《しもだいご》の両寺のこと、聖宝の住房である延命院のことなどを記し、最後に「醍醐寺山」のことが記されている。そこには、「元慶の始め、貞観の終りに、聖宝僧正が草創する所なり」とあり、ついで「元慶僧正遍昭、醍醐山にて作れる廿三首の序に云ふ」とあって、その序文を掲げている。これは、まさしく『醍醐雑事記』残闕の朱書に相当するものであって、その朱書は、慶延が記したものに違いない。遍照の序文とは次のようなものである。

元慶六年七月十三日、檀行《だんぎやう》（檀施《だんせ》〈ほどこし〉の行）の志を附し、城東の醍醐に登る。此の山の体《かたち》たるや、高嶺嶟崪《そんしゆつ》（山がけわしく秀でている）し、幽溪嵯峨《いうけいさが》（深い谷がそびえている）たり。雲帯《うんたい》は山腰《さんえう》（山のすそ）を遶《めぐ》り、水錐《すゐすゐ》（水のきり）は石腋《せきえき》を穿《うが》つ。是《ここ》に於て我が大師沙門聖上人《しやうしやうにん》（聖宝）、仏法を興隆するの勤《つと》めに事《つか》へ、堂舎を構造《こうざう》するの労《いさを》有《あ》り。全《まつた》く宿昔《しゆくせき》の因に依りて、適《まさ》に祖願《そぐわん》の日に遇《あ》へり。厥《そ》れ元慶の始め、貞観の終りに始《はじま》るや、今《いま》に六歳なり。爾《しか》して自《よ》り以降《このかた》、時時《じじ》（おりおり）、雲梯《うんてい》を跨踏《ことふ》し、険岨《けんそ》を凌升《りようしよう》して、今に暨《およ》ぶこと十八許《ばか》り反《くりか》へせり。時に洞裏微妙《どうりびめう》にして、詠《えい》ずるに足《た》る者《もの》有《あ》らば、仍《すなは》ち廿箇の物《もの》に題して、以て情を述ぶ。総《すべ》て大《おほい》に仏法を離れざること有るを以てなり。

この詩序が遍照に仮託されたものでないとするならば、きわめて注目すべき内容をもっている。すなわち笠取山を醍醐山、あるいは寺を醍醐寺と称するようになったのは、聖宝が山峯で出会った老翁が、湧きでている泉の水を飲んで、「醍醐味《だいごみ》」であると称讃したことに由来すると伝えられているが、この詩序は元慶六年（八八二）に記されているので、「醍醐」の称が書きとめられている最古の記録となる。また堂舎の完成は、貞観の終り、そして元慶の始め、すなわち貞観十九年（元慶元年）となり、観賢の奏状に記されている「貞観の末」とも符合し、『源運僧都記』が貞観十九年のこととするのとも一致している（『醍醐寺新要録』参照）。さらに詩序によって遍照が、元慶六年（八八二）七月の醍醐登山以前にも、しばしば醍醐山に登ったことも知られるのである。そして詩序は、聖宝のことを「我が大師沙門聖上人」というように敬意をこめて述べているのは、聖宝が尊敬されるに値する僧侶となっていたことを示唆するものであろう。貞観十九年（八七七）、遍照は六十二歳、聖宝は四十六歳であった。

寺院経営の課題

なお義演（一五五八—一六二六）が編纂した『醍醐寺新要録』には「或記に云はく」として、

元慶六年、当山供養、導師遍照僧正、〈号観中院、〉佐物集云、御物語之次、遍照僧正ト根本尊師（聖宝）トハ知音《ちいん》也、謬《あやま》テ供養ヲモ彼《かの》僧正ノ導師シ玉ヘルトイフカトヨ、彼時《かのとき》参《さんじ》山上見給《みたまひ》テ、此山ハ仏法ハ久シカルベシ、但《ただし》ヒンニシテ、エモテアイマジキ也ト、遍照ノ玉ヒケル也、然而《しかして》大僧正権僧正ノ御時《おんとき》ハ、以外《もってのほか》ノ事也云々。

ということが記されている。ここには、遍照が元慶六年（八八二）の醍醐山での供養のさいに導師となったことを掲げ、そのことについて、『佐物集《さもつしゅう》』という本にみえる見解が述べられている。これによれば遍照と聖宝とは知音《ちいん》の間柄ではあったが、遍照が醍醐山での供養に参じたのを導師と誤ってしまったのではないかというのである。そして遍照が当時、権僧正であったから供養会の導師となるとは、思いもよらないことであると述べているらしい。ただ遍照が、「彼時参山上見給テ、此山ハ仏法ハ久シカルベシ」と口にし、「但ヒンニシテ、エモテアイマジキ也」と言ったと伝えられていることは注目される。この伝えは、おそらく聖宝が草創した寺での仏法は長く伝わるであろうが、しかし財力に乏しいので、寺の経営維持は、容易ではないということを意味するものであろう。はたして遍照が、そのようなことを語ったかどうか、もとより定かではない。しかし、これは醍醐寺が朝廷や公家の帰依と庇護を受ける必要のあることを暗示している話のように思われる。ここに聖宝は、宗教的生き方について、大きな転機に立たされることになったのである。

二　聖宝と宇治の宮道氏

宮道弥益の援助

聖宝が笠取山に堂舎を建て、准胝観音《じゅんでいかんのん》と如意輪《にょいりん》観音の二つの像を作って、堂舎に安置することができたのは、当時、山城の国宇治郡の大領《たいりょう》であった宮道弥益《みやじのいやます》の援助があったからであろうとする説が、早くから提唱されている（中島俊司『醍醐寺略史』参照）。

宮道弥益の経歴

正史の記すところによると、宮道弥益は朝臣《あそん》の姓《かばね》をもち、聖宝が笠取山に堂舎を建立した翌年、すなわち貞観十九年（八七七、この年四月十九日に改元があって元慶元年となる）正月、漏《ろう》刻博士《こくはかせ》の任についていた弥益は、外従五位下から従五位下に昇っている（『三代実録』元慶元年正月三日乙亥条）。ついで元慶六年（八八二）正月、従五位上の位階を授けられた。この時、弥益は主計頭《かずえのかみ》で越後介《えちごのすけ》を兼任していた（同上、元慶六年正月七日庚戌条）。さらに仁和三年（八八七）二月、主計頭に在任のまま伊予《いよ》権介《ごんのすけ》を兼ね、位は従五位上であった（同上、仁和三年二月二日丙午条）。

醍醐天皇の誕生

宮道弥益が名高いのは、醍醐天皇の外曾祖父であるからである。弥益とのかかわりで醍醐天皇が誕生されるまでのいきさつは、『今昔物語集』巻第二十二の第七「高藤《たかふじ》の内大臣の語《こと》」にみえる伝承に詳細に物語られている。その伝承を要約すれば、次のとおりである。

藤原高藤の雨宿り

閑院の右大臣と称された藤原冬嗣《ふゆつぐ》の子に中納言の長良《ながら》、太政大臣の良房《よしふさ》、左大臣の良《よし》相《み》、そして内舎人《うどねり》の良門《よしかど》がいたが、良門の子に高藤《たかふじ》といって、幼少のころから鷹狩《たかがり》を好む人物がいた。その高藤が十五、六歳ばかりの年の九月、南山科《みなみやましな》の山々に鷹狩に出かけた。ところが午後四時ごろ、にわかに暗くなって時雨《しぐれ》が降り、強風も吹きだし、雷鳴もすさまじく、供の者どもは、おのおの雨宿《あまやと》りしようと散り散りばらばらになってしまった。

高藤と美しい娘

供《とも》の舎人《とねり》の男一人をつれていた高藤は、西の山辺に人家を見つけて、その家に馬で乗りつけた。その家の主人は高藤を手厚くもてなした。しばらくすると十三、四歳ばかりの美しい娘が高坏《たかつき》を持って出てきて、酒食をもてなした。この美しい娘に心をひかれた高藤は、引き寄せ抱いて契りを結んだのである。

美しい娘への思慕

家に帰ってこなかった高藤のことを心配した父の良門は、翌朝早く高藤を探し出すため人を遣わした。高藤は見つけだされて家に帰ったが、それ以後、父は高藤が鷹狩をするのを禁じてしまった。高藤は一夜の契りを交わした美しい娘が忘れられず、月日がすぎるにつれて恋しさはつのるばかりであった。こうして四、五年が経過した。そうこうするうちに父の良門は年若くして、この世を去ってしまった。高藤の伯父良房は、高藤の結婚のことを気にかけていたが、高藤は、あの美しい娘のことばかり心にかかっていて、妻を迎えることなく六年ばかりが経ってしまった。

母子との対面

そうしている間に、雨宿りの時につれていた従者が田舎から上京してきたと聞いた高藤は、その男を召し出し、つれだって雨宿りした家を探しに行ったのである。探しあてた家に行ってみると、成人したあの娘のそばに可愛らしい五、六歳の女の子が立っていたのである。やがてその子は、高藤とこの家の娘とのあいだに生まれた子であることがわかった。形見に置いていった高藤の太刀もたしかにあった。後日、高藤はその母子を都につれて帰った。その女の子は、のちに宇多天皇の女御《にょうご》となり、醍醐天皇の生母となったのである。高藤が雨宿りした家の主人は、山城の国宇治郡の大領《たいりょう》宮道弥益であって、やがて弥益は四位に叙され、修理大夫《しゅりのだいぶ》に任ぜられたのであった。

宮道列子と藤原胤子

この伝承は、「少年少女の純愛説話」ともいわれ、人口に膾炙《かいしゃ》した物語であった（馬淵和夫他校注・訳『今昔物語集』三、『日本古典文学全集』二三所収参照）。ここでは高藤と契りを結んだ娘の名前と、この両人のあいだに生まれた女の子の名前は書き記されていないが、前者が列子《れつし》（烈子にも作る。また引子《いんし》ともあるのは列の字の誤写であろう）、後者が胤子《いんし》であることは、『尊卑分脈《そんぴぶんみやく》』の高藤の子孫系図の定国《さだくに》の譜文に、「母は宮内大輔《くないたいふ》宮道弥益の女、従三、列子」とあり、また高藤の娘で定国の妹、そして宇多天皇の女御である胤子のもとに「母は同じ」とあることによってあきらかである。『今昔物語集』では、弥益がやがて四位に叙され、修理大夫に任ぜられたとみえるが、『尊卑分脈』には、宮内大輔の官職を弥益に冠している。『公卿補任』昌泰二年の条の定国の尻付にも、「母は宮内大輔宮道弥益の女」とあるから弥益が宮内大輔に任ぜられたことは間違いない。

ところで『勧修寺文書』、および『勧修寺旧記』に掲げられている藤原為房《ためふさ》の日記である『左大弁為記』（『為房卿記』）の康和四年八月三日の条は、高藤の七代目の孫にあたる筑前守敦憲《あつのり》が、高藤の子息である三条右大臣定方《さだかた》の御遠忌について語ったこと、また「故僧正」、おそらくは勧修寺六代の別当である僧正信覚《しんかく》（一〇二一—一〇八四）が、定方は平生、極寒極暑《ごくかんごくしよ》も厭わず、また八月、九月の季節にも講席を設けていたことにゆかって、定方の没後にもその講演を勧修寺西院で行なっていると語っていたことを書き記したあとに、

勧修寺の根元

勧修寺の根元は、内大臣高藤が少年の日、鷹《たか》を臂《ひぢ》にし野に出づ。忽《たちま》ちに暴雨《ばうう》に逢《あ》ひ、馳《は》せて蓬屋《ほうをく》に入る。是れ則ち当郡の大領最益《いやます》が宅なり。日《ひ》暮《く》れても猶《なほ》雨《ふ》る。夜に向

ふの間、珍膳《ちんぜん》を備へ献ぜり。大領、少女を以て陪膳《ばいぜん》と為《な》す。大臣、厭《いと》はず食事し了《をは》り、少女を招《まね》かれて、今夜《このよ》媾通《こうつう》し、漸《やうや》く遅明《ちめい》に及《およ》ぶ。御共《おんとも》の人々《ひとびと》、尋《たづ》ね来《きた》ること済々《せいせい》なり。大臣、帯びる所の御剱を棄て置きて出御す。数月の後、又《また》来訪せられるに、剱を置きしこと初めの如く、敢《あへ》て依違《いゐ》せず。少女、娠《はら》む有りて遂に女子を生めり。大臣、少女を迎へて遂に妻と為《な》す。彼《か》の女子を以て寛平の聖主（宇多天皇）に入《い》る。女子、女御《にょうご》と為り、延喜の明王《めいわう》（醍醐天皇）を誕生す。女御、早世《そうせい》し贈位《そうゐ》せらる。延喜、御在位の日、最益《いやます》、抽《ひ》きて宮内大輔に補せられ、其の女列子は三位に叙せらる。宮道明神は彼の最益《いやます》の氏神にして竈神《かまどのかみ》なりと云々。（『勧修寺文書』は『大日本仏教全書』寺誌叢書第三に、『勧修寺旧記』は『続群書類従』巻七八〇に収録されているが、ここでは『大日本史料』一―二、および一―六所収のものによった）

とあって、例の「少年少女の純愛説話」が簡潔に記されている。ここにも弥益（最益）が醍醐天皇の時代に宮内大輔に補任されたことがみえる。

藤原為房の日記

藤原為房（一〇四九―一一一五）は、右の説話を康和四年（一一〇二）八月三日の日記に書きとめているので、保安元年（一一二〇）が成立の上限と推測されている『今昔物語集』にみえるものとほぼ同じ時期の伝承が、ここに伝えられていることになる。しかし、「勧修寺の根元」

が語られているその記述は、『今昔物語集』にみられる説話とくらべてみると、「十五、六歳ばかり」とする高藤の年齢を具体的には記さないで、「少年の日」とし、また「四、五年」、さらに「六年ばかり」の時の経過を、「数月の後」とするなど基本的なところで、いささか両者に相違がみられる。また「宮道明神は彼の最益《いやます》の氏神にして竈神《かまどのかみ》なり」という他にみられない記述もある。おそらく為房の日記にみえる勧修寺の縁起説話のほうが古いかたちを残しているのであろう。

しかしながら、「十五、六歳ばかり」にしても、「少年の日」にしても、いずれをとってみても高藤の年齢や、高藤の女子胤子《いんし》の年齢から考えると、「少年少女の純愛説話」は、現実にそくしていない。なぜならば、いま高藤の年齢によって調べてみれば、高藤が「十五、六歳ばかり」のころは、仁寿二、三年（八五二―八五三）にあたり、いっぽう胤子は、寛平八年（八九六）六月三十日に二十一歳で卒しているから貞観十八年（八七六）の誕生であって（ただし醍醐天皇は仁和元年〈八八五〉に誕生しているので、その時、母の胤子は十歳であったことになり、二十一歳で卒したとする『中右記』康和五年正月二十六日条の記載は疑わしい。あるいは三十一歳が卒年か。すると胤子は貞観八年の生まれとなる。しかし兄の定国は貞観八年に生まれているので双子の兄妹でないとすると、この年以後か）、この年、高藤は三十九歳の壮年であったことになるからである。しかも胤子の同胞の兄である定国《さだくに》は、貞観八年（八六六）に生まれ、次兄の定方《さだかた》は、同十五年（八七三）の生まれであるから高藤が胤子らの母である宮道列子《みやじのれっし》と結ばれたのは、貞観七年ごろのことになる。この年、高藤は二十八歳であった。したがって世に知られている「少年少女の純愛説話」は、まったく架空の物語であった。しかし高藤が山科《やましな》の山地に遊猟に出かけたさいに胤子らの母である列子に出会って、高藤が土地の豪族宮道氏の娘を見染めるということは、実際にあったことであろう。ちなみに宮道列子は、延喜七年（九〇七）十月十七日に薨じている。時に従三位、ついで九日後の二十六日に正二位を追贈されている（『日本紀略』延喜七年十月十七日辛酉条、同月二十六日庚午条など参照）。

勧修寺の建立

これよりさき列子の娘藤原胤子は、その生前に子息の敦仁親王（醍醐天皇）を護るために勧修寺を建立したという（延喜五年九月二十一日付「太政官符」所引の律師承俊奏状参照）。胤子が建立したのは御願堂《ごがんどう》であったが、この造立にあたっては外祖父の宮道弥益と持禅師の承俊《じょうしゅん》を行事《ぎょうじ》としたと伝えている（『勧修寺文書』、および『勧修寺旧記』御願堂条参照）。この堂は本堂の南に位置していたが、本堂のほうは弥益が建立したものであって、弥益の鷹屋《たかや》の跡に建てられたものであるという（同上、本堂条参照）。また本堂の西には「命婦宮道朝臣烈子の建立」（同上、宮道氏建立堂条）した宮道氏建立堂があり、さらに本堂の東南の角《すみ》に承俊律師建立堂があった。

承俊の経歴と済高

胤子が御願堂を建立するのにさいして宮道弥益とともに行事となった承俊は、勧修寺を開山した僧侶であって、「勧修寺の根本《こんぽん》」とも称されている（同上、別当次第条）。承俊は最初、興福寺に入って出家し、畿内《きない》を渉歴《しょうれき》して真実の仏法を求め、法相の学を修め、やがて真言をも学び、学友から敬慕され、また檀越《だんおつ》から尊敬されるというすぐれた人物であった（『本朝高僧伝』和州東大寺沙門承俊伝参照）。法相唯識の学は東大寺で修め（『元亨釈書』承俊伝参照）、そして貞観五年（八六三）から同十四年（八七二）にかけて貞観寺の寺主《じしゅ》（寺院の諸事を統轄する役僧）となっていた（貞観五年十二月十三日付「貞観寺畠相博状案」、同七年三月二十三日付「僧淳達宅地施入状案」、同十四年三月九日付「貞観寺田地目録帳」参照）。承俊は、貞観十四年当時、伝燈法師位の僧位を帯びていたが、承俊が真言を受学したのは、聖宝の師である真雅からであったことは確実である。そのために承俊は、貞観寺の寺主になったのであろう。

この間、貞観九年（八六七）に承俊は、従儀師《じゅうぎし》の任についており（貞観九年十二月十一日付「僧綱牒」参照）、また元慶八年（八八四）には威儀師《いぎし》（従儀師とならんで法会や授戒のさいに僧侶たちを指南する役職）であった（元慶八年十一月十三日付「僧綱牒案」参照）。延喜五年（九〇五）には、勧修寺を定《じょう》額寺《がくじ》（官寺に準ずる寺院）とし、年分度者《ねんぶんどしゃ》二人を置くことがみとめられたが、このことを奏請したのが承俊であって、時に承俊は律師法橋上人位の僧階にあった（延喜五年九月二十一日付「太政官符」『類聚三代格』二、年分度者事条参照）。さらにこれよりさきの延喜二年（九〇二）三月、済高《さいこう》（八七〇—九四二）が勧修寺の別当《べっとう》に補任された時、その補任の書に奉行として承俊は署判したと伝えられている（『勧修寺文書』、および『勧修寺旧記』別当次第条参照）。済高は、仁明天皇の皇子源《みなもと》朝臣《のあそん》多《まさる》の子であって、承俊に受学し、また貞観寺の慧宿《えしゅく》のもとで真言密教を学んでいる。さらに済高は勧修寺の別当に任ぜられる前の月に聖宝から伝法灌頂を受けている（『密宗血脈鈔』参照）。

聖宝と承俊の関係

宮道弥益の宅址に建てられた勧修寺と深い関係にあった承俊は貞観寺の僧であり、また済高は聖宝の付法の弟子であって、この両人は、ともに聖宝の身近《みぢか》にいた人物であった。なかでも承俊は、聖宝と同門であり、「畿内《きない》を渉歴《せふれき》し、真法《しんぽふ》を勤求《きんぐ》」（『本朝高僧伝』和州東大寺沙門承俊伝）したという経歴からすると、承俊は聖宝に近似する修行者であって、承俊と聖宝とは心の通じあえる親しい間柄であったと考えられる。したがって「聖宝と宮道氏の間に介在したのは、或は承俊であったかも知れない」（大隅和雄『聖宝理源大師』）という指摘は妥当であろう。

郡司としての宮道氏

山城の国宇治郡の宮道氏は、古くから土着していた豪族ではなかった。宮道弥益は宇治郡の大領であったと『今昔物語集』などに伝えられているが、宮道氏は、いわゆる譜《ふ》第郡司《だいぐんじ》の家柄ではない。宇治郡の譜第郡司家は、郡の名称と同じ氏名を称している宇治《うじの》宿禰氏《すくねうじ》であった。宇治宿禰氏の人びとは、文書に残されているものによっても、天平十二年（七四〇）から承和十四年（八四七）まで、およそ百年にわたって宇治郡の大領・擬大領・少領などの任についていたことがわかる（林屋辰三郎編『宇治市史』1、および佐伯有清『新撰姓氏録の研究』考証篇三参照）。

宮道氏は労効郡司

譜第郡司家というのは、孝徳天皇時代以降に評司《こおりのつかさ》（郡司）に任ぜられた家柄であるが、また労効郡司《ろうこうぐんじ》と呼ばれる郡司もいたのである。労効郡司とは、式部省によって任命されたもので、中央政府に出仕していた者が、その労の評価をうけて出身地の郡司に補任されたものをいう（米田雄介『郡司の研究』参照）。宇治郡の労効郡司には、天平神護元年（七六五）六月に朝臣《あそん》の姓《かばね》を賜わった宇治郡の少領で外従五位下の位をもつ笠臣気多麻呂《かさのおみけたまろ》がいた（『続日本紀』天平神護元年六月己巳条参照）。笠臣氏も、その氏名からして古くから土着していた豪族ではない。宮道弥益も気多麻呂と同様に労効郡司であった。

宮道氏の系図

山城の国宇治郡の宮道氏の系図によると、宮道氏は日本武尊《やまとたけるのみこと》の後裔とし、武貝児《たけかいこの》命《みこと》の子建久呂彦命《たけくろびこのみこと》が吉備《きび》の国津高郡宮地《みやじ》に居住して宮道《みやじ》の別《わけ》の姓を賜わったという。

そして建久呂彦命の十四世の孫として弥益の名前を掲げている。この系図は弥益の祖父を吉備麻呂《きびまろ》、父を吉備継《きびつぐ》としており、吉備麻呂が山城の国山科《やましな》の地に居住したことを記している（宝賀寿男編『古代氏族系譜集成』上、宮道朝臣系図参照）。吉備麻呂と吉備継は、承和二年（八三五）十一月に、宿禰《すくね》の姓を改めて朝臣《あそん》の姓を賜わっている。この時、吉備麻呂は従五位上で主計頭《かずえのかみ》、吉備継は玄蕃少允《げんばのしょうじょう》であった（『続日本後紀』承和二年十一月戊申条参照）。

宮道吉備麻呂

　はたして右の系図の伝えるように弥益が吉備麻呂の孫であり、吉備麻呂の時代に山科の地に居住するようになったのかどうか明らかではない。また宮道氏のもとの本拠地を吉備の国津高郡の宮地の地とするのは、吉備麻呂・吉備継の名前から案出された可能性もある。宮道氏の宇治郡山科郷への移貫は、さして古い時代のことではなかったであろう。そして吉備麻呂は、承和七年（八四〇）正月、正五位下に昇り（『続日本後紀』承和七年正月甲申条参照）、同十年正月には因幡守《いなばのかみ》に任ぜられているように（同上、承和十年正月辛丑条参照）、中央政府において、その地位を次第に高め、あわせて在地においても営田によって経済的な力を蓄えていったのであろう。こうして弥益の代になって一代かぎりの郡司にまでなったのである。

聖宝と宮道氏

　勧修寺は醍醐の北西一キロメートル余りの至近距離にあって、宇治郡の大領であった宮道弥益の勢力下にあったのは、現在の下醍醐の一帯であったと考えられている。したがって「聖宝が笠取山を開き、醍醐寺が醍醐天皇の勅願寺となったことの背景に、宮道氏の存在があったこと」は、当然考えられることであって、「聖宝が笠取山に入って山上に堂を建てる際に力を貸したのがこの宮道氏であった」（大隅和雄、前掲書）とみなしてよいであろう。

三　准胝観音と如意輪観音

准胝堂の建立

前述したように、准胝《じゅんでい》観音と如意輪《にょいりん》観音の両像と、それらの観音像を安置する堂舎が笠取山の山上に完成したのは、貞観十八年（八七六）六月十八日のことであった。その堂舎が准胝堂であって、三間四面の檜皮葺《ひはだぶき》であったようである（『醍醐雑事記』参照）。最初に造像された准胝観音像と如意輪観音像は、聖宝の独自の信仰を表現したものと考えられており、それまでに一般的にみられた観音像とは異なるものであった（大隅和雄『聖宝理源大師』参照）。

准胝観音

准胝観音は、すでに早く八世紀前半に唐から日本に将来されていた地婆訶羅《じばから》訳の『七《しち》倶《ぐ》胝《てい》仏《ぶつ》母《も》心《しん》大《だい》准《じゅん》提《でい》陀《だ》羅《ら》尼《に》経《きょう》』、金剛智《こんごうち》訳の『七倶胝仏母准提大明陀羅尼経』や（天平九年十二月「写経請本帳」『大日本古文書』七―八一、八二など参照）、円仁・円珍によって将来された不空訳の『七倶胝仏母所説准提陀羅尼経』（承和十四年「僧円仁請来目録」、大中十二年五月十五日「円珍入唐求法目録」など参照）などの経典で仏母《ぶつも》（准胝仏母、七倶胝仏母）として説かれている観音であって、胎蔵現図曼荼羅《たいぞうげんずまんだら》では観音院《かんのんいん》ではなく遍知院《へんちいん》に配されている。

准胝観音の効験

この観音の効験については、経典において、「准胝陀羅尼を誦《じゅ》すれば、薄福無善根の人々も、仏の教えを受けて真実の悟りに達することができ、聡明になり、善不善をよく知るようになり、悪と戦う争いには勝つことができ、夫婦は敬愛し、愛し合わなかった夫婦も愛を得て子を生み、望みの子が与えられ、諸病は治癒して長寿を得、降雨などの祈りに効験がある」（大隅和雄、前掲書）と説かれている。また経

如意輪観音像（醍醐寺蔵）

典では、求めるところによって、二臂《にひ》・四臂・六臂など八十四臂までの准胝観音が観ぜられると説かれているが、聖宝によって造立安置された准胝観音像は、十八臂《じゅうはちび》の姿をしていたと考えられている。この尊像は失われて、今はない。

如意輪観音

いっぽう如意輪観音は、これまた八世紀の前半にすでに日本に伝えられていた唐の菩《ぼ》提流支《だいるし》が訳した『如意輪陀羅尼経』や宝思惟《ほうしい》訳の『観世音菩薩如意摩尼陀羅尼経』、あるいは実叉難陀《じっしゃなんだ》の訳になる『観世音菩薩秘密蔵如意輪陀羅尼神呪経』など（天平十年九月八日「高屋赤麻呂写経注文案」『大日本古文書』七―一八八など参照）の経典で説かれている観音であって、胎蔵現図曼荼羅では観音院に配されている。密号を持宝金剛といい、聖宝に始まって以来、醍醐寺において、とくに重視された観音であった。

如意輪観音の効験

如意輪観音の効験については、『如意輪陀羅尼経』の序品において、「一切の衆生の苦を救い、すべて福を求める事業において意の如く成就させる」と説かれ、また誦念法品において、如意輪陀羅尼には「世間《せけん》の願、つまり富貴、資財、勢力、威徳などをすべて成就させるとともに、出世間《しゅっせけん》の願、つまり福徳、慧解、資糧などをととのえて慈悲の心を増大させて人々を救うことを成就させる力がこめられている」と述べられている。さらに「如意輪観音を深く信仰し、如意輪陀羅尼を念誦する者は、珍宝を授けられ、延寿を果たし、雷や悪星の災を除き、安産・治病を得、鬼賊の難を免かれる等々の効験が得られる」(大隅和雄、前掲書)とも説かれている。聖宝の造立した如意輪観音像は、現在は残っていないが、おそらく六臂の尊像であったであろう。

如意輪観音の修法次第

如意輪観音、すなわち持宝金剛の修法次第に関して祖師空海の作に『持法金剛念誦次《じほうこんごうねんじゅし》第《だい》』(『弘法大師全集』二輯所収)、およびそれと同名の『持宝金剛念誦次第』(『弘法大師全集』四輯所収)の二本がある。このうち後者は、聖宝の作とも伝えられている。その次第は「澡浴法」から書きだされ、「夫れ行人の澡浴に二種有り。内浄、外浄なり。内浄とは観法を以て心性を浄むるなり。外浄とは流水を以て身分を洗ふなり。行人必ずしも外浄に著す可からず」と述べ、そして「又《また》四種の法有り。一には律儀に住す。二には発露懺悔《はつろさんげ》。三には真言印契《しんごんいんげい》を用ふ。四には水を以て洗浄する等《など》なり」と説いている。その記述は、わかりやすく、もしこれが聖宝の述作になるものならば、聖宝の持宝金剛の修法は、広く諸階層を対象としていたものとなろう。

聖宝造立の如意輪観音像

なお『醍醐寺縁起』には、聖宝造立の如意輪観音像について、次のような伝説がみえる。すなわち、聖宝が如意輪観音像を准胝堂に奉安しようとしたところ、その尊像は、みずから東の峯に登って、石上の苔《こけ》がはびこっている所に座していた。そこで聖宝は堂を建て、崇重にあつかい昼夜にわたって行《ぎょう》じつづけた。すると如意輪観音は、聖宝に「この山は補陀落山《ふだらくせん》（観音菩薩が住むと伝えられる山）であり、この道場は、補陀落山の中心であって、金剛宝葉石《こんごうほうようせき》があり、自分は、この上に座って十方世界を観照し、昼も夜も、いつも衆生《しゅじょう》の苦しみを抜き去り、楽しみをあたえているのだ」と語ったという。この伝説によって、聖宝がとくに如意輪観音を尊崇したのは、衆生を救済するためであったことがうかがわれるのである。

第四　真雅示寂の前後

一　大極殿の炎上

聖宝が笠取山の山頂に准胝観音像と如意輪観音像とを造立し、それらの尊像を安置する堂舎を完成させたのは貞観十八年（八七六）であったが、その年の十一月二十九日に、清和天皇は位を皇太子貞明《さだあきら》親王に譲った。その時、同時に右大臣の藤原基経《もとつね》は、九歳の新天皇陽成を補佐するために摂政《せっしょう》となった。清和天皇の譲位の詔に、

清和天皇の譲位

君臨漸久《きみとますことややひさ》しく、年月改《としつきあらたま》る随《まま》に、熱《あつ》き病頻《やまひしきり》に発《おこ》り、御体疲弱《おほみみつから》して、朝政聴《あさまつりごとき》くに堪《た》へず。加以《しかのみならず》、比年《としごろ》の間《あいだ》、災異《わざはひ》繁《しげ》く見《あらは》れて、天《あめ》の下寧《したやす》きことなし。此《これ》を思《おも》ふ毎《ごと》に、憂《うれ》へ傷《いた》み弥《いよいよ》甚《はなはだ》し。是《これ》を以て此の位《くらゐ》を脱屣《さ》りて御病《みやまひ》を治《をさ》め賜《たま》ひ、国家《みかど》の災害《わざはひ》をも鎮《しづ》め息《やす》めむと念《おもほ》し行《め》すこと年久《としひさ》しくなりぬ。（『三代実録』貞観十八年十一月二十九日壬寅条）

とあるように、清和天皇の譲位の理由は、自身の病気と国家の災異・災害にあった。まだ二十七歳の若さであった清和天皇の病気もさることながら、天皇が譲位を決意した真の理由は、国家の災害のほうにあった。譲位にさきだつ十月五日、使者を五畿七道《ごきしちどう》の諸国に遣わして、諸神に幣帛《へいはく》を捧げた。これは兵火《へいか》の災があるという卜筮《ぼくぜい》がでたためであった。この時の告文《こうもん》には、

天皇《すめら》が詔旨《おほみことらま》と、畿内畿外《うちつくにそとつくに》の諸《もろもろ》の名《な》ある神《かみ》の広前《ひろまへ》に申《まを》し給《たま》はくと申《まを》さく。去《い》ぬる四月十日《うつきとをか》に、八省院《はつしやうゐん》の大極殿《おほやすみどの》に火災事《ひつけること》在《あ》りて東西《ひがしにし》の両《ふたつ》の楼《たかどの》幷《ならび》に廊百余間《ほそどのももまあまり》、一時《ひととき》に焼《や》け尽《つ》きたり。茲《これ》に因《よ》りて卜《うら》へ求《もと》めしめしに、今亦《いままた》、火災兵事等《ほやけいくさなど》在《あ》るべしと卜《うら》へ申《まを》せり。其《そ》の後《のち》に城《みさと》の外《ほか》に、処々《ところどころ》に火著《ひつ》かむとせる事在《ことあ》りけり。（『三代実録』貞観十八年十月五日戊申条）

と、大極殿の火災のことが述べられていた。

大極殿の炎上

それは四月十日の夜半のことであった。大極殿《だいごくでん》から出た火は、小安殿《こあどの》、蒼龍《そうりゆう》・白虎《びやつこ》の両楼、延休堂《えんきゆうどう》、および北門《ほくもん》（照慶門《しようけいもん》）、北東西三面の廊《ろう》百余間に延焼し、数日にわたって燃えつづけたのである（『三代実録』貞観十八年四月十日丁巳条）。

有史以来の事件

宮城の大極殿が焼尽したのは、有史以来はじめてのことであった。その火災を深刻に

うけとめたことは、

此《こ》の宮《みや》は掛《か》けまくも畏《かしこ》き天皇《すめら》が朝廷《みかど》の営作《つく》らしめ賜《たま》ひて、万代《よろづよ》に伝《つた》へ賜《たま》ひける宮《みや》なり。就中《こと》に大極殿《おほやすみどの》は、殊《こと》に御意《おほみこころ》を留《とど》め賜ひて、妙《たへ》に麗《うるは》しく造《つく》り餝《かざ》り賜ひて、国《くに》の面《おもて》として、百官万民《もののつかさおほみたから》の仰《あふ》ぐ処《ところ》と定《さだ》め賜ひける殿《との》なりけり。而《しか》るに意《おも》はざる外《ほか》に此《こ》の災《わざはひ》在《あ》りて、一旦《にはか》に焼け尽きたり。近日《このごろ》の間《あいだ》は、此《これ》を憂《うれ》へ念《おも》ひ恥《は》ぢ歎《なげ》き賜ひて、夜も昼も間無《ひまな》く、畏《かしこま》り賜ふこと限量《かぎり》も無し。此の災は天《あめ》の火《ひ》、人《ひと》の火とも知らず。若し人の火ならば、掛《か》けまくも畏《かしこ》き御陵《みささき》助《たす》け哀《あはれ》み賜ひて、火《ひ》行《つ》けたる奸《かだま》しき人等《ひとども》を、早《つと》に顕《あらは》し出《いだ》し賜へ。（『三代実録』貞観十八年五月八日甲申条）

とある告文《こうもん》に明らかである。この告文は、桓武天皇の柏原山陵《かしはばらさんりょう》に災火《さいか》のことを告げた時のものである。

応天門の炎上に類似

清和天皇をはじめとして、すべての人びとは、ただちに応天門の変という忌まわしい事件に思いをいたしたであろう。応天門などが焼失したのは、丁度十年前の貞観八年（八六六）閏三月十日の夜であった。月は異なるけれども、まさしく日は同じであった。放火の罪をきせられた伴善男らを配流するさいにも柏原山陵の前で告文が読みあげられたが、それには、此《こ》の宮《みや》は、掛《か》けまくも畏《かしこ》き天皇《すめら》が朝廷《みかど》の営《いとな》み作《つく》らしめ賜《たま》ひて、万代《よろづよ》の宮《みや》と定《さだ》め賜へる処《ところ》なり。就中《こと》に八省院《はつしやうのゐん》は、殊《こと》に御意《おほみこころ》を留《とど》めて、国《くに》の面《おもて》と作《つく》り粧《よそ》ひ賜ひきとなも聞《き》き賜ふる。而《しか》るに不慮之外《おもはぬほか》に、此《こ》の災事《わざはひ》有《あ》り、茲《これ》に因《よ》り天《あめ》の災《ひ》、人《ひと》の火《ひ》とも知らずして、昼夜間無《ひるよるひまな》く、憂《うれ》へ念《おも》ひ恥《は》ぢ畏《かしこ》み賜ふ。（『三代実録』貞観八年九月二十五日丁卯条）

とあった。これを、さきの告文とくらべてみると、文章のつづりぐあいが酷似《こくじ》している。そこであとの告文は、さきの告文を参照しながら書かれたものであろうと考えられている（福山敏男『大極殿の研究』参照）。しかし、あとの告文は、さきに伴善男らを配流した時の告文を単に下敷きにしたばかりではなく、現実に応天門の変の再発かと、人びとが認識していたことによるものであったであろう。現に清和天皇の譲位の詔に、「人々好《ひとびとよ》からざる謀《はかりごと》懐《おも》ひて、天《あめ》の下《した》をも乱《みだ》り、己《おの》が氏門《いへ》をも滅《ほろば》す人等《ひとたち》も前々《さきざき》に有り」（『三代実録』貞観十八年十一月二十九日壬寅条）とあるのは、応天門の変のさいに没落した伴善男らを念頭においた言葉であった。

貞観十六年の時点

たしかに、そのころの世相は、かの応天門の変の前後の世相に、きわめてよく似ていた。いま、聖宝が笠取山の山上に適地《てきち》を見いだし、准胝・如意輪の両観音像と堂舎の造立にとりかかった貞観十六年（八七四）の時点にまで立ち返ってみる必要がある。

検非違使の起請

その年九月、検非違使《けびいし》は五条の起請《きしよう》を行ない、それぞれ立てられた禁制《きんぜい》は、十一月の新嘗会の日から施行されることになった。その起請のなかに、「僧尼の法服に、綾羅錦《りようらきん》綺等《きとう》、法《はふ》に違《たが》ふ色《いろ》を用ゐざるべき事」（第三条）という条があった。この条で述べられていることは、「今或《あ》る檀越《だんをち》等は、好みて綾羅錦綺及び諸《もろもろ》の美麗《びれい》の色を以て其の布施の法服に充《あ》て」ることが横行し、「貧者は其の及ばざるを恥《は》ぢ、富者は競ひて其の花《くわ》を益《ま》して家の有無《うむ》を顧《かへり》み」ないというありさまとなっていることであった。起請では、「法に違ふ罪は、尤《もと》も施者《せしや》に在《あ》り」と断じているが、華美な法服を受けとる僧尼のがわにも問題があったことはいうまでもない。そこで「施受《せじゆ》を論ぜず、必《かなら》ず科責《くわせき》を加へむ」（『三代実録』貞観十六年九月十四日己亥条）としたのである。これは僧尼令で禁ぜられていることの実行を再確認したものであったが、僧尼令には、綾《あや》、羅《ら》、錦《にしき》、綺《かんばた》の服を着用したものにたいしては、「各十日の苦使」の罰則があった。

僧尼にたいする取締り

この禁制と同時に起請されている「諸衛《しよゑ》の舎人《とねり》及び放縦《はうじゆう》の輩《やから》の、酒食《しゆしよく》を求《もと》め被物《かづけもの》を責《もと》めたる罪《つみ》を減定《げんてい》すべき事」（第一条）、および「六衛府《ろくゑふ》の長官《かみ》初任《しよにん》の時、一度《ひとたび》の饗宴《きやうえん》を許すべき事」（第二条）は、「新格《しんきやく》」、すなわち貞観八年（八六六）正月二十三日の格（『三代実録』貞観八年正月二十三日庚子条参照）を引用し、その格制の改訂を目ざしたものであった。その第一条の起請にも引用されている橘奈良麻呂の変後の天平宝字二年（七五八）二月二十日に発布された、いわば戒厳令、もしくは治安法令（弥永貞三「春日暇景の詩―応天門の変と道真をとりまく人々―」『新訂増補国史大系月報』二五参照）である禁制を受けつぐものであった。「僧尼の法服に、綾羅錦綺等、法に違ふ色を用ゐざるべき事」（第三条）も、応天門が焼《しょう》尽《じん》した直後に出された「僧侶の飲酒、及び贈物《ぞうぶつ》を禁ずべし」（『三代実録』貞観八年六月四日丁丑条）に関係する禁制であって、応天門の変前後の様相をつき合せて考えてみると、いずれ宮城内の重要な建物が焼けるということがあっても不思議ではない状況であった。

火災など事件の続発

それが大極殿などの焼尽というかたちで現実のものとなったのである。大極殿の焼失以前には、淳和院《じゅんないん》の失火（『三代実録』貞観十六年四月十九日丁未条）、右近衛府《うこのえふ》の火災（同上、貞観十六年十二月五日己未条）、秘閣《ひかく》収蔵の図籍文書《とせきもんじょ》が灰燼《かいじん》にきした二日にわたる冷然院《れいぜいいん》（平安左京二条北堀河西）の大火（同上、貞観十七年正月二十八日壬子条、二十九日癸丑条）、そして木《も》工寮《くりょう》での火災（同上、貞観十七年五月十二日癸巳条）など朝廷関係の建物火災が頻繁にあり、沙弥《しゃみ》の教豊《きょうほう》、善福《ぜんぷく》らが丹波《たには》の国船井郡で濫行《らんぎょう》の僧四十余人を率いて勧学院使《かんがくいんし》を殺害し、民家二軒に放火し、あわせて一人の女性を焼き殺したという事件（同上、貞観十六年十月十九日甲戌条）が起こり、左右両京をはじめとする諸国の風水害や（同上、貞観十六年八月二十四日庚辰条、同年九月七日壬辰条、同年十月二十三日戊寅条など）、旱魃《かんばつ》（同上、貞観十七年六月八日己未条）があいつぎ、さらに官寺を焼き、良民を殺略《さつりやく》するという下総の国での俘囚《ふしゆう》の叛乱（同上、貞観十七年五月十日辛卯条）や、下野《しもつけ》の国で賊徒二十七人、俘囚四人を討ち殺した殺戮《さつりく》事件（同上、貞観十七年七月五日乙酉条）が発生し、また奸猾《かんかつ》の輩《やから》や私鋳銭者《しゆじゆせんじや》の横行（同上、貞観十六年十二月二十六日庚辰条）など、人心を動揺させる事柄は、世上に充満していた。

大極殿の火災は放火

そうこうするうちに陰陽寮《おんようりよう》は、『黄帝九宮経《こうていきうきゆうきよう》』の「粛吉九宮篇《しゆくきつきうきゆうへん》」にもとづいて、来る貞観十八年丙申《ひのえさる》の歳は三合《さんごう》（大歳・客気・太陰の三神が相合すること）の運《うん》にあたる年だと述べ、同経に、「毒気《どくき》流行して、水旱摂并《するかんかねあは》せ、苗稼傷残《べうかしやうざん》して、災火《さいくわ》殃《わざはい》を為《な》し、寇盗《こうたう》大《おほい》に起り、兵喪疾疫《ひようさうしつえき》競《きそ》ひて並《なら》び立《た》つ」とあると述べたてていた（『三代実録』貞観十七年十一月十五日甲午条）。そこであらかじめ水旱《すいかん》・疾疫《しつえき》・兵喪《ひようそう》（戦争で死ぬこと）・火災を祓《はら》うために、全国の名神《みようじん》に幣《みてぐら》を奉り、また国分《こくぶん》二寺と定額寺《じようがくじ》に僧七人を招いて、三日のあいだ昼は『金剛般若経』を転読させ、夜は薬師、観音の名号を念じさせたのである（同上、貞観十七年十二月十三日壬戌条参照）。それからまる五カ月にもならないうちに、宮城内の重要な建物である大極殿から火が出たのであった。こうした動きを見てくると、どうも大極殿の火災は、誰かが付け火した臭《にお》いがしてくる。そしてそこに見え隠《かく》れするのが、藤原基経である。

放火犯人は誰か

大極殿から出火し、小安殿《こあどの》などを焼きつくした翌四月十一日、前丹波守で従五位上の安倍朝臣房上《あべのあそんふさがみ》と従五位下の笠《かさ》朝臣弘興《ひろおき》が、火をつけた疑いがあるとして追禁された（『三代実録』貞観十八年四月十一日戊午条）。しかし、その後も「此の災《わざはひ》は天《あめ》の火《ひ》、人《ひと》の火《ひ》とも知らず。若《も》し人の火ならば、……火行《ひつ》けたる奸《かだま》しき人等《ひとども》を、早《つと》に顕《あらは》し出《いだ》し賜へ」（同上、貞観十八年五月八日甲申条）といい、あるいはまた「是《かく》の如き災《わざはひ》をば、……若し悪《かだま》しき人《ひと》の国家《みかど》を亡《ほろぼ》さむと謀《はか》る事《こと》ならば、皇神達《すめがみたち》早《はや》く顕《あらは》し出《いだ》し給へ」（同上、貞観十八年十月五日戊申条）と述べていることからすると、ついに放火の真犯人を摘発することができなかったのである。放火の疑いをかけられた安倍房上は、元慶二年（八七八）正月に散位《さんに》から河内守《かわちのかみ》に返り咲いているので（同上、元慶二年正月十一日丁未条）、一時的に容疑者に仕立てられた感をうける。

大極殿の炎上は、応天門の変の時に伴・紀両氏の没落という歴史を画する大事件のようなことにはならなかったけれども、よくよく事態を眺めてみると、実は清和天皇を譲位に追い込むという重大な策略が、大極殿の出火事件には隠されていたのではあるまいか。その陰謀の主は、もちろん藤原基経であったであろう。

誇らしげな真雅

そのころ聖宝の師である真雅は、どのような動きをみせていたのであろうか。貞観十六年三月二十三日、道場《どうじょう》が新しくできたのを祝って貞観寺に大斎会《だいさいえ》が設けられた。その催しは、「荘厳《そうごん》、幡蓋灌頂等《ばんがいくわんちやうとう》の飾《かざり》、微妙希有《びめうけう》にして、人の目精《もくせい》を奪《うば》ひ、親王公卿《しんわうくぎやう》、百官《ひやくくわん》畢《ことごと》く集《つど》ひ、京畿《けいき》の士女《しじよ》、観《み》る者塡噎《ものてんいつ》（みちあふれる）しき」（『三代実録』貞観十六年三月二十三日壬午条）といわれたほど盛大なものであった。大斎会の願文は、

> 夫《そ》れ貞観寺は、先皇《せんわう》（文徳天皇）仁寿《にんじゆ》の初《はじ》め、今上《きんじやう》（清和天皇）降誕《かうたん》の日、星長男《ほしちやうなん》の光を垂れ、月重輪《つきちようりん》の慶《よろこ》びあり。故《こ》太政大臣美濃公《みののきみ》（藤原良房）、龍姿《りゆうし》の襁《むつき》に在《あ》るを免《まぬか》れざることを憂《うれ》へ、鳳徳《ほうとく》の未《いま》だ衣《ころも》に勝《た》へ得《え》ざることを憐《あはれ》み、僧正真雅和尚《わしやう》と私《ひそか》に相《あい》謀《はか》り、諸仏の加持《かぢ》を念《ねん》じ、真言《しんごん》の秘密を修《ず》せしめき。（『三代実録』貞観十六年三月二十三日壬午条）

と、貞観十四年（八七二）九月に他界していた良房とともに真雅を称《たた》えることから始まっていた。この時の真雅の誇らしげな顔貌《がんぼう》は、際立《きわだ》って人びとの目に映ったことであろう。

真雅の奏言

盛大な大斎会が終ってから三カ月余り経ったころから真雅は、病気勝ちとなり、肉体の衰えを感じたのか、しきりに僧正の地位からおりることを申しでた（『三代実録』貞観十六年七月十一日丁酉条、同年八月二十日癸酉条、同年八月二十六日壬午条参照）。しかし、その辞任はみ

とめるところとはならなかった。ついで貞観十八年八月二十九日、真雅の奏言にもとづいて貞観寺に座主《ざす》を置くことが許され、貞観寺は僧綱《そうごう》の管轄をはなれて独立することとなった（同上、貞観十八年八月二十九日癸酉条参照）。

背を向けていた聖宝

このように聖宝が笠取山の山中に籠って、後に醍醐寺となる堂舎の開創に精魂をこめていたころの政局は、きわめて不安定であり、また社会は動揺していた。そして師真雅の動きは、貞観寺の隆盛とともに華《はな》ばなしかった。聖宝は、こうした政治・社会、そして師真雅の動きに無関心であったとはいえないであろう。いなそうしたきびしい事態、あるいは聖宝とは相容れない真雅の行動があったからこそ、自己の宗教的信念にもとづいた新たな道場づくりに励んだのであろう。盛大な貞観寺の大斎会の行なわれた時は、まさに聖宝が笠取山の山上に「新天地」を求めることができた年であった。聖宝は師の真雅と貞観寺の隆盛《りゅうせい》に背をむけていたのである。

二　弘福寺の別当

真雅の示寂

元慶三年（八七九）正月三日、聖宝の師真雅は七十九歳の生涯を閉じた。聖宝が真雅の門

聖宝の身辺激変

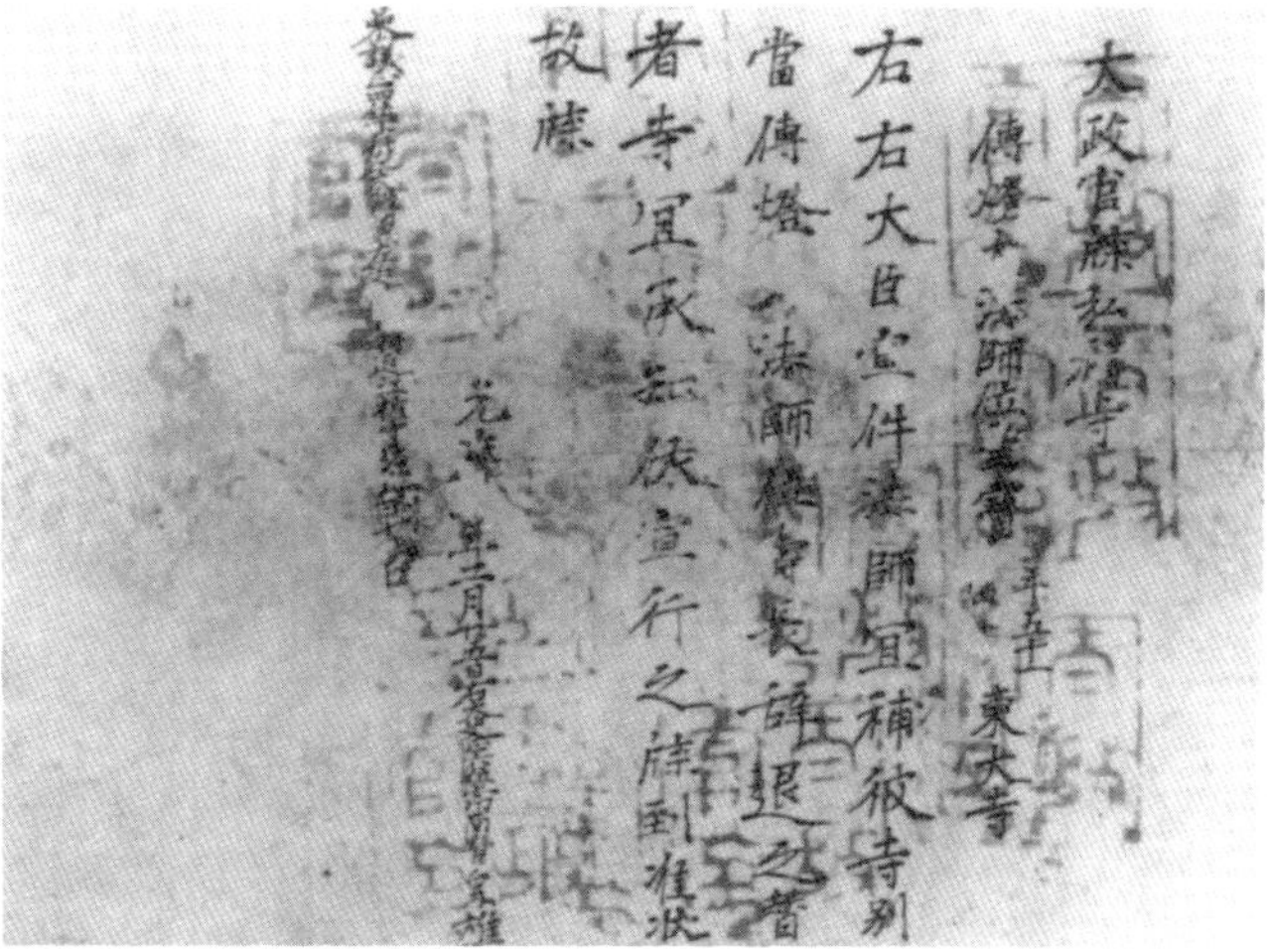
太政官牒弘福寺
傳燈大法師位壽長
右右大臣宣件法師宜補彼寺別
當傳燈大法師位真然辭退之替
者寺宜承知依宣行之牒到准状
故牒

元慶３年２月25日付「太政官牒」（東寺文書）

に入ったのは、承和十四年（八四七）、十六歳の時であったから三十二年の歳月がすぎ去っていた。聖宝は、すでに四十八歳となっていた。この間、師弟のあいだは、かならずしも、しっくりいかなかった。それは聖宝の反骨・在野の精神が旺盛であって、真雅とは求法の行き方が、まったく異なっていたことによるのであった。

ところが真雅が他界すると聖宝の真言宗内における立場は激変する。真雅の寂滅から二カ月にもならない二月二十五日に、聖宝は真然《しんぜん》（？—八九一）の門弟寿長《じゅちょう》（？—八九四）が弘福寺《ぐふくじ》の別当《べっとう》を辞退したのに替わって別当に補任されたのである（元慶三年二月二十五日付「太政官牒」「東寺文書」礼）。

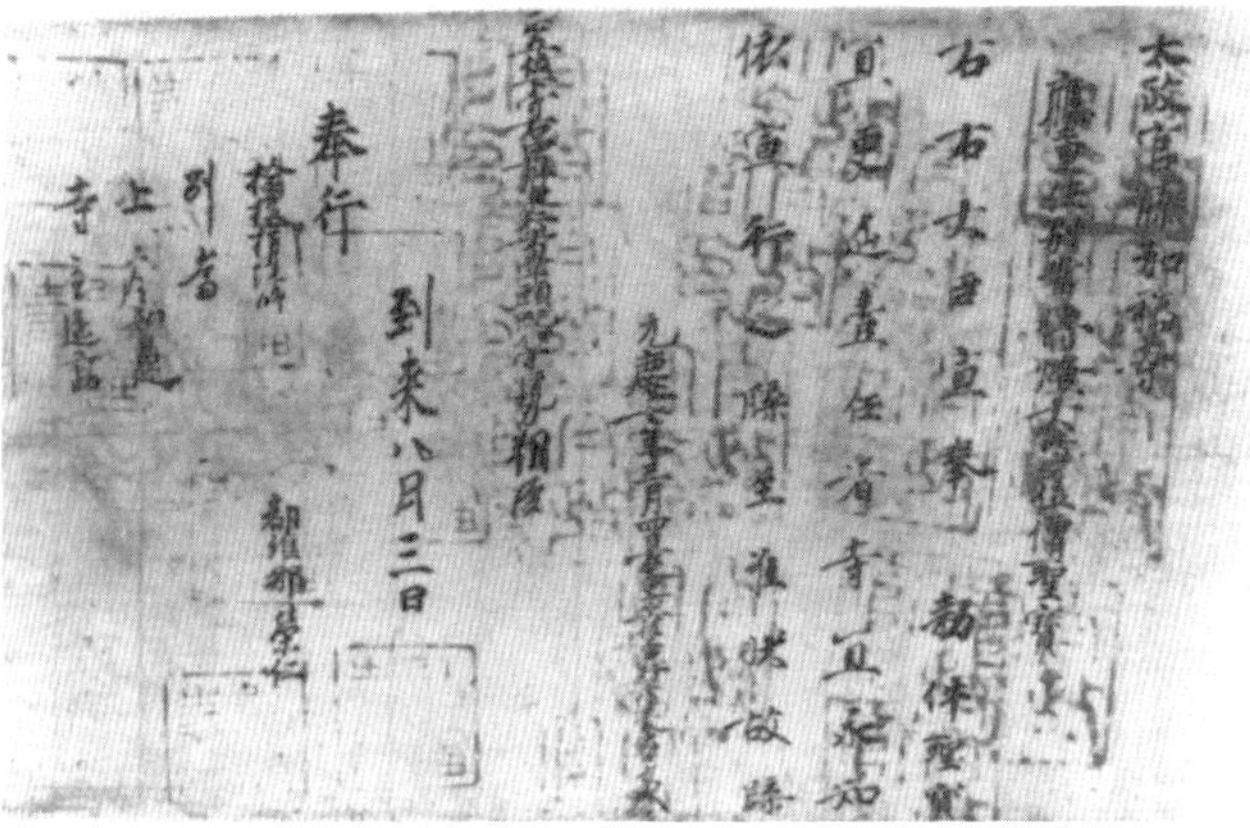

元慶7年3月4日付「太政官牒」(東寺文書)

この文書は『大日本史料』一―四、『平安遺文』九・一一などは、元号の下の年数の欠損部分を推定して元慶二年のものとしているが、ここでは上島有『東寺文書聚英』解説篇の所説にしたがって元慶三年とする)。さらに聖宝は、任期四年が経った元慶七年(八八三)三月四日に、ひきつづいて別当を重任し(元慶七年三月四日付「太政官牒」「東寺文書」礼)、結局、聖宝は弘福寺別当を二期八年勤めたのである(上島有、前掲書参照)。時に聖宝は、元慶二年二月の時と同様に伝燈大法師位であった。

弘福寺《ぐふくじ》(奈良県高市郡明日香村大字川原)は川原《かわら》寺《でら》ともいわれ、白鳳時代に建立されたと考えられている由緒のある寺である。飛鳥・藤原京の時代に大官大寺・飛鳥寺・薬師寺とならんで四大寺の一つに数えられていた。すべて偽作とされている空海の数ある「遺告《ゆいごう》」のうち、その成立が、もっとも新しいものと考えられている『遺告二十五箇条』（上山春平『空海』参照）の「弘福寺《ぐふくじ》を以て真雅《しんが》法師に属すべき縁起第三」には、淳和《じゅんな》天皇が勅命をもって、永久に東寺《とうじ》の長者が弘福寺を管理すべきことにしたこと、弘福寺は聖恩によって、空海が高野山に通い詣でるための宿所として賜わったものであること、したがって東寺の長者となった者が、弘福寺もあわせて管理すべきであることなどが述べられている。この「遺告」の現存するもっとも古い写本には、安和二年（九六九）七月の「有縁本《うえんぼん》」をもって書写したことを記す原写本に言及する奥書があるので、『遺告二十五箇条』の成立は、安和二年以前にさかのぼれる（福山敏男「川原寺（弘福寺）補記」『奈良朝寺院の研究』昭和五十三年版所収参照）。とすれば「遺告」が偽作であるにせよ東寺の長者となった者が、弘福寺もあわせて管理すべきであるということは、真言宗において古くからの慣行であったことになる。逆

現在の弘福寺

真然と聖宝

真然の肖像
（『先徳図像』，東京国立博物館蔵）

にいえば弘福寺を管理する要職についた者は、東寺における重要な職につける道が開かれたことになろう。事実、聖宝は以後、そうした道を歩みだすのである。

　聖宝を弘福寺の別当に引き立てたのは、真然であったことは確実である。というのは、真然は貞観十七年（八七五）三月に弘福寺の検校《けんぎょう》となっており（貞観十七年三月十六日付「太政官牒」「東寺文書」礼参照）、一期四年を勤めて、丁度聖宝が別当になった元慶三年に聖宝の先任者である寿長と検校の任を交替したらしく（上島有、前掲書参照）、いずれにしても真然は弘福寺を管理する地位にあったからである。真然は元慶三年に東寺の別当となっているので（『弘法大師弟子譜』参照）、そのために弘福寺の検校を辞したのであろう。

真然の経歴

　真然は空海・真雅の甥であって、はじめ空海に師事し、のちに真雅の付法の弟子となった。真然は、承和元年（八三四）に派遣が決定された遣唐使の真言留学僧《るがくそう》となり、真言請益僧《しょうやくそう》の真済《しんぜい》とともに同三年（八三六）五月、第三船に乗り組み唐へ向かった。しかし強い西風に流されて船は漂い、柂《かじ》は折れ、海水が流入して人は溺れ、対馬嶋《つしまのしま》の上県郡《かむつあがた》南浦《みなみうら》に漂着したが、船上には、たった三人しか生き残っていなかったという（『続日本後紀』承和三年八月丁巳・壬戌条参照）。真然・真済らは九死に一生をえたものの、漂損した船上にいたことを不吉《ふきつ》とされて、ついに入唐することができなくなった。こうした死線を越えた体験を持つ真然の人を見る目、人に接する態度は、真雅とは大きくちがっていたであろう。真然は入唐求法を果たすことができなかったけれども、真言留学僧にえらばれたほどだったから、きわめて優秀な人物であった。事実、真然は、ひとり空海の蹤《あと》を継《つ》ぐの念をもっていたといわれ（『東寺長者補任』『弘法大師伝裏書』参照）、また真雅の付法の弟子中の最たる者と評されていたのである（『弘法大師弟子譜』参照）。真然は人の真価を見ぬく才にも長《た》けていて、真言宗の本流からは、やや外《はず》れていた聖宝のきびしい修行の体験、豊富な学識、そしてすぐれた識見《しきけん》を高く評価して、聖宝を弘福寺の別当に抜擢《ばってき》したのであろう。

真然からの受法

聖宝が弘福寺の別当となった翌元慶四年（八八〇）三月、聖宝は笠取山から真然のもとに来て、胎蔵《たいぞう》・金剛《こんごう》の両部《りょうぶ》の大法を受けた。この時、真然は東寺の別当を兼任していたから、聖宝が真然から両部の大法を受けた場所は東寺であったとも考えられる。しかし真

真然から空海の著を受ける

弘福寺別当に再任

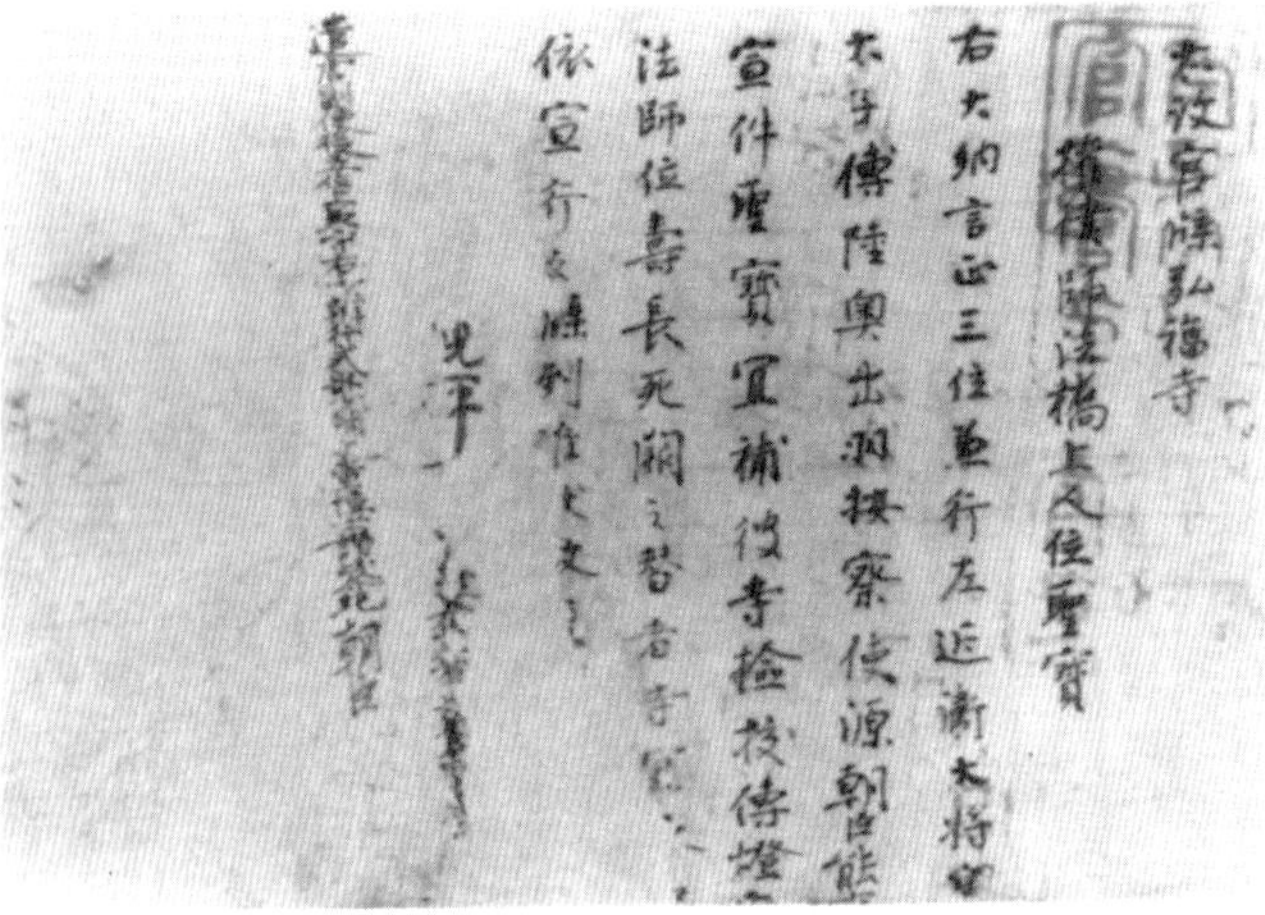
太政官牒弘福寺
権律師法橋上人位聖宝
右大納言正三位兼行左近衛大将
宣件聖宝宜補彼寺検校
法師位壽長死闕之替者寺宜
依宣行之牒到准状故牒

寛平6年月日「太政官牒」（東寺文書）

然の経歴からみなして高野山であったとするほうが妥当であろう（大隅和雄『聖宝理源大師』参照）。

さらに翌五年の夏、聖宝は真然のもとに参じて精練《せいれん》すること怠《おこた》らなかったという（『弘法大師弟子譜』金剛峯寺第二世僧正真然伝参照）。そしてその時、聖宝は真然から空海の撰述になる『胎蔵普礼五三次第《たいぞうふらいごさんしだい》』（『胎蔵界次第』）を授けられたと伝えられている（『胎蔵普礼五三次第』奥書『弘法大師全集』二など参照）。この本は空海から真雅に、真雅から真然に授けられたものであったとされている（『胎蔵普礼五三次第』大通寺所蔵甲本奥書など参照）。

すでに記したように聖宝は、元慶七年（八八三）三月、弘福寺の別当に再任されている。その十一年後の寛平六年（八九四）に弘福寺の検校寿長《じゅちょう》が寂滅したため、そのあとを受けて聖宝は同寺の検校に補せられた。その補任のことを記す「太政官牒」（「東寺文書」礼）は、日付の部分が剝落しているが、聖宝は時に権律師《ごんりっし》法橋《ほっきょう》上人位《しょうにんい》であったことが記されているので、検校の補任は、十二月二十二日以後のことであった。なぜならば聖宝が権律師になったのは、寛平六年十二月二十二日（二十三日とも伝える）であったからである（『僧綱補任』『東寺長者補任』など参照）。

弘福寺における造像

聖宝は、『醍醐根本僧正略伝』によると、弘福寺において丈六檀像《じょうろくだんぞう》の十一面観音像を造立したという。丈六は、周知のように一丈六尺（四・八五メートル）の法量《ほうりょう》の仏像であるが、檀像は、白檀《びゃくだん》で彫った素木《しらき》の仏像で、普通は一搩手半《いっちゃくしゅはん》（一尺二寸〈三六・二センチメートル〉）の大きさであった。したがって丈六檀像の十一面観音像というのは、丈六像と檀像の二体であったとみなされている（大隅和雄、前掲書参照）。しかし、ここでいう丈六檀像は、一体の丈六の素木像とするのが妥当であろう（久野健「檀像様彫刻の系譜」『平安初期彫刻史の研究』所収参照）。

十一面観音像

聖宝は、ここでも観音像を造立しているが、十一面観音像のもっとも初期の確実な例は、白鳳時代の末期と推定されている那智山《なちさん》出土の像であるといわれているように（速水侑『観音信仰』参照)、十一面観音像は古い時代から尊崇されていたのである。不空が訳した『十一面観自在菩薩心密言念誦儀軌経』などで説かれていることによると、「この観音を念じ、真言を誦すれば、諸病を離れ、仏の摂取にあずかり、財穀を得て敵に害されず、さまざまな災害や水火の難を免かれて延命を得ることができ、また臨終に仏を見、悪趣《あくしゅ》(悪業を積んだ報いとして赴かなければならない苦しいところ)に生まれることなく極楽に生ずることができるなどのさまざまな利益が得られる」(大隅和雄、前掲書)のである。胎蔵現図曼荼羅では、蘇悉地院の北端に位置し、密号は変異金剛とよばれており、聖宝が造った観音像は、おそらく二臂《にひ》の姿をしたものであったといわれている。

三　聖宝と源仁

陽成天皇の譲位

元慶八年(八八四)二月、八年前に九歳で即位した陽成天皇は、「朕《ちん》近ごろ身に病《やまひ》数々《しばしば》発《おこ》り、動《うご》くに疲頓《ひとん》多し。社稷《しやしよく》の事《こと》重く、神器《しんき》守り叵《がた》し。願ふ所は速に此の位を遜《ゆず》らむ」(『三代実録』元慶八年二月四日乙未条)と述べて、仁明天皇の第三皇子時康《ときやす》親王に皇位を譲った。時に陽成は十七歳、時康親王、すなわち光孝《こうこう》天皇は五十五歳であった。

陽成天皇の乱行

これより先《さき》、摂政《せっしょう》の藤原基経は、しばしば摂政の職を辞めることを奏請し、元慶七年八月以来、政務を執っていなかった（同上、元慶七年十月九日壬寅条参照）。そうするうちに、同年十一月十日、陽成天皇の乳母《めのと》であった紀全子《きのまたこ》の子である源 益《みなもとのすすむ》が、殿上に侍している時に、にわかに打ち殺されるという事件が発生した。この事件について、正史は「禁省《きんしやう》、事《こと》を秘《ひ》して外人《ぐわいじん》知ること無《な》し」（同上、元慶七年十一月十日癸酉条）と記しているが、格殺《かくさつ》した下手人《げしゅにん》が陽成天皇であったことは、正史の憚《はばか》った記述によって明らかである。この格殺事件の原因は、宮中の乱脈がはなはだしくなったので、乳母子《めのとご》の源益が、直《ちょっ》諫《かん》でもして、天皇の逆鱗《げきりん》にふれたことにあったとみるのが妥当であろう（和田英松「藤原基経の廃立」『国史上疑問の人物』所収参照）。

陽成天皇側近の駆逐

この年十一月十六日己卯《つちのとう》の日の新嘗祭《しんじょうさい》は、源益が内裏《だいり》で格殺された事件があったため取り止められた。まさにこの日に、基経は陽成天皇の側近である右馬少允《うまのしょうじょう》の小野《おのの》清如《きよゆき》、右馬権少属《ごんのしょうさかん》の紀正直《きのまさなお》らを宮中から駆逐《くちく》した。馬を愛好する陽成天皇のもとで清如《きよゆき》は御馬《おんうま》を飼養していた。また正直《まさなお》は馬術が巧みであった。そのため天皇は、彼らを禁中に召し出していたが、清如らの行為に、「甚だ不法多か」（『三代実録』元慶七年十一月十六日己卯条）ったので基経が、かかる非常手段をとったのであった。それから間もなく豊《ぶ》楽院《らくいん》の北で、人が死ぬということがあった（同上、元慶七年十二月五日丁酉条）。正史は単に「人死《ひとし》にき」と記しているが、源益が格殺されたことを、正史は、たびたび「内裏に人死に」（同上、元慶七年十一月十六日己卯条、同年十二月十四日丙午条）と記し、あるいは「人の死《し》穢《え》」（同上、同年十二月二十四日丙辰条）と述べているので、豊楽院の北での人の死も、殺人事件であったとみなしてよいであろう。それは、おそらく小野清如らが宮中から放逐されたことにたいする反発によって惹起《じゃっき》したものであろう。

摂政政治の矛盾

こうした宮中の混乱のなかで陽成天皇は、基経によって譲位させられてしまうのである。上皇となった陽成は、その後もしばらく乱行《らんぎょう》が絶えず、たとえば駿河介《するがのすけ》の娘を琴《こと》柱《じ》を用いて、きつく両手をうしろ手に縛《しば》りあげ、水底に漬けたという（『宇多天皇御記』寛平元年十月二十九日条参照）。陽成上皇の乱行にたいして、その院の人は、「悪君の極《きは》み」（同上、寛平元年八月十日己巳条）と評し、また宇多天皇は、「云ふに悪主、国に益なからん」（同上、寛平元年十月二十五日条）と憂《うれ》えたのであった。さらに後世になって九条兼実《くじょうかねざね》（一一四九―一二〇七）は、その日記『玉葉《ぎょくよう》』で、清原頼業の談として、「陽成院は暴悪無双なり」（『玉葉』承安二年十一月二十日条）との評を記し、慈円《じえん》（一一五五―一二二五）は、「昔ノ武烈《ぶれつ》天皇ノゴトク」（『愚管抄』巻三）と、『日本書紀』にみえる悪逆な武烈天皇に比したのであった。在位中および譲位後の陽成の乱行は、その若さと奔放不羈《ほんぽうふき》な性格によることもさることながら、良房が創始した摂政制による政治のさまざまな矛盾が、こうしたかたちで露呈したとみるべきであろう。

陽成上皇の仏教帰依

やがて陽成上皇は仏教に帰依《きえ》するようになる。上皇が延喜九年（九〇九）四月、宇多法皇とともに普明寺に行幸し、聖宝の病を問うたことについては、後述するが、この事実は、陽成上皇が聖宝の教えにも従っていたことを物語っている。上皇が聖宝に帰依するようになったのは、何時《いつ》のことか明らかではない。ただ聖宝は、陽成上皇のような、かつて人を殺《あや》めたことのある「悪人」をも包みこむ寛容さを持っていたことに注意を向けなければならない。それは単に高貴な上皇であったからだけではなく、すべての「悪人」を自己の信じる仏法によって救済したいと念願する聖宝の宗教的な行動にもとづくものであったからであるように思われる。

源仁からの受法

さて陽成天皇が譲位した元慶八年（八八四）に、聖宝は源仁《げんにん》（八一八—八八七）のもとで伝法灌頂《でんぽうかんじょう》を受けた。伝法灌頂というのは、灌頂のなかで最高位のものであって、灌頂壇の前で師僧が五瓶の水を密教の修業を完了した弟子僧の頭頂にそそいで阿闍梨《あじゃり》の職位に昇ることをみとめる儀式である。ここに聖宝は、これまでの修業を完成させ、密教の奥義を究め

源仁の肖像

（『先徳図像』，東京国立博物館蔵）

た行者としての証明があたえられたのである。

源仁は、「顕密《けんみつ》の学匠なり」（『北院御室拾要集』）と謳《うた》われた碩学であって、はじめ護命《ごみょう》にしたがって法相宗を学び、後に東寺の実恵《じちえ》のもとで密教を習い、さらに真雅・宗叡によって真言の教法を授けられた人物である。源仁は、仁和元年（八八五）、東寺の二の長者《ちょうじゃ》に補せられたが、「三密の学行《がくぎやう》、尤《もつと》も高く、一朝の帰依《きえ》、殊に厚し」（『東寺長者補任』巻一、仁和三年条）と評された。聖宝とならんで源仁の入壇の弟子として名高い僧侶は、益信《やくしん》（八二七―九〇六）であって、聖宝とともに「二傑」（『元亨釈書』源仁伝）とならび称せられた。

聖宝、阿闍梨位を受く

聖宝に阿闍梨位の灌頂を伝授する勅が発せられたのは、源仁から伝法灌頂を授けられてから三年後の仁和三年（八八七）三月九日のことであった。それについて『三代実録』は、「勅して、伝燈大法師位《でんとうだいほふしゐ》聖宝を以て、阿闍梨位の灌頂を伝授す」（『三代実録』仁和三年三月九日癸未条）と記している。聖宝のことが正史にみえるのは、これが最初であり、また最後

阿闍梨位灌頂の「太政官牒」

の記事となっている。『三代実録』は同年八月二十六日、時の天皇光孝《こうこう》の崩じたことをもって巻を閉じているからである。

聖宝に阿闍梨位の灌頂を伝授したさいの「太政官牒」は、石山寺文書のなかに院政期に写されたものが残っており、それには、

右、少僧都法眼和尚位源仁の奏状に偁《いは》く、聖宝は顕教密乗を兼ね学び、練行《れんぎやう》退《あさ》からず、頗《すこぶ》る国宝為《た》る可《べ》きに足《た》る。望《のぞ》み請《こ》ふらくは官裁、将《まさ》に件《くだん》の職位を授けられよと。

とある。ちなみに同門の益信《やくしん》は、同じ年の正月二十九日に阿闍梨位の灌頂の伝授を勅許されているが（『三代実録』仁和三年正月二十九日癸卯条、および同年正月二十九日付「太政官牒」石山寺文書参照）、その「太政官牒」に引かれている源仁の奏状には、益信を指して「屢々《しばしば》明師に遇ひて、学業早く熟《みの》り、精進寔《こ》れ勤《つと》め、樹法の鼓《つづみ》たるに堪《た》ふ。四境の霊鎮《りやうちん》、万姓の良薬と謂ふ可《べ》し」と述べられている。源仁の聖宝にたいする言葉である「顕教密乗を兼ね学び、練行退《あさ》からず、頗る国宝為る可きに足る」と比べてみると益信への推薦《すいせん》の言葉は、やや詳しいが、聖宝にたいして「国宝」という語句が用いられているのは、源仁の聖宝への評価が、より高かったことをうかがわせる。

益信が源仁から伝法灌頂を受けたのは、勅許の「太政官牒」が、聖宝についてのものより一カ月余り早く出されているところからすれば、聖宝の伝法灌頂よりも、やや早かったであろう。それにしても伝法灌頂を受けてから勅許があるまでにおよそ三年の歳月を要しているのは、おそらく陽成天皇の譲位、光孝天皇の即位につづく政局の不安定さによるのであろう。

第五　宇多天皇譲位の前後

一　宇多天皇朝の聖宝

聖宝が源仁から伝法灌頂を授けられた元慶八年（八八四）六月、つまり光孝天皇が即位してから間もないころ、聖宝の五代前の祖先で、聖宝の生家の始祖である田原《たはら》天皇（施基《しき》皇子）の国忌《こき》が、「昭穆《せうぼく》の義《ぎ》、漸《やうや》く疎《うと》く、宗親《そうしん》の理《り》、既《すで》に遠《とほ》し」（『三代実録』元慶八年六月十七日丙午条）という理由でもって廃されてしまった。田原天皇の国忌は、宝亀二年（七七一）以来、八月九日の忌日《きにち》に行なわれていたものであって（『続日本紀』宝亀二年五月甲寅条参照）、

田原天皇の国忌廃止

百十年余りの伝統があるものであった。それにもかかわらず、その国忌が廃止となったのは、新天皇光孝の母、贈皇太后藤原沢子《さわこ》の忌日六月晦日《みそか》を国忌とするためであった。それが決定された時の勅に、「八月九日《はちぐわつここのかの》田原天皇の国忌《こき》を省《はぶ》き、六月晦日《ろくぐわつくわいじつ》を以て、国忌の斎会《さいゑ》を東大寺に設けむ」（『三代実録』元慶八年六月十九日戊申条）とある。もっともこれ

は田原天皇を疎外したためではなく、新設の国忌があれば、それにともなって他の国忌を除くことが清和天皇の時から行なわれてきたことによるものであった（中村一郎「国忌の廃置について」『書陵部紀要』二所収参照）。しかし、田原天皇の国忌が、はじめて設けられた時、その忌斎《おがみ》は弘福寺（川原寺）で催され（『続日本紀』宝亀二年五月甲寅条参照）、おそらく毎年、ひきつづいてそれが同寺で行なわれることになっていたと思われるから、元慶三年（八七九）二月以来、弘福寺の別当であった聖宝は、始祖である田原天皇の忌斎にかかわっていたはずである。それが廃されると決った時に聖宝は、いくばくかの感慨をおぼえたのではなかろうか。

源定省の受禅

光孝天皇の治政は、短命に終った。仁和三年（八八七）八月、天皇は五十八歳で崩じ、在位は、わずか足掛け四年にすぎなかった。受禅したのは、光孝天皇の第七皇子で臣籍にあった源 定省《みなもとのさだみ》であって、同年十一月に即位し、藤原基経は関白《かんぱく》となった。

藤原基経と「阿衡の紛議」

源定省、つまり宇多天皇は、即位した時、二十一歳であった。いっぽう関白となった基経は、しきりに上表して、その任ではないことを説いて辞意を表明した。その間、天皇は左大弁の橘 広相《たちばなのひろみ》に勅答を起草させ、それには、「宜《よろ》しく阿衡《あかう》の佐《たすけ》を以て、卿《きやう》の任と為《せ》よ」（『日本紀略』仁和三年閏十一月二十七日丙寅条）とあった。ここに著名な「阿衡《あこう》の紛議《ふんぎ》」

が始まって政界は混乱をきわめるのである。阿衡というのは、中国古代の殷《いん》の時に、伊《い》尹《いん》というものが任ぜられた官名であって、総理大臣のたぐいである。紀伝博士《きでんはかせ》の藤原佐《すけ》世《よ》は、基経にたいして、「阿衡には典職无《な》し。官中の庶務に関《かか》り白《まう》すべからず」（『北山抄』一〇裏書、阿衡事条）と説いたので、基経は政務を放棄してしまった。また「阿衡の紛議」のなかで、「公卿等、皆病《みなやまひ》と称して退出」（『宇多天皇御記』仁和四年六月三日条）してしまうといったような混乱状態を呈した。宇多天皇は、やむなく「勅答を作《つく》れる人広相《ひろみ》が阿衡を引くは、已《すで》に朕が本意に乖《そむ》きたるなり」（『政事要略』三〇、御画事所収「詔書」）と詔して、基経に屈したのであった。これ以後、基経は政務を執りはじめたが、寛平三年（八九一）正月、五十六歳で薨じた。基経晩年の権勢は短命のうちに終止符を打ったのである。

宇多天皇の仏事

政治の実権を基経に奪われた宇多天皇は、基経在世の間、文事と仏事に意を用い、先代光孝天皇の遺志をついで仁和寺《にんなじ》（京都市右京区御室大内）を完成させ、仁和四年（八八八）八月、落慶供養を修し、同寺において先帝の周忌御斎会を行なった（『日本紀略』仁和四年八月二十一日壬午条参照）。この時、聖宝の師真然が供養の導師を勤めた（『本要記』仁和寺草創条所引『寺家旧記』など参照）。

源仁の寂滅

これよりさき、聖宝の伝法灌頂の師源仁は、仁和三年十一月二十二日に寂滅していた。

また仁和寺における供養の導師を勤めた真然は、寛平三年（八九一）九月十一日に卒した。ここに益信《やくしん》とならんで聖宝が、真言宗派における中心的存在として活躍する場が展開されることになるのである。

貞観寺座主となる

すでに聖宝は、真然が他界する一年余り前に、真雅の死後、久しく欠員となっていた貞観寺の座主に補任されていた。時に聖宝は五十九歳。その補任は、寛平二年（八九〇）八月十一日のことであったが、これは聖宝の師真然の推挙によるものであった。宇多天皇の「勅書」には、

貞観寺の座主、久しく其《そ》の人無《ひとな》くして、庶務綱《しょむかう》を失せり。誰《た》が人《ひと》を以て補《おぎな》ひ充《あ》てむかと欲《ほっ》するに、但《ただ》、聖宝師は深く真言《しごん》を守《まも》る。是《こ》の人を補《ぶ》せしめては如何《いか》に。乞ふらくは、報示《はうし》せられんことを。（『醍醐根本僧正略伝』『醍醐寺縁起』）

とある。

宇多天皇の「勅書」

この「綸旨《りんじ》」を受けた真然は、聖宝を貞観寺の座主とすることを承諾し、かつ推挙したのである。真然に宛てた宇多天皇の「勅書」の書きだしは、

残熱《ざんねつ》を惟《おも》んみるに、道体《だうたい》（お身体）康和《かうわ》ならんか。山館《さんくわん》、遥《はる》かなりと雖《いへど》も、憑頼《ひょうらい》（たのみにしてたよること）、近《ちか》きが如《ごと》し。苦行《くぎやう》して年を送り、馳心《ちしん》すること何《なん》ぞ休《や》まん。

朝夕《てうせき》の慈護《じご》、深く渇望《かつぼう》する所なり。（同上）

となっていて、まったくの書簡体である。この宸翰には、宇多天皇の真然に寄せる厚い信頼の気持ちが、あふれている。ちなみに『扶桑略記』には、

書を金剛峯寺和尚真然に賜ふに、貞観寺の座主、久しく其の人無《な》し。将《まさ》に誰《た》が人を以て補ひ宛《あ》てむかとするに、但《ただ》、聖宝法師は練修倦《う》まず、念仏勤事《きんじ》の委曲、何《なん》ぞ封《ほう》示《し》せざらんや。早々に以て之《これ》を察せよと。（『扶桑略記』寛平二年八月十一日甲子条）

とある。この文面は、さきの「勅書」とやや異同するところがある。おそらく『扶桑略記』の記事は、その「勅書」をふまえて記述したものが伝えられているのであろう。

宇多天皇の知遇

宇多天皇の「勅書」によると、寛平二年のころ聖宝は、すでに宇多天皇から強く嘱望されており、真然に聖宝を貞観寺の座主として推挙するように要請があったことが知られるのである。真然が仁和四年（八八八）八月、仁和寺の落慶供養のさい導師を勤めたことは既述したが、この供養には聖宝も参加していて、そのころから聖宝は、宇多天皇の知《ち》遇《ぐう》を身に受けるようになったのかもしれない。

玄昭への称讃

聖宝が貞観寺の座主となった翌寛平三年（八九一）に、師の真然が示寂したことは、すでに述べた。この年正月、関白太政大臣の藤原基経が、この世を去ったことも、さきにふ

れたとおりである。同じ年に、基経の妹であり、陽成上皇の母である高子《たかいこ》は五十歳となり、陽成上皇は二条院において、母后高子の五十の賀を催した。この時、上皇は六十名の名僧を集めて、四日間にわたり諸宗の妙旨を講論させた。これとは別に慈覚大師円仁の入室の弟子玄昭《げんしょう》（八四六―九一七）と勢範《せいはん》とに因明《いんみょう》の義をめぐって対論させたのであった。そのさいの玄昭のするどい論に勢範は、しばしば答えるのに窮してしまい、またその座に列していた南都北嶺僧綱以下の諸僧は、ただ驚くばかりで一言も口をさしはさむことができなかった。その場に参列していた聖宝は、世間では玄昭を護摩王《ごまおう》と呼んでいるが、いままた因明王《いんみょうおう》といわなければならないと言って玄昭を称讃したという（『明匠略伝』玄照律師伝など参照）。

五十の算賀の歌

藤原高子の五十の算賀にあたって、藤原興風《おきかぜ》は、「貞保親王《さだやすのみこ》の、后宮《きさいのみや》（高子）の五十《いそぢの》賀《が》奉りける御屏風《おんびやうぶ》に、桜の花に散る下《した》に、人の花見たる形《かた》書けるを、よめる」と詞書《ことばがき》のある歌、すなわち、

いたづらに過《す》ぐる月日は思《おも》ほえで
花みて暮《く》らす春ぞすくなき

（むなしく過ぎて行く月日は自覚しないでいて、花を見て暮すこの春の日は少ないことだ。小島憲之他校

注『新古今和歌集』『新日本古典文学大系』5七―三五一参照）

を詠んでいる。この歌は、清和天皇の第四皇子で、高子を母とする貞保親王（八七〇―九二四）が、母高子の五十の賀を祝って母に贈った屏風の画に寄せて興風が詠じたものである。その詞書、および歌の内容からみて、晩春のことを詠んだものであることが知られる。これは屏風の画にちなむ歌なので、ただちに高子の五十の賀が行なわれたのが、寛平三年の三月であったとするわけにはいかない。しかし高子の誕生月が三月であったことにゆかって、そのような画材《がざい》の屏風を選んで貞保親王が母に贈ったということも考えられるであろう。

宇多天皇の譲位

さて藤原基経の死によって宇多天皇は、政治の実権を握ることができ、菅原道真《すがわらのみちざね》らを登用し、主として地方政治の改革につとめた。ここに「寛平《かんぴょう》の治《ち》」といわれる時代が始まったのである。だが宇多天皇は、寛平九年（八九七）七月、皇位を敦仁《あつひと》親王に譲ってしまった。新たに即位した親王が醍醐天皇である。親王は宮道弥益の外孫藤原胤子の所《しょ》生《せい》であった。

聖宝、権律師となる

宇多天皇が譲位するまでの間、聖宝は、寛平六年（八九四）十二月二十二日、権律師に任ぜられた。ついで同月二十九日、権法務《ごんほうむ》に補任された。同じ日に聖宝の法兄であり、東寺の長者《ちょうじゃ》であった益信《やくしん》が法務に任ぜられている。法務というのは、諸宗の長として仏教界を統括する顕要な職であって、貞観十四年（八七二）三月十四日に聖宝の師真雅が法務に任ぜられた時、興福寺の延寿《えんじゅ》（八一八―八九五）が権法務となり、法務と権法務が、ならんで補任されたのは、これが初めてのことであった。しかし真雅・延寿が他界してから以後、法務・権法務の職は空席となっていた。ここに至って益信が真雅のあとを受けて法務となり、聖宝が延寿の死後、空いていた権法務の任を埋めたのである。この二人の補任は、「東寺の人、相《あ》ひ双《なら》ぶの例の始め」（『東寺長者補任』一）となった。なお聖宝が権律師に補任された直後に、弘福寺の検校に補せられたことは、すでに前章で述べておいたとおりである。

二　聖宝と観賢

観賢への灌頂

寛平七年（八九五）十二月十三日、聖宝は、かつて讃岐の国を巡錫したさいに見い出してきた観賢《かんげん》に伝法灌頂を授けた。その時、東寺に発給された「太政官牒」には、聖宝の奏状が引用されている。その奏状において聖宝は、「件《くだん》の観賢は、生年臈次《せいねんらふじ》、未《いま》だ高く積まずと雖《いへど》も、顕教密宗、弥々《いよいよ》練学に勤め」（寛平七年十二月十三日付「太政官牒」『東寺要集』一所収）と述べて、阿闍梨の職位に就くにふさわしい人物であると推薦している。時に観賢は四十三歳、伝燈大法師位であった。また同日に、聖宝は無空《むくう》（？—九一六）に具支灌頂《ぐしかんじょう》を授けている（『高野春秋』三）。

「三十帖策子」の事件

観賢と無空とのかかわりで大きな問題として、よく知られているのは、「三十帖策《さんじゅうじょうさく》子《し》」の事件である。「三十帖策子」というのは、「根本阿闍梨（空海）が入唐求得の法文冊子卅帖」（延喜十九年十一月九日付「観賢勘文」『東宝記』六所収）のことである。それは空海が唐から将来した経籍で官に進上したもの以外に書写して、手もとにおいていた冊子本である。空海から実恵・真済へと伝えられた「三十帖策子」は、ながく東寺に門外不出のものとしておかれていたが、真然は貞観十八年（八七六）六月、これを請い受けて金剛峯寺に納めた。その時、真雅が東寺に返納すべきだと真然に申し入れたが、真然は手ばなさかった。

観賢の肖像
（『先徳図像』，東京国立博物館蔵）

元慶三年（八七九）正月、真雅が他界すると、真雅の意向を受けた門弟のあいだから東寺に返すべきだという意見が出された。しかし、真然と東寺の長者である宗叡《しゅうえい》とは不和であったので、真然は東寺に返納しなかった。その後、「三十帖策子」は、真然の門弟である寿長・無空へと伝えられ、無空は、いつもそれを身のまわりにおき、高野山と平安城を往還する時にも持ち歩いていた。無空が延喜十六年（九一六）六月に入滅すると、以前から東寺に返還するように無空に求めていた観賢は、無空の弟子たちに「三十帖策子」を東寺に返納するべきであると要求し、東寺と金剛峯寺との対立は深まった。その後、観賢が宇多天皇に奏聞したこともあって、「三十帖策子」は無空の弟子たちから東寺に取りもどすことができ、同十八年（九一八）三月一日、これを天覧に供した。ここに「三十帖策子」の問題は解決したが、「之《これ》に依りて山門荒廃し、門徒等退散す」（『東宝記』六所引『師緒勘進記』『東宝記』が記す「私に云はく」に、「无空《むくう》（無空）律師、門徒を率《ひき》ゐて山を離《はな》れ、山門を荒廃せしむること五箇年に及ぶと云々」とあるのは事実を伝えたものではなく、また辻善之助『日本仏教史』上世篇に、「無空はこの策子を随身して出奔し、山城にかくれた」とあるのは、「観賢勘文」に、「座主権律師无空、毎《つね》常《つね》、身に随《したが》へて山城〈高野山と平安城のこと〉を往還す」とある記事を誤読したものであろう）と伝えられている。

観賢の『大日経疏鈔』

これよりさき観賢は、寛平三年（八九一）九月以前から翌年七月にかけて『大日経疏鈔《だいにちきょうしょしょう》』四巻を執筆し、それを同年七月二十二日に完成させている（『大日経疏鈔』巻第二の奥書に、「寛平三年九月三日、真言院に陪《はべ》り、手記す」とあり、また巻第四に、「寛平四年七月廿二日夜、略記す」云々の奥書がある。『大日本仏教全書』本参照）。かつて空海は、『開元大衍暦《かいげんだいえんれき》』を作成したことでも知られている唐の一行《いちぎょう》（六八三—七二七）が、師善無畏《ぜんむい》（六三七—七三五）の講述した『大日経疏《だいにちきょうしょ》』二十巻を日本に将来し、それ以来、『大日経疏』は、真言密教で重視されてきたものであった。天台宗でも円仁や円珍によって唐から十四巻本や十巻本が将来され、天台密教においても『大日経疏』（『大日経義釈』）は重んぜられていた。円珍は、空海の将来本をふくめて『大日経疏』の校勘につとめ、また『大日経疏抄』一巻を著わしている。

聖宝の『疏抄』一巻

聖宝も『大日経』の注釈書である『大日経疏』の注解にたずさわり、『疏抄』一巻（『諸宗章疏録』著録）を執筆している。聖宝のこの書は、現在残っていないが、観賢の『大日経疏鈔』は、いまに伝えられている。聖宝の『疏抄』一巻は、観賢の注釈よりも、さきに成立していたと考えられるのが順当であろうから、聖宝の注釈が、観賢の『大日経疏鈔』に受けつがれ、発展させられているものとみなしてよいであろう（大隅和雄『聖宝理源大師』参照）。

観賢の注釈書

観賢の注釈書は、『大日経』第一巻の住心品《じゅうしんぼん》から第三十一巻の嘱累品《しょくるいほん》までを注解し、第一巻の住心品を序説分《じょぜいぶん》、第二巻から第三十巻までの中間二十九品を正説分《しょうぜいぶん》、そして第三十一巻の嘱累品を流通分《るずうぶん》と三門にわける見解を明らかにし、真言密教の教学において、新しく論義を呼び起こす切っかけを作った意義深い著述であった。後世、高野山の碩学であった維宝《いほう》（一六六七—一七四七）は、「大疏鈔刊行引」で、『大日経疏鈔』をさして、「体製《たいせい》（文章の格式）は奇絶《きぜつ》にして、義旨《ぎし》は幽深《いうしん》（高尚で意味は深遠）なり。……寔《まこと》に千古未発の確論にして、万世不刊の準縄《じゅんじょう》（標準）なり」（『大日本仏教全書』本、巻第二奥書）と述べて、観賢の著書を高く評価している。

円珍将来の『大日経義釈』

ところで観賢には、円珍が唐から将来した十巻本の『大日経義釈』をめぐって興味深い逸話がある。それは『三宝院伝法血脈』や『密宗血脈鈔』などに引載されている記録にみえるものであって、その話の内容は、次のとおりである。

智証大師、入唐帰朝の時、渡し奉る聖教《しやうげう》の中に大日経義釈有《あ》り。般若寺の僧正（観賢）、之を借りんとす。智証、秘《ひ》して深く経蔵に納めて借《か》さず。僧正、恨《うら》みを含《ふく》み、数日を送《おく》るの間、件《くだん》の書、自然に闕失す。智証、大いに驚《おどろ》き怪《あや》しむも、其の故《ゆゑ》を知らず。然《さ》る間《あひだ》、内裡《だいり》件《くだん》の書を智証に返《かへ》し給《たま》ひて云《い》はく、伝へ聞くに、此の書は禅下が闕失せし所なりと。仍りて之を返さんと云々。智証、奇特《きとく》（ふしぎな効験）の思《おも》ひを成《な》し、奏して曰《い》はく、此の書は誰《た》が人《ひと》が陛下《へいか》には献《けん》ずるぞや、願《ねが》はくは其の人を聞かせとよ。帝王、咲《わら》ひて曰はく、既に闕せる所の書を得たるのみ、其の余のことは知るべからずと云々。僧正、護法の神を以て之を取らしめ、写し留《とど》むるの後に内《だい》裏《り》に進じ、之を返し与へしむるなり。（『三宝院伝法血脈』所収『徳行記』）

観賢と「護法の神」

この話と同様な逸話は、『密宗血脈鈔』が引用している「或記」にもみえるが、右に引いた『徳行記』が「僧正、恨みを含み、数日を送るの間」とするところを、「或記」は、「然《さ》る間《あひだ》、僧正、恨みを含み、数月を送るの間」に作っており、また前者が、「僧正、護法の神を以て之を取らしめ、写し留むるの後に内裏に進じ、之を返し与へしむるなり」としているのを、後者は、「是《ここ》に知る、観賢、護法の善神を以て此れを取らしめ、写し留むるの後に内裏に進ずと云々」と述べている。さらに『続伝燈広録』の観賢伝にも、同類の話が詳しく記されているが、該当する箇所を、「賢《げん》（観賢）、慷慨《かうがい》すると雖《いへど》も能《あた》はず、虚《むな》しく日月《じつげつ》を送る。聿《ここ》に三昧《ざんまい》に入り、護法を使《し》て取り来《きた》らしむ」と表現している。これらのあいだには、「数日」「数月」「日月」などの表記の違いと、「護法の神」「護法の善神」「護法」という語句の異同がみられるものの、語られていることは、すべて同じである。つまり円珍が唐から将来し、秘蔵していた『大日経義釈』を観賢が借用したいと申し入れたのにたいして、円珍は、それを断ったため、観賢は、「護法の神」を使って、円珍の秘蔵本を持ってこさせ、書写したうえで内裏に進上し、内裏から円珍に返されたというのである。

紛失した円珍秘蔵の『大日経義釈』

観賢が「護法の神」を使役したというのは、信じることのできない話である。しかし、円珍が秘蔵していた十巻本の『大日経義釈』が突然なくなってしまい、後日になって陽成上皇のところから円珍のもとに返却されたのは、実際にあったことなのである。

円珍の記述

円珍は、この紛失事件について、しばしば書き記している。『大日経義釈』第一巻下の批記は、円珍が元慶八年（八八四）四月十一日に書いたものであるが、それには、「此の本、山中に於て失却せり。而して嵯峨殿上従《よ》り尋《たづ》ね覓《もと》められて珍（円珍）に給《たま》ふ」（『大日経義釈批記』）とある。また同年五月十八日に記した第九巻下の批記に円珍は、

此の釈本を以て山坊に安置す。而して多くの人に之《これ》を知らしめず。先先年《せんせんねん》に忽然として失却す。覓《もと》むるも得ること能《あた》はず。去年、或《ある》もの亭子院《ていじいん》の下《もと》に進奉すること有るを聞き得て、法然禅師に嘱《たの》みて啓上せしむ。今年の三月中旬、禅師、命を奉じて、便《すなは》ち状を前《さき》の相模《さがむ》の橘　判官《たちばなのじよう》（橘朝臣好樹《よしき》）に付して、山に登り委曲を告げしむ。其の

後、四月日、判官《じょう》仰せを蒙《う》けて自《みずか》ら将《も》つて山に登り分付せり。看房の僧良基《りやうき》、惟《ゐ》漸《ぜん》等、権《かり》に領状を取りて廻《めぐ》り詣《いた》る。（同上）

と詳細にその経緯を書きとめている。さらに同八年五月二十二日に記した第十巻上の批記に、円珍は、「此の本、紛失して年を経《ふ》る。今四月、来りて手に入る」（同上）と書いている。その四日後の二十六日に、円珍が撰した『大毘盧遮那成道経義釈目録縁起《だいびるしゃなじょうどうきょうぎしゃくもくろくえんぎ》』においても、「余、本を失《うしな》ひ、早く新《あらた》に抄せざることを慨歎《がいたん》せるも、近《ちか》ごろ偶《たまたま》、還得せり」（『智証大師全集』中巻）と述べ、仁和四年（八八八）十一月十二日に記したその目録巻一の奥書でも、「偸《ぬす》まれて唐本を失《うしな》ひ、恋慕《れんぼ》すること切《ふか》し」（同上）と執拗《しつよう》に、『大日経義釈』紛失の顚末《てんまつ》をくりかえし記している。

円珍の手にもどる

円珍が唐から将来した十巻本の『大日経義釈』が紛失したのは、第九巻下の詳細な批記によると、元慶六年（八八二）のことであった。それを円珍は、「先先年《せんせんねん》に忽然として失却す」と述べている。翌七年になって、円珍は、ある者が亭子院《ていじいん》（亭子院は、普通、宇多上皇の御所をさすが、亭子院の草創や名称は、淳和天皇の天長年間に遡るという指摘があり〈角田文衛「亭子の女御」『平安人物志』上、角田文衛著作集5所収参照〉、円珍が記す亭子院は、時代からみれば陽成上皇〈当時は天皇〉の御所となる）のもとに奉られたことを聞いて、法然という僧に依頼して、その本は円珍のものであることを申しでたのである。そして元慶八年（八八四）三月中旬になって法然は、陽成上皇の命を受けて橘好樹に状を持たせて比叡山に登らせ、委曲を告げさせた。そして翌四月に好樹が、ふたたび山に登り紛失した『大日経義釈』を届けたのであった。これを受け取ったのは、看房《かんぼう》の僧の良基《りょうき》・惟澶《いぜん》（惟然）らであって、この時、円珍は、比叡山の住房にはいなかった。円珍は、さきに掲げた『大日経義釈』第一巻下の批記をつづけて、「元慶八年四月十一日、木丘に於て記す。御使は前相模掾橘朝臣、名は好樹なり。珍記す」（『大日経義釈批記』）と書いているので、紛失した本が比叡山に届けられた時、円珍は、「木丘」に滞在していたのである。「木丘」というのは、木上山《このえやま》のことであって、円珍の母方の伯父道雄《どうゆう》（？—八五一）を開基とする海印寺《かいいんじ》（京都府長岡京市奥海印寺）であることは間違いない。そしてこの円珍の奥書によって、紛失本が円珍の住房山王院の蔵に戻されたのは、元慶八年四月十一日の直前であったことがわかる。

紛失事件と観賢の逸話

このように円珍将来の十巻本の『大日経義釈』の紛失事件のいきさつを見てくると、観賢をめぐるさきの逸話と余りにも酷似しているのに気づくであろう。しかも『三宝院伝法血脈』が引用している『徳行記』には、他の類話にはみられない次に掲げるような話が、つけ加えられているのである。

後日、園城寺の僧正（円珍）、道雄《だういう》の辺に行き向ふ。此の寺に又《また》、僧正（観賢）の弟子にして三井《みゐ》の僧有《あ》り。其の房の中に件《くだん》の義釈を見るに、文点赫奕《もんてんかくえき》とし、智証（円珍）の秘本に異ならず。恠《あや》しみ問ふに答へて云はく、我が師の般若寺の僧正の御本を以て写書する所《ところ》なりと。

円珍と海印寺

ここには、「後日」とあって、日次にやや違いはあるけれども、円珍が秘蔵していた『大日経義釈』問題が解決したころ、円珍が亡き伯父の道雄が開山した海印寺にいたことと符合しているのは注目される。十巻本の『大日経義釈』が円珍の経蔵からひそかに持ち出されて観賢の手に渡り、それを観賢が書写したのは、まぎれもない事実であったであろう。そして観賢書写本が、園城寺（三井寺）の僧の手によって謄写され、それが海印寺で円珍の目にとまったという右の伝えも、また実際にあったことと思われる。

園城寺の僧

観賢が円珍秘蔵の将来本『大日経義釈』を「護法の神」を使役して持ち出したというのは、後世になって観賢が「霊験《れいげん》」（『三宝院伝法血脈』所引『徳行記』）の持ち主であったと鑽《さん》仰《ぎょう》されるようになってからの所産であろう。しかし、円珍の秘蔵本が、円珍の表現をかりれば「偸《ぬす》まれ」たのは、円珍自身が、くりかえし記述していることから真実あったことなのである。となると、誰かが秘蔵本を円珍の経蔵から持ち出して観賢に渡したことになる。それを考える手がかりとなるのは、海印寺に居住していた園城寺の僧で、しかも観賢の弟子であったという人物の存在である。この園城寺の僧が海印寺に来ていて房を持っていたことからすると、その僧は、おそらく円珍に命じられて海印寺に所蔵されている経籍《きょうじゃく》を書写しに来ていたのであろう。円珍が撰述した『山王院蔵書目録』には、道雄の因明関係の著書や抄記やまた海印寺に伝えられていたという経籍が著録されており（佐伯有清「円珍と山王院蔵書目録」『成城文芸』一三二所収参照）、それらのなかには、円珍が遣わした弟子僧によって書写されたものがあったに違いない。観賢の弟子でもある園城寺の僧も、そうした任務についていた一人であったとみなしてよい。その僧が、観賢が円珍の秘蔵本を書写した本を、そっくり謄写していたと伝えられていることは、その推測を強めるのである。

観賢の弟子僧

観賢が円珍の秘蔵本を書写したと考えられる元慶六年（八八二）に、観賢は三十歳であって、東大寺で具足戒を受けた貞観十四年（八七二）から十年が経っていた。その間、観賢には弟子もでき、弟子のなかに園城寺の僧もいたのであろう。そこで観賢が、円珍が唐から将来した十巻本の『大日経義釈』を、なんとかして書写したいと日ごろ念願していたことを知っていた園城寺の僧が、おそらく観賢の依頼を受けて比叡山の山王院の経蔵から、ひそかに円珍秘蔵の『大日経義釈』を持ち出して、観賢のところにもたらしたのであろう。

『大日経』注釈書への関心

観賢は、のちに『大日経疏鈔』を著わしたくらいだから、早くから『大日経』の注釈書にたいする関心が深く、祖師空海が唐から将来した二十巻本とは異同のある円珍所蔵の十巻本の書写の実現に意をもちいていたのであろう。円珍が秘蔵していた『大日経義釈』は、唐の都長安で法全《はっせん》から授与された善本であった。円珍は長安から天台山にもどるまでに、そして天台山国清寺に入ってからも、新しく入手した『大日経義釈』の校勘に没頭し、円珍の求法書目録である『青龍寺求法目録』や『入唐求法総目録』には、これを著録せず、ただ『日本比丘円珍入唐求法目録』（『国清寺求法目録』）に「大毘盧遮那経義釈十部十巻」と記してあるだけであって、円珍が秘蔵していたことをうかがわせている（石田尚豊「円珍請来目録と録外について」『智証大師研究』所収参照）。そうした善本であり、かつ円珍の校勘のあとも、みずみずしい『大日経義釈』を手にとって見たい、さらには全巻写しとっておきたいという願望を修学に熱心な観賢がいだいたとしても不思議ではなかった。

甘かった目論み

ひそかに持ち出してもらい、写し終ったあと、こっそり返却しておけば、ことは済む

観賢の円珍にたいする悪感情

と考えていた観賢の目論《もくろ》みは甘かった。円珍に秘蔵本の紛失が、わかってしまったからである。観賢は、ことの成り行きに困惑し、どのように問題を処理すべきかを、とうぜん聖宝に相談したはずである。その結論は、内裏に進上して、陽成天皇から円珍に返却してもらおうということになったのであろう。しかし、三十歳そこそこの観賢には、まだ直接、内裏に『大日経義釈』を持参できるような関係は、内裏とのあいだにはなかった。聖宝にしても、当時、弘福寺の別当であったにしても、真然から両部の大法を授けられたのにつづいて、源仁から伝法灌頂を受けたばかりであった。そのうえ聖宝は、権力とのつながりを極度に嫌っていたから、聖宝が内裏との交渉にあたったとは考えられない。また、たとえ聖宝が内裏とのあいだを取り持とうと思ったとしても、それは観賢と、まったく同じであって、じかに交渉できる立場にはなかったであろう。そこで考えられるのが、当時、権少僧都であり、法務をつとめ、東寺の二の長者であった真然の存在である。真然が円珍秘蔵の『大日経義釈』を陽成天皇のもとに進上する役をつとめたことは、もっとも可能性のあることと思われるのである。

なお観賢が円珍にたいして悪感情をいだいていたことは、その著『大日経疏鈔』巻第一に明確にあらわれている。観賢は、『大日経疏』に、「阿字門を以て転じて大日如来を作る。身は閻浮檀紫磨金色《えんぶだしまこんじき》の如し」云々とあるのに注釈して、次のように論断している。彼《か》の台山《だいさん》の珍闍梨《ちんじゃり》が中胎《ちゅうだい》の大日尊《だいにちそん》は白色《びゃくしき》に造るとするの儀、此《これ》と相違するなり。又、疏の第六巻、彩色の義を説ける処《ところ》、白《びゃく》を以て初めと為《な》すと云々。此の義に由《よ》りて大日尊の身は白色に造るとす。又、彼の壇上、五色《ごしき》を分布するの時、先《ま》づ白色を以て中と為すと言ふも、仏身を白色に造ると謂《い》ふには非《あら》ず。加之《しかのみならず》、先達高徳《せんだつこうとく》の瑜《ゆ》伽阿闍梨《があじゃり》は、胎蔵中胎尊は金色《きんじき》を以て其の形を造作すべしとす。豈今《あにいま》の珍闍梨《ちんじゃり》は其の智徳劣弱《ちとくれつじゃく》なるか、後来の闍梨達《たち》、好《よ》く好《よ》く分別《ぶんべつ》す可《べ》きなり。

円珍の論説

ここに観賢が記している「彼の台山の珍闍梨」というのは、明らかに円珍のことである。円珍は、胎蔵界曼荼羅の中央に位する中胎八葉院《ちゅうだいはちよういん》の主尊である大日如来《だいにちにょらい》を白色《びゃくしき》に造ることにかかわって、「又《また》、諸文多く云はく、大日は金色なり。而《しか》して多く白肉色に作る。此は相違無く同じか否か」（『些些疑文』巻上）と記し、あるいは、「阿字門を以て転じて大日を作る。身は剡浮紫金色《えんぶしごんじき》（閻浮提《えんぶだい》の閻浮樹林のなかを流れる川に産する美しい輝きをもつ砂金の色）の如し。菩薩像の如く、首髻《しゅけい》は冠形の如し。已上 凡そ紫磨金《しまきん》（最上の金）、多く諸経に在り。其の意如何《いか》に。其の色、黄か、白か、余句は他条に在り」（『些些疑文』巻下）と記している。この問題にたいする円珍の解釈は、これらには記されていないが、『三部

曼荼』で円珍が論じている左の文章は、観賢が取りあげている円珍の説に通じている。すなわち円珍は、

> 具縁品の末に五色を釈して云はく、白は是れ盧遮《るしや》那浄法界《なじやうほつかい》の色《しき》、則《すなは》ち一切衆生《いつさいしゆじやう》の本源なるが故に最も初めと為《な》すと。如何《いか》に通会《つうゑ》（矛盾相違した教説法門の相違を融通和会すること）するか。答ふ、仏色と字色と其の義、大《おほ》いに同じ。初めに白、後に黒とす。此は一月《いちげつ》を約《たば》ね、本《もと》を約《たば》ねて白と為し、末《すゑ》を約《たば》ねて黒と為す。此れ黒は亦本《またもと》、白は亦末《またすゑ》なり。総《すべ》て大日一体《だいにちいつたい》の上に約《たば》ぬ。怪と為す可《べ》からず。未染《みせん》の前を白と名づけ、已染《いせん》の後を黒と為すと。

と論じている。

円珍説にたいする観賢の批判

ここで円珍は白色と黒色の本末関係を説いているが、円珍は、こうした認識にもとづいて大日如来は白色に作ると解釈していたのであろう。これにたいして観賢は異を立て、「珍闍梨は其の智徳劣弱なるか」と、円珍をきびしく批判したのである。観賢の『大日経疏鈔』で、当代の僧侶の学説を名指《なざ》しで批評しているところは、これ以外にはみられない。いかに観賢が円珍にたいして憎悪に近い気持ちをいだいていたかが知られるのである。先述した円珍秘蔵の『大日経義釈』の紛失事件に観賢がかかわっていたことは、

観賢のこの円珍にたいするきびしい態度からもうかがえることになろう。

聖宝の大日如来金色観

聖宝は弟子の観賢が円珍にたいして、きわめて批判的な態度をしめしていたことを知《ち》悉《しっ》していたであろう。聖宝も胎蔵界曼荼羅の中央に位する中台八葉院の主尊である大日如来は金色であらわすものであるとする観賢の主張に同調していたことは、観賢が「先達高徳の瑜伽《ゆが》（三密の実践行を成就することのできる境地に達した）阿闍梨」というなかに聖宝もふくまれていたと考えられることから察することができる。

三　東寺の長者

東寺の二の長者

観賢に伝法灌頂を授けてから間もない寛平七年（八九五）十二月二十九日、聖宝は東寺の二の長者《ちょうじゃ》となった。東寺の長者は、他寺の座主《ざす》にあたる地位の名称である。真然《しんぜん》の死後、法兄の益信《やくしん》が長者の任を受けついでいたが、ここに益信とならんで聖宝が東寺の長者となったのである。長者が二名補任されると、先任者を一の長者と呼び、つぎを二の長者と称したのである。二の長者となった聖宝は、一の長者益信とともに、真言宗を代表する地位についたのであった。

千手観音像（東寺蔵）

真言宗の本流

聖宝は、師の真雅が他界するまで真言宗のなかでは傍流といってもよい道を歩んでいた。ところが真雅の示寂直後に聖宝は、真然の引き立てによって弘福寺の別当となって、真言宗の本流に身を置くこととなり、そしてここにいたって聖宝は、東寺の二の長者として真言宗において重要な役目をはたす日を迎えたのである。

後七日の御修法

東寺の長者は、祖師空海によって承和《じょうわ》元年（八三四）正月から修法《しゅほう》が始められた宮中の真言院での後七日《ごしちにち》の御修法《みしほ》の阿闍梨《あざり》（導師）となることになっていた。その修法は、毎年正月八日から十四日までの七日間、執り行なわれた。後七日というのは、宮中で正月一日から七日まで行なわれた節会《せちえ》のあとで修せられたからである。

聖宝、後七日の御修法の導師となる

聖宝が東寺の二の長者になって間もない翌寛平八年（八九六）正月の後七日の御修法のさいに、さっそく導師の任にあずかった。以後、聖宝は、ほぼ一、二年おきに後七日の御修法の阿闍梨をつとめている。この年、聖宝は東寺の別当を兼任した（興福寺本『僧綱補任』参照）。

東寺での造像活動

やや後年のことになるけれども、ここで東寺における聖宝の造像活動について、ふれておくことにしよう。聖宝は東寺の食堂《じきどう》に安置する金色の千手観音像《せんじゆかんのんぞう》と一丈の四天王像《してんのうぞう》を造ったといわれている。これら諸像が造立された年次は明らかではないが、開眼供養会にあたって太上法皇（宇多法皇）が行幸し、法皇は御誦経《みずきょう》を修したという（『醍醐根本僧正略伝』参照）。かつて金色の千手観音像などの諸像が造立されたのは、延喜八年（九〇八）の造立とされていた。ところが東寺食堂の諸像は、昭和五年（一九三〇）十二月二十一日の火災によって焼損を受け、千手観音像も、その災をまぬがれなかった。

檜扇の墨書

昭和三十六年（一九六一）の夏、この像の破損状況の調査がなされた折り、右方大型の脇

手と思われるものの一つから、ばらばらにほぐれた檜扇《ひおうぎ》一扇分の骨二十枚が発見され、その表骨《おもてぼね》の一枚に、

无量授（ママ）如来円満授久惑業衆生善根往生

元慶元年十二月専當

と墨書されていた（西川新次「聖宝・会理とその周辺」『国華』七一—一一参照）。この墨書銘は、「无《む》（無）量授《りやうじゆ》（寿）如来《にょらい》は円満《ゑんまん》（具足していること）にして、久《ひさ》しく惑業《わくごふ》（煩悩にもとづく行為）の衆生《しゅうじゃう》に善根《ぜんこん》（よい果報をもたらすような行為）を授《さづ》け、往生《わうじゃう》せしむ」（右に掲げた原文は、西川新次、前掲論文、および小松茂美『かな—その成立と変遷—』所載の釈文を参照しつつ、私見によって判読したもの）と訓《よ》める。

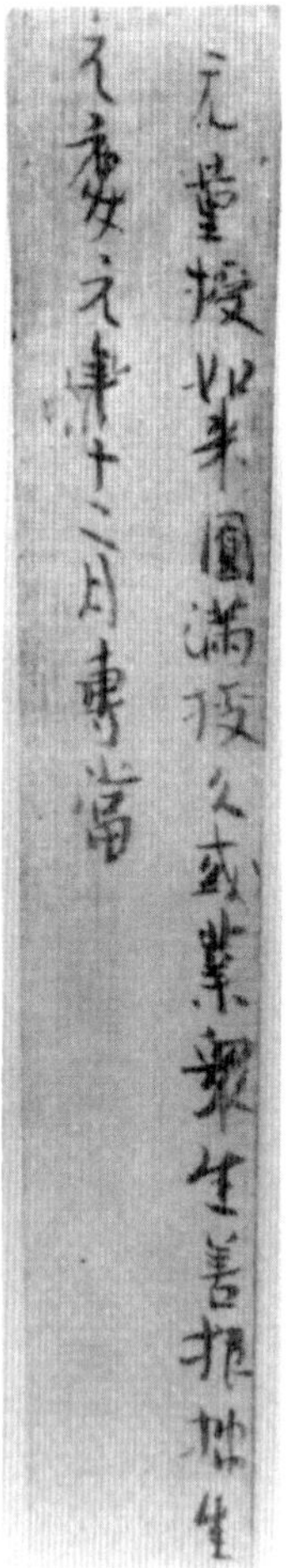

檜扇の墨書
（東寺蔵）

千手観音像の造立年代

さて、この墨書銘に元慶元年（八七七）十二月の年紀が記されているため、千手観音像の

造立は、元慶元年ごろであって、様式的にも矛盾しないと考えられている。年紀のもとに記されている「専當《せんとう》」というのは、大きな寺院の雑務を担当する下級の僧職名である。そこで像の脇手内部から発見された檜扇は、この像の造立の時に、雑務にたずさわった東寺の専当《せんとう》の某僧が、工事の進捗状況を実検するなどのために現場に臨み、そのさいに納入されたものとし、本像の造立は、元慶元年ごろと推定されている（西川新次、前掲論文参照）。その後、元慶元年がほぼ千手観音像の完成した年であろうと考えられるようになるとともに（佐和隆研「東寺の歴史と美術」『密教の寺—その歴史と美術—』所収、および中野玄三「寺宝」『東寺』古寺巡礼1所収参照）、他方では、この年紀が像の造立に関係するかどうかは、今後の調査が必要であろうという（東寺文化財保護部『東寺—弘法大師と密教美術—』参照）慎重論もだされている。

聖宝の造像関与

その記述にかなりの信頼性がある『醍醐根本僧正略伝』に東寺食堂の金色の千手観音像などは聖宝の造立したものと記されているので、聖宝がみずから手をくだして造像したのではないにしても、その造立に深く関与したことは確かなことである。しかし、早くから千手観音像の作者を聖宝とする説と、聖宝の弟子である会理《えり》（八五二—九三五）とする説があった（『東宝記』食堂条参照）。その後、会理説が通説となったが、今日では、聖宝の場合は、直接その製作にあたったのではなく、おそらく造像の企画・勧進や指揮に采配《さいはい》をふるい（西川新次、前掲論文参照）、また会理の立場は、おそらく聖宝が指導する造像作業に奉仕するといった程度であったとみなされている（田中嗣人『日本古代仏師の研究』参照）。

だが、今日の学説は、檜扇に記されている元慶元年（八七七）という年紀が前提になっているのであって、この年紀を、ただちに千手観音像の造立年次に結びつけてしまうことには慎重でなければならない。なぜならば、元慶元年ごろの聖宝は、笠取山の山上に草創した寺院の経営に力をそそいでいた時期であって、師の真雅の他界直後の元慶三年（八七九）一月、聖宝は弘福寺の別当となり、ここに、はじめて東寺の要職につく道が見渡せる状況になってきたにすぎなかったからである。東寺の食堂に安置する千手観音像などの造立は、やはり聖宝が寛平七年（八九五）十二月に、東寺の二の長者に補任された以後のことであったと考えるのが妥当であろう。さらに食堂の諸像の開眼供養会のさいに、太上法皇（宇多法皇）が行幸したという『醍醐根本僧正略伝』の記事にもとづけば、千手観音像の造立は、宇多上皇が仁和寺において受戒落飾《らくしょく》した昌泰二年（八九九）十月よりも後のことであり、延喜の初年ごろとみなすのが自然であろう。そのころ、すでに会理は五十歳前後であるから、檜扇に記されている元慶元年当時、会理が若年であり、出家してから四年しか経っていないばかりで、このような官の大寺である東寺の、しかも六メートルにも及ぶ巨像造立の大仏師でありえたとは想像しがたいという説は（西川新次、前掲論文参照）、考慮に入れる必要がなくなるのである。

会理の経歴と才能

会理は、宗叡と聖宝について真言を学び、のちに聖宝の弟子である観賢の門弟禅念《ぜんねん》（？—九〇八）にしたがって伝法灌頂を受けた人物である。会理については、「木仏、絵像共《とも》に究《きは》め竟《をは》る」（『東寺長者補任』）、「木像、絵像其の芸《げい》に堪《た》ふるの旨、彼の伝に載《の》する所なり」（『東宝記』二）、「木像、絵像其の能《のう》を極《きは》む」（『血脈抄』会理条頭書）、「絵に工《たくみ》なり」（『血脈類集記』）などと伝えられていて、会理が、造仏と仏画を描くのにすぐれた才能を持っていた人物であったことがうかがわれる。『東大寺別当次第』に、「延長四年、講堂の御仏造立す。仏師は五十余人、大仏師は会理阿闍梨なり」（『東大寺別当次第』権律師延儌《えんじょう》条）とみえるが、ここに会理が大仏師と記述されているのは、疑う余地があって、編者の想像と考えられないでもないといわれている（西川新次、前掲論文）。東大寺の講堂の「御仏」とは、千手観音、虚空蔵菩薩、地蔵菩薩の諸像である。延喜十七年（九一七）十二月に焼失したのを、延長四年（九二六）から造立が始まり、焼失してから二十二年目の承平五年（九三五）五月に完成したのである。その造立事業に五十余人の仏師を動員した当時、会理は七十四歳の高齢であった。木像を彫刻し、また絵像を描くのに特別の才能を発揮した会理が多くの仏師を統率する大仏師をつとめたことは、十分にありうることであって、事実と考えてよいのではなかろうか。したがって東寺の食堂の千手観音像など諸像の造立にさいしても会理が造像の中心的な役割をはたしたとみなすのが当をえていると考えられる。そして聖宝は、その造立事業を主催したのであろう。

千手観音像伝説

なお聖宝の東寺食堂の千手観音像造立をめぐって、嘉禄三年（一二二七）十月、かつて醍醐寺の座主であり、また東寺の三の長者であった成賢《せいげん》（一一六二―一二三一）が注進した文には、故大夫史《たいふし》（「大夫史」というのは、二人の左大史のうち一人が五位の位をもつ者が任じられ、それを大夫史と呼んだ。橋本義彦「官務家小槻氏の成立とその性格」『平安貴族社会の研究』所収参照）の小槻公尚《おづきのきみひさ》の子息、故大舎人頭為景《おおとねりのかみためかげ》が語ったという、次のような伝説が記されている。

件《くだん》の千手観音、造《つく》り畢《をは》るの後、聖宝、金薄《きんぱく》（箔）无《な》きことを歎《なげ》く。然《さ》る間《あひだ》に、一人の老翁来りて仏を拝するの間に、突《つ》きし所の杖《つゑ》を以て仏の前に突《つ》き立て、還《かへ》り去り畢《をは》りぬ。件の杖は金なり。之《これ》を以て金薄を作り、余《あま》さず足《す》ごさずに尊像に押《お》し奉り畢りぬと云々。旧記に之れ在《あ》るの由、語り申すと。（『東宝記』一、食堂条所載「嘉禄三年成賢注進」）

伝説成立の時期

この伝説と同類の話が、同じく『東宝記』に「古老伝へて云はく」として掲げられているが、老翁が「即ち尊像を拝し、生身の菩薩と違《たが》はざるの由にて、再三之《これ》を嘆《たん》ず」ということが話に加わっている。いずれにしても、この伝説は、官文書を管領する官務家《かんむけ》の小槻氏一族である人物が、「旧記」にみえるものとして語っただけに、かなり古くからの所伝であり、鎌倉初期以前、平安中・後期にまで、その霊異譚の成立は、さかのぼるであろう。

千手観音像と檜扇の関係

ところで元慶元年の紀年銘のある檜扇が、千手観音像の右方大型の脇手内に納められていたことをもって、この像の製作を、ただちに元慶元年ごろとしてしまうことができないことは、檜扇の持ち主が手もとに長いあいだ保存しておいたものが、のちの造像のさいに納入されたことも考えられるからである。元慶元年をさほど隔たらないころに、すでに造像が始まっていたとする場合にも（鷲塚泰光「檜扇・金製舎利容器（千手観音像納入品）」文化庁監修『重要文化財』別巻Ⅰ、像内納入品所収参照）、それは同様である。すでに述べたように元慶元年ごろの聖宝の真言宗内における位置、および東寺との関係を考慮に入れれば、なおさら千手観音像の造立や造像の開始の時期を元慶元年ごろとするわけにはいかない。

聖宝と檜扇

それにしても元慶元年十二月銘のある檜扇は、聖宝とかかわりがあるのではないかという思いにかられる。というのは、さきに引用した表骨の一枚に「无量授如来《（ママ）》」云々と、その如来の功徳を讃える記述がみられること、さらに他の一枚の表にも、「无量授如来《（ママ）》[に]も　たて／いねも　ころに　ま□□や」（小松茂美、前掲書）とあって、よく文意は通じないが、無量寿如来のことにふれた仮名書きの文がみられるからである。

無量寿如来といえば、貞観十三年（八七一）に聖宝が真雅から無量寿法を授けられたことを思いださせる。第二章で述べたとおり無量寿法とは、おそらく不空が訳した『無量《むりょう》寿如来《じゅにょらい》修観行《しゅかんぎょう》供養《くよう》儀軌《ぎき》』にもとづくものであった。その儀軌には、「無量寿如来は、悲願を捨てず、無量光明を以て、触行者《じょくぎょうじゃ》（穢れた行ないをする者）を照らし、業障《ごふしやう》（悪業によって生じた障害）重罪をば、悉《ことごと》く皆《みな》消滅せしむ」ともみえる。聖宝の仏教活動には、少なくとも、こうした功徳を信じ、かつ説いてゆく面がうかがわれ、「无量授如来《（ママ）》」のことにふれた檜扇は、あるいは聖宝が所持していたものか、もしくは聖宝から教えを受けた会理のものであったとも考えられなくはない。とくに、その檜扇には、樹木・草花・鳥・雲などが無造作に描かれており（小松茂美、前掲書、西川新次、前掲論文参照）、その画風が、簡略ながら手なれたもので、『絵因果経《えいんがきょう》』などにみられる稚拙な古様を示していると評されていることは（鷲塚泰光、前掲解説参照）、絵が巧みであったといわれている会理のことを連想させるのである。

第六　聖宝の活躍

一　醍醐天皇朝の開始

宇多天皇の譲位

寛平九年（八九七）七月三日、宇多天皇は敦仁《あつきみ》親王に皇位を譲った。ここに醍醐天皇の時代が始まった。宇多天皇が、敦仁親王を皇太子に立てたのは、五年前の寛平五年四月のことであったが、それから二年もたたないのに、天皇は譲位の意思をいだき、ひそかに菅原道真に、その意を漏らしたという。しかし道真の諫止《かんし》によって、譲位は、この日にまで延びていたのであった（『寛平御遺誡』参照）。譲位した時、宇多天皇は三十一歳の働きざかりであったにもかかわらず、どうしてまだ十三歳の少年である醍醐天皇に皇位を譲ったのであろうか。宇多天皇は、早くから仏教を信仰していたが、皇位を譲って急いで仏門に入るほどの理由があったとは思われない。そこで、あるいは天皇にたいして、ある方面からの指弾《しだん》が加えられていたからではなかったかという指摘や（中村直勝『宇多天皇御事紀』参照)、あるいは初め意気ごんだ理想政治の推進が、実行するのに困難であると悟って、急に政治を厭《いと》うことになったのかとする説がある(坂本太郎『菅原道真』参照)。いずれにしても、譲位することによって、みずからは仏門に入る宿願を達したいと考えてのことであったであろう(所功『三善清行』参照)。

『寛平御遺誡』

宇多天皇が譲位にあたって新天皇に公的、私的な事柄にわたって事細《ことこま》かに訓戒を書き贈った。それが著名な『寛平御遺誡《かんぴょうのごゆいかい》』である。その逸文には、二条にわたって僧についてのことが述べられている。

(一) 諸国の権講師《ごんのこうじ》・権検非違使《ごんのけんびゐし》等は、朕一両《ちんひとりふたり》許せども、例と為すべからず。□読師《とくし》は孟冬《まうとう》の簡定《かんぢやう》に随ひて、諸《もろもろ》の階業の僧等を任ずべし。□こと妨げつ。二三度朕失《あやま》てり。新君慎《つつし》め。

(二) 内供奉十禅師《ないぐぶじふぜんじ》、□寺の定額《ぢやうがく》僧等の闕《くゑつ》は、必ずしも本寺の選挙《せんきよ》を用ゐて、輒《たやす》く前《さき》の人の譲《ゆづ》りを許し、妄《みだり》に他の所の嘱《つく》るを□すべからず。若《も》し智徳普《あまね》く聞《きこ》え、戒律□せしむるものあれば、問ひて之を許せ。失《あやま》つべからず。

講師・読師の任用

これら(一)(二)の条文は、講師《こうじ》・読師《とくし》の任用をめぐって、みずからの恣意《しい》によって権講師などを補任するという過失のあったことを反省し、また講師・読師・内供奉十禅師・定額僧の任用規定を遵守すべきことを戒めたものである。〔一〕の件については、寛平七年（八九五）七月十一日、階業の次第によって諸国の講読師を簡定せしめたこととかかわっている。その時だされた「太政官符」によると、斉衡二年（八五五）八月以来、諸国の講師には五階《ごかい》（試業、複、維摩立義、夏講、供講の五つ）をつとめた者を任じ、また読師には三階《さんがい》（試業、複、維摩立義の三つ）を果たした僧を補し、その階業をすませた先後の順によって、講師・読師に任命していたのを、その次第によらないで、「或《ある》は甲乙を停め、丙丁を薦挙《せんきょ》し、或《ある》は耆老《きらう》を抑《おさ》へ、年少を推轂《すゐこく》（人を押しすすめること）し、才《さい》、倫《りん》を超へず、名、実に叶《かな》ふこと無《な》く、昇降《しょうかう》、意に任《まか》せて、愛憎《あいぞう》専《もは》ら私《わたくし》す」（寛平七年七月十一日付「太政官符」）という状態が、当時蔓延していたのである。にもかかわらず、「僧綱等、言《げん》を本寺に寄せ、糺察《きうさつ》に忍《つと》め」なかったので、「怨結《ゑんけつ》の至《いた》り、動《やや》もすれば公庭に訴《うった》ふ」（同上）という成り行きになってきていた。そこで階業の次第によって講師・読師を簡定すべきことを厳命したのであった。

内供奉十禅師・定額僧の任用

　これは単に講師・読師のことだけではなく、〔二〕の訓誡に、「必ずしも本寺の選挙《せんきょ》を用ゐて、輒《たやす》く前《さき》の人の譲《ゆづ》りを許し、妄《みだり》に他の所の嘱《つく》るを□すべからず」とあることから察しられるように、内供奉十禅師や定額僧の任用にあたっても、その乱脈さは同様であった。そのために宇多天皇は、「若し智徳普《あまね》く聞《きこ》え、戒律□せしむるものあれば、問ひて之を許せ」と、新天皇に諭したのである。このような僧への期待は、講師などの補任にあたっても同じであって、かつて大隅・薩摩などの諸国の講師の資格として、「精進練行《しやうじんれんぎやう》し、智徳聞え有り」（承和十一年四月十日付「太政官符」）ということがあげられているのは、『寛平御遺誡』の言葉と、まったく同じ認識にもとづくものであった。その場合、行基《ぎようき》（六六八―七四九）を指して、「故《もと》の大僧正《だいそうじやう》行基《ぎやうき》法師《ほふし》は、戒行具足《かいぎやうぐそく》して、智徳《ちとく》兼《か》ね備《そな》はれり」（『続日本紀』宝亀四年十一月辛卯条、および『類聚三代格』所収同年十一月十六日付「勅」）と評されていたことが、つねに思い起こされていたのであろう。「戒行具足」と「智徳兼備」とが宇多天皇の期待する僧侶像であった。

聖宝への帰依

村上天皇の天暦年間（九四七―九五七）にまで編纂が遡れるという『新儀式』巻第五の「僧綱を任ずる事」の条に、内供奉十禅師の補任資格として、「浄行の者」を択《えら》ぶことに加えて、「或は又《また》、深山に住し、苦行すること、輩《ともがら》に超《ぬきんで》たる者」が、あげられているが、おそらくこれは、宇多天皇（法皇）の意向か、もしくはその精神を受けついだものとみなしてよい。「深山に住し、苦行すること、輩《ともがら》に超《ぬきんで》たる者」といえば、ただちに思いあたるのは、聖宝のことである。聖宝は、宇多天皇の譲位後、法兄の益信とならんで、宇多上皇（法皇）の大きな帰依を受けるようになる。なかでも深山に住して苦行し、「戒行具足」と「智徳兼備」の僧侶というと、聖宝をおいて他には見あたらない。また「金峯山《きんぶせん》の要路、吉野河の辺《ほとり》に船を設け、渡子《とし》、傜丁《えうてい》六人を申し置けり」（『醍醐根本僧正略伝』）という一種の社会事業を行なった聖宝は、かつての行基の姿を彷彿《ほうふつ》させ、当代において、もっとも望まれる僧侶であったのである。

聖宝の日蝕祈禱

醍醐天皇が即位してから間もない九月一日に日蝕《にっしょく》があろうと太政官からの奏があった。そこで諸司は政務を停止した（『日本紀略』寛平九年九月一日癸酉条参照）。しかし、太陽は欠けなかったため、聖宝は朝廷の命令によって修法を行なった。聖宝は祈禱を終えて醍醐山に帰るさいに、天皇に召されて衾《ふすま》一条を賜わった（『醍醐天皇御記』寛平九年九月一日癸酉条参照）。聖宝に修法をさせたのは、あるべき日蝕が起こらなかったので、災異が発生するおそれがあると考えられたためであろう。聖宝は、寛平九年もおしつまった十二月二十八日、少僧都に任じられた。この時、聖宝は六十六歳であった。

聖宝の花の歌

ところでなんの根拠もないが、聖宝はこの年に醍醐山上の真言坊《しんごんぼう》に栖居《せいきょ》していたが、暮春のはじめ、桜花の盛《さか》んなる時に、人から和歌を所望《しょもう》されて歌を詠んだという伝えがある（『理源大師行実記』参照）。その歌は、『古今和歌集』巻第十、物名《もののな》の最末尾に、「はを

初《はじ》め、るを果《はて》にて、眺《なが》めを掛《か》けて、時の歌よめと、人の言《い》ひければ、よみける」という詞書《ことばがき》があり、

花のなか目《め》に飽《あ》くやとて分《わ》けゆけば
　心ぞともに散《ち》りぬべらなる（四八六）

（花の中を目には満ち足りるかと分け入って行くと、心の方は花と共に、花が散るように乱れてしまいそうだ。小島憲之他校注『古今和歌集』新日本古典文学大系5参照）

という一首である。これは花の美しさに心を虜《とりこ》にされてしまうことを詠んだものである。詞書に述べられているように、この歌は、歌詞の最初に「は」をおき、そして最後に「る」の文字を詠みこみ、「眺《なが》め」という言葉をなかに折りこんで、「時の歌」、すなわちその時の季節の「はる」（春）の思いを詠むという手のこんだ知的な遊戯《ゆうぎ》の歌であった。

知的遊戯の歌

紀貫之《きのつらゆき》（八六八―九四六）の歌に、

小倉《をぐら》山みね立《た》ちならし鳴《な》く鹿《しか》の
　経《へ》にけむ秋をしる人ぞなき（『古今和歌集』巻第十、物名、四三九）

というのがあるが、その詞書に、「朱雀院女郎合《すざくゐんのをみなへしあはせ》の時に、女郎花《をみなへし》と言ふ五文字《いつもじ》を、句《く》の頭《かしら》に置《を》きて、よめる」とあるように、「小倉山」の頭の句「を」、「みね立ちならし」

の「み」、「鳴く鹿の」の「な」、「経《へ》にけむ秋を」の「へ」、そして「しる人ぞなき」の「し」を詠みこんだもので、これも同類の遊びの歌であった。

作歌に苦しむ人たち

こうした類《たぐい》の歌を作るのに苦しんだ逸話は、昌泰《しょうたい》元年（八九八）十月、宇多上皇が近郊の遊猟について大和・河内・摂津の国々に行幸したさいに立ち寄った大和の宮滝《みやたき》を遊覧した折りのことにかかわって伝えられている。保元二年（一一五七）八月から同三年八月までの間に成立したと推測されている藤原清輔《きよすけ》（一一〇四―一一七七）の歌学書である『袋草紙《ふくろぞうし》』には、『後撰和歌集』に載せる歌の作者としても知られている源《みなもとの》　昇《のぼる》（八四八―九一八）と『日本紀竟《にほんぎきょう》宴和歌《えんわか》』『顕注密勘《けんちゅうみつかん》』などに作歌を載せている在原友于《ありはらのともゆき》（八四三―九一〇）が、宇多上皇の宮滝遊覧の時に歌を書かないで白紙《しらかみ》を置いたという話に関して、「記に云《い》はく」として、次のような逸話が記されている。

即ち源　善《みなもとのよし》の朝臣、其の題歌を献じて云はく、

やた烏頭《からすかしら》におきてしの〻（くカ）かみ句の末《すゑ》におき題の歌よめ

侍臣等、題を聞てより、口食幷びに管絃を忘る。昇《のぼる》、友于《ともゆき》、起居沈吟《ちんぎん》し、遂に成すこと能《あた》はず。（下略）

歌人としての才能

さすがの源　昇《みなもとののぼる》も在原友于《ありはらのともゆき》も、「やた烏」を頭《かしら》に、「しの〻（くカ）かみ」を句の末《すえ》においで

歌を作るのに考えこんでしまい、ついに歌ができなかったのである。歌題を献じた源《みなもと》善《のよし》（生没年未詳、昌泰四年〈九〇一〉正月、菅原道真が失脚した時、事に坐して土佐権守に左遷された）は、『後撰和歌集』に四首の歌をのこしているが、宇多上皇の宮滝行幸のさいには、源昇《みなもとののぼる》（時に参議・勘解由長官）・在原友于《ありはらのともゆき》（時に左近衛中将）らとともに右近衛権中将《うこのえごんのちゅうじょう》として従駕していた（『扶桑略記』昌泰元年十月二十一日条参照）。したがって右の逸話に語られていることは、実話に近いものであったと思われる。歌人としても知られている昇、友于らが、そうした歌が即座に作れなかったことを思えば、聖宝は機智《きち》に富んだ人であったことが、「花のなか目に」の作歌からも、うかがうことができる。しかも『古今和歌集』に収められている歌で作者が明記されている百二十七人のうち、僧はわずか十人、尼は一人であって、僧尼の歌は、きわめて少なく、『古今和歌集』の時代に、宮廷歌人の趣好に合う歌を詠む僧尼は、めったにいなかったのである。聖宝が数少ない僧の作者のなかで、その作歌が一首選ばれているのは、聖宝が歌人としても、その才能を、ひろくみとめられていたことになる（大隅和雄『聖宝理源大師』参照）。

宇多上皇の落飾

宇多上皇は、昌泰二年（八九九）十月十五日、東寺において灌頂を受け、ついで同月二十四日、仁和寺において落飾《らくしょく》入道《にゅうどう》した。この時、聖宝の法兄である益信が戒師をつとめ、上皇の法名を空理《くうり》と名づけた。上皇は落髪《らくはつ》以前から、しばしば上皇の号を辞したい意向をもらしていたが、ここに重ねて太上天皇（上皇）の号を辞することを申しでて、その号が停められたのは、十一月二十五日のことであった。その前日の二十四日、宇多法皇は、東大寺において受戒した。この時も益信が戒師となったが、聖宝が戒《かい》和尚《わじょう》をつとめたという伝えもある（『太上法皇御灌頂日記』参照）。

昌泰三年（九〇〇）三月、前年の五月二十三日に東寺の伝燈満位僧貞栄《じょうえい》が上座の職に任ぜられ、前上座の神□との引きつぎが終了した。その証明書である解《げ》由状《ゆじょう》に、東寺の別当である益信、峯斅《ぶこう》らと名をつらねて聖宝は、別当として署名している（昌泰三年三月□日付「東寺上座某解由状」『平安遺文』一〇―二六所収参照）。ついでにふれておくと、前上座の神□は、仁和四年（八八八）五月二十四日付の「東寺解由状案」（『平安遺文』一―二三所収）にみえる前都維那で伝燈満位僧の神《しん》忠と同一人物とみなしてよい。神忠は同年四月十一日、伝燈満位僧の寿仁《じゅにん》と都維那の職を交替し、その引きつぎが終った旨を寿仁が記したものが、この解由状案である（上島有『東寺文書聚英』解説篇参照）。聖宝が東寺に関係するようになったのは、さきに記したように寛平七年（八九五）十二月二十九日に東寺の二の長者となってからであり、そして東寺の別当を兼ねたのは翌寛平八年からであるので、この「東寺解由状案」には、聖宝の署名はなく、当時、別当であった真然《しんぜん》と峯斅《ぶこう》らが署名していた。

富河の氾濫

宇多法皇は、『東大寺要録』によると昌泰三年五月七日に受戒されたらしい。これについては、他の記録にみえないが、そのころ法隆寺の東を流れる富河《とみかわ》（奈良県生駒郡斑鳩《いかるが》町を流れる富雄川）が氾濫《はんらん》し、大洪水のため法隆寺の十師《じっし》らが死去したという。実は、その受戒会にさいし法隆寺の大小十師を請い用いることにしていたのであったが、十師らの水害のための死亡によって、それに応えることができなくなった。そこで法隆寺の別当や大十師らは、時の法務で権僧正の聖宝（聖宝は、この時、権法務であり、権僧正となったのは延喜二年〈九〇二〉）に、その事由を申しでた。聖宝は、後日、東大寺の大小十師を勤仕させたいことを公家に奏聞した。

聖宝の奏聞

その奏聞において聖宝は、

本願の聖皇（聖武天皇）、幷びに大僧都和尚位鑒真《がんじん》、共《とも》に宛《あ》て置か令《し》め給《たま》ふ。而《しか》るに今《いま》、件《くだん》の和尚鑒真、私願の唐招提寺を造り、次に高野天皇（孝謙・称徳天皇）、西大寺を造り給《たま》ふに、件《くだん》の東大寺の大小十師等《だいせうじふし》は、各々遷《おのおのうつ》し入《い》れ置き給《たま》へり。彼の法隆寺の大小十師は、本願の聖皇《せいくわう》、幷びに大僧都和尚位鑒真が如《ごと》くに御置《おんお》き手《て》、東大寺

に遷し入ると者り《てへ》。（天慶三年三月二十五日付「東大寺始行授戒作法記」『東大寺要録』巻九、雑事章第十之三）

と述べたようである。これは天慶三年（九四〇）三月、東大寺の寛法《かんぼう》が同寺に伝えられていた記録によって、八箇条にまとめたもののなかの一条である。その引用の仕方が万全《ばんぜん》でないために、聖宝が奏聞したものらしい内容も不十分であって、肝心《かんじん》のところが省略されてしまっている。要《よう》は、聖武天皇や鑒真によって東大寺に置かれた大小十師は、のちに唐招提寺や西大寺の造営後に遷されたことがあり、また法隆寺に置かれていた大小十師も、東大寺が創建された時に、東大寺に遷し入れたことがあるから、東大寺の大小十師を法隆寺の大小十師に替って受戒会に勤仕させたいという意見を聖宝は奏聞したのであろう。ちなみに大小十師というのは、諸寺に置かれ、大十師・小十師各五名からなり（同上「東大寺始行授戒作法記」八箇条の第一条参照）、そして「受戒《じゆかい》の日《ひ》を定《さだ》め、伝戒《でんかい》の大少《だいせう》（小）十師《じふし》を東大寺の戒壇院《かいだんゐん》に請集《しやうしふ》し、教法《けうほふ》に依《よ》りて十三難《じふさんなん》幷びに十遮《じふしや》を問ひて、然《しか》る後に登壇《とうだん》して受戒《じゆかい》せしむ」（『三代実録』貞観七年三月二十五日丙午条、および同日付「太政官符」）とあるように、伝戒・受戒の師であった。

宇多法皇の金峯山行幸

宇多法皇は、先年（昌泰元年）の宮滝などへの行幸のさいに、聖宝とも関係のある現光寺（比蘇山寺）に立ち寄って仏《ほとけ》を礼《らい》し、綿を寄進し、同寺の別当聖珠《しょうじゅ》が、山果を捧げ、香茶《こうちゃ》を煎じて侍臣をもてなしたという（『扶桑略記』昌泰元年十月二十四日条参照）。この行幸にひきつづいて、宇多法皇は昌泰三年七月、金峯山《きんぶせん》に参詣した（同上、昌泰三年七月条参照）。この時の金峯山行幸に関する記録は、さきの宮滝などの巡幸のさいとは違って、まったく残っていない。ただ『金峯神社文書』にみえる「金峯山草創記」代々帝王御帰依事の条に、宇多法皇臨幸のさい助憲《じょけん》大法師を検校職に補し、鎮護国家の祈禱を行なわせ、免《めん》田《でん》五百町を寄進したことが伝えられている（『大日本史料』一―二参照）。

聖宝の羇旅歌

勅撰和歌集の一つである『後撰和歌集』巻第十九、離別《りべつ》・羇旅《きりよ》の巻には、「法皇、遠《とを》き所に山踏《やまぶ》みしたまうて、京に帰《かへ》りたまふに、旅宿《たびやど》りしたまうて、御供《みとも》にさぶらふ道俗、歌《うた》よませ給《たまひ》けるに」と詞書がある聖宝の歌が収められている。その歌は、

人毎《ごと》に今日《けふ》〳〵とのみ恋《こ》ひらるゝ
宮《みや》こ近《ちか》くも成《なり》にける哉《かな》（一三六二）

（あの人にも、この人にも、今日は帰れるか、今日は帰れるか……とばかり言って恋しがっていた、その都が遂に近くなったことであるよ。片桐洋一校注『後撰和歌集』新日本古典文学大系6参照）

というものである。この聖宝の歌は、宇多法皇が金峯山に参詣した折りのことと関係が

あるものと推測されている。もし、これが正しいとするならば、聖宝は宇多法皇の金峯山参詣のさいに駕に従ったことになる。

昌泰三年の聖宝

聖宝の著述とされている『修験最勝《しゆげんさいしよう》慧印《えいん》三昧耶《さんまや》極印灌頂法《ごくいんかんじようほう》』(『修験極印灌頂法』)の末尾には、「醍醐の昌泰三、鳥栖《とりすみ》の鳳舎《ほうしや》の御灌頂、是れ此の道の根源なり」と記されており、また聖宝が撰したという『理智不二界会礼讃《りちふにかいえらいさん》』の巻末には、聖宝の門弟観賢《かんげん》が記したとする「右の理智不二(ママ)礼讃は、大和国吉野郡の鳥栖山《とりすみさん》真言院(鳳閣寺《ほうかくじ》)の道場に於て、彼の御灌頂を奉行するの時、法務大僧正(聖宝)の御作なり」云々とある識語があって、「醍醐の帝の昌泰三庚申歳《かのえのさるのとし》四月十八日」という日付がみえる。さらに昌泰三年四月に、吉野郡の鳥栖の真言院鳳閣寺で、聖宝が理智不二秘密灌頂式を行ない、弟子観賢、貞《じよう》崇《すう》をはじめとして、山伏・皇子・公卿・士庶など数百人がこれにつらなり、聖宝を大導師とした山伏の灌頂があったということが、醍醐寺の座主となった成賢(一一六二—一二三一)の撰とされる『大峯界会万行自在次第《おおみねかいえまんぎようじざいしだい》』などの諸書に伝えられている(鈴木昭英「修験道当山派の教団組織と入峯」『弘法大師と真言宗』〈『日本仏教宗史論集』四〉所収参照)。しかし、聖宝の修験関係の著作や鳳閣寺において灌頂は、いずれも後世の仮託附会とみなされる(鈴木昭英、前掲論文参照)。だが、著作や灌頂の年次を、いずれも宇多法皇の金峯山行幸がなされた年と同じく昌泰三年にかけているのは、注目しておいてよいことであろう。

二　昌泰から延喜へ

菅原道真の左遷

昌泰四年（九〇一、この年七月十五日、延喜と改元する）正月二十五日、右大臣の菅原道真《すがわらのみちざね》は大《だ》宰権帥《ざいのごんのそち》に左遷され失脚した。その五日後、宇多法皇は左衛門の陣《じん》に出御して夜を徹して帰らず、道真の左遷は不当なものであると主張した。しかし、法皇の抗議は効果もむなしく道真は二月一日に任地に向かわされた（『日本紀略』延喜元年正月二十五日戊申、三十日癸丑、二月一日甲寅条参照）。

聖宝の大僧都補任

こうした道真左遷事件が起こった十一日前の正月十四日、少僧都の聖宝は大僧都に任じられた。この年、聖宝は七十歳の高齢に達していた。

山林修行などの禁止

聖宝が大僧都となってから丁度一カ月後の二月十四日、かつて延暦四年（七八五）十月に山林に入ることの停止、寺院に居住し陀羅尼《だらに》を読み、壇法を行《ぎよう》ずることの禁止令の弛緩《しかん》が指弾されて、あらためて「其の諸尊、及び聖天《しやうでん》（歓喜天）、諸天《しよでん》等の壇法、皆悉《みなことごと》く禁断し、私修せしむること勿《なか》れ」（昌泰四年二月十四日付「太政官符」『類聚三代格』所収）という禁止令が発せられた。これには、病気のためにどうしても修法が必要である場合に限り、請僧と病人の姓名を明記し、官司に届けでて裁可を得れば壇法を行なうことができるという特例がみとめられ、また「但し尋常の念誦の壇法、及び看病の加持等」は、制限外であるとされていた。ここに私に壇法を修することを禁じたのは、明らかにその修法が政治と結びつくのを恐れたためであって、それは道真左遷後の政情の動揺抑止を考慮に入れた措置であった。

聖宝作の『歓喜天表白』と『聖天供次第』

醍醐寺には、「聖宝僧正御作」と記されている『歓喜天表白《かんぎてんひょうびゃく》』と題する著作が伝えられている。また石山寺には、尾題に「聖宝僧正御次第」とみえる『聖天供次第《しょうてんくしだい》』（仁平三年〈一一五三〉の写本）が現存している（石山寺文化財綜合調査団編『石山寺の研究』校倉聖教・古文書篇参照）。聖天（歓喜天）の壇法に関するそれらの著述が、たとえ聖宝の実作でなかったとしても、聖宝は、聖天の壇法にも長じていたとみなしてよかろう。とすれば、聖天（歓喜天）の壇法などを禁断した法令は、聖宝にとっては、とりわけて気になる法律であったことになる。

伝法灌頂を受けた宇多法皇

この年七月十五日、昌泰の年号が改められ、延喜《えんぎ》元年となった。十二月十三日、宇多法皇は東寺に行幸し、益信《やくしん》を大阿闍梨として伝法灌頂を受けた。大僧都の聖宝は、権律師の峯斅《ぶこう》とともに僧綱として、灌頂の行事が始まるのにあたって行列のなかに香爐《こうろ》をささげ持って加わっていた。ついで説戒堂に入ると聖宝ら両僧綱は、東西に分れて半畳《はんじよう》のあとに起立した。さらに灌頂堂での行事に移ると両僧綱は、金剛衆《こんごうしゅ》ならびに讃衆《さんしゅ》（法会のさいに讃歎の声明《しようみよう》を唱える僧衆）を引き連れて入堂し、東に向かって列座した。そこでの供養法・灌頂法の行事が、とどこおりなく終ると出堂の行事になるが、聖宝ら僧綱も讃衆のあとについて行列に加わり、最後に阿闍梨房御在所での行事が執り行なわれたのであった。阿闍梨房御在所というのは、新しく阿闍梨となった宇多法皇の御在所のことである。聖宝と峯斅《ぶこう》の両僧綱は、大衆《だいしゅ》（僧侶たち）を率いて室内に入り、中間の東西の柱下に立った。諸衆の整列がすむと大衆は、声をそろえて讃声を発し、これを三たびくり返し、居並《いなら》ぶ者は随喜《ずいき》し、五返礼拝し、うずくまって随喜の詞《ことば》を三たび奏した。その時、表白師《ひようびやくし》をつとめたのが聖宝であった。表白にたいして宇多法皇が答辞を述べると、行事は散会となり大衆は退出し、阿闍梨房に参会した聖宝ら僧綱や大衆は、随喜しながら帰途についたのである（『寛平法皇御灌頂記』『法皇御灌頂行事記』など参照）。『東宝記』第四、法宝上に記されている「私に云はく」には、宇多法皇の灌頂《かんじよう》にあたって聖宝は、西院において後朝《こうちよう》（翌朝）の嘆徳《たんどく》をつとめたことがみえる（『東宝記』四「代々法皇於東寺御入壇例事」

条参照）。嘆徳（歎徳）とは、灌頂修法の時、新しく阿闍梨となった者の徳を嘆徳師《たんどくし》が讃歎《さんたん》することであって、表白《ひょうびゃく》と同じことであるから、聖宝が嘆徳師をつとめたというのは、さきに記したように阿闍梨房御在所において聖宝が表白師となったことを指すのであろう。

表白師をつとめた聖宝

伝法灌頂を受けた宇多法皇は、金剛覚《こんごうかく》と号することになったが、その翌延喜二年（九〇二）二月二十三日、法皇は益信より灌頂印信《かんじょういんじん》を授けられた。この時の行列次第によると、前年の灌頂のさいと同様に、聖宝は峯斅《ぶこう》とともに僧綱として行列に加わり、香爐《こうろ》をささげ持ち、初夜《しょや》（夜を三分した最初の時間）の胎蔵界《たいぞうかい》の勤行《ごんぎょう》と後夜《ごや》（夜半から朝までの間）の金剛《こんごう》界《かい》の勤行が終り、法皇が堂を出て本房に帰ってからの行事にあたっても、聖宝は表白師をつとめている（『血脈抄』参照）。

聖宝の権僧正補任

この年の三月二十三日、聖宝は権僧正《ごんのそうじょう》に任ぜられた。時に法兄の益信は僧正であったが、東寺において僧正と権僧正とが並ぶのは、これが初めてのことであった。聖宝が権僧正に任ぜられた同じ日に、聖宝の門弟の観賢《かんげん》は、権律師《ごんのりっし》に補任された。聖宝と観賢は、そろって亭子院《ていじいん》（宇多法皇の院）へ出かけ、権僧正・権律師となった喜びを伝えた。その時、聖宝は弟子の延敒《えんじょう》（八六三—九二八）を従僧としてともなっていた。延敒は左京の人で、俗姓は長統氏《ながむねうじ》であった。長統氏の旧氏姓は建部公《たけるべのきみ》であって、肥後《ひご》の国飽田《あきた》郡を本貫の地としていた。承和十四年（八四七）三月、大蔵卿《おおくらのかみ》の平高棟《たいらのたかむね》の家令《いえのかみ》であった建部公《たけるべのきみ》弟益《おとます》の男女五人に長統朝臣の氏姓を賜い、左京三条に貫附されたことがあるので（『続日本後紀』承和十四年三月丙申朔条参照）延敒は、その賜姓にあずかった人たちの子孫であろう。

延敒をめぐる逸話

延敒は東大寺で三論を習い、ついで醍醐寺で三密を学び、聖宝はその法器を讃嘆していたという。また宇多法皇から両部の灌頂を受けたと伝えられている。聖宝が権僧正に任ぜられ慶賀の挨拶に宇多法皇のもとに参上した時、従僧として聖宝にともなわれていた延敒を目にとめた法皇は、延敒のすぐれた学才を重んじて、綱位《ごうい》を授けようとした。しかし延敒は、それを辞退したのである。法皇の御所を辞去したあと、聖宝は、延敒を叱責して法皇の情《なさ》けぶかい言葉を受けないのは、はなはだ心ない態度であると忠告し、それに応《こた》えて延敒は、三会《さんね》（興福寺の維摩会《ゆいまえ》、宮中大極殿の御斎会《ごさいえ》、薬師寺の最勝会《さいしょうえ》の三つの大法会）の講席を経て、はじめて綱位に昇るのが国のきまりであるのに、どうしてみだりに法皇の恩恵を受けることができようかと述べたのである。聖宝は、延敒の条理にかなった態度に感動して、延敒の言葉を法皇に伝えた。そこで宇多法皇は、藤原氏の氏長者《うじちょうじゃ》である時平《ときひら》を召して、延敒を維摩会の講師として招請するように依頼したという（『維摩会講師研学竪義次第』所引「或記云、古老云」、および『元亨釈書』延僘伝など参照）。この逸話は、たしかに「聖宝とその門弟との間の雰囲気を伝えるものとして興味深いものがある」（大隅和雄『聖宝理源大師』）。

延僘の維摩会講師補任の年代

実は諸記録によると、延僘が維摩会の講師になったのは、聖宝が権僧正に任ぜられた延喜二年から九年も経《た》った同十一年（九一一）十月のことであるから（『維摩会講師研学竪義次第』『三会定一記』『東寺長者補任』など参照）、右の逸話は、あるいは造作された話であるかもしれない。また延僘が延喜十一年に維摩会の講師をつとめた時、五師子《ごじし》の如意《にょい》を持っていたというが（『柳原家記録』一二三「裏書云」延僘事条参照）、その如意の由来をめぐっての話が伝えられている。

五師子如意の紛失

藤原宗忠《むねただ》（一〇六二―一一四一）の日記である『中右記《ちゅうゆうき》』の大治四年（一一二九）十一月二十五日の条には、得業《とくごう》（維摩会・法華会などの竪義《りゅうぎ》を歴任したもの）の厳幸《げんこう》という僧侶から送ってきた書信によると、東大寺の累代《るいだい》の宝物である五師子の如意を、この年の維摩会の講師となった恵暁《えぎょう》が、慣例にしたがって請い受けて使用したのであったが、ある日、恵暁の房舎が追捕されたあいだに失われてしまったという。姿を消してしまった五師子の如意は、「鎮護国家の物」なので山階寺（興福寺）と東大寺の東南院の人びとが、大いに歎きあっ

たと、宗忠は書き、そして追捕の官人あたりに訊いてみるべきであろうかと記している。さらに宗忠は、その文末に、

件《くだん》の如意《によい》は、寛平（宇多）法皇、作らしめ給《たま》ひ、後に聖宝僧正に給はるなり。彼の僧正の弟子、三会《さんね》を勤むるの時に持たしめて後、連々として絶えざるなり。

と注記している。延敒が維摩会の講師をつとめた時に五師子の如意を持っていたというのは、そうした由来があったからである。

聖宝の峯禅を推挙する奏状

延喜二年七月三日、聖宝の弟子である峯禅《ぶぜん》（八五四—九三五）の付法の灌頂が認可された。これよりさき聖宝は、峯禅に付法の灌頂を許されるように要請する奏状を提出した。それには、

件《くだん》の峯禅《ぶぜん》は、故《もとの》僧正真然が入室の弟子なり。黄牙《くわうが》（幼少）にして出家し、白業《びやくごふ》（善なる行為）闕《か》けること無《な》く、両部の源流を全持《ぜんぢ》し、三密の壺奥《こおう》を精究し、跡を先師に守り、久しく南嶽《なんがく》（高野山）の茘蘿《れいら》（ニラとツタカヅラ）に栖《す》み、身を後進に寄《よ》するも、未《いま》だ東寺の杞梓《きし》（オウチとアズサの木）に列せず。賢を見て薦《すす》めざれば、恐《おそ》らくは以て人を失《うしな》はん。望《のぞ》み請《こ》ふらくは件の峯禅に付法の灌頂を聴《ゆる》し、以て後代の師範《しはん》と為《な》さんことを。（延喜二年七月三日付「太政官牒」、石山寺文書二所収）

とあった。峯禅は、同七月十五日、聖宝から伝法灌頂を授けられた。聖宝の奏状にみえるように、峯禅は真然の入室の弟子となり出家し、ながく高野山で修行した僧であった。のちに金剛峯寺の座主となり、真言宗の興隆に意をそそいだ。聖宝の奏状によって峯禅の人柄がしのばれるとともに、遺文がほとんどない聖宝ではあるが、「南嶽《なんがく》の茘蘿《れいら》に栖《す》み」、「東寺の杞梓《きし》に列せず」などと巧みに対句《ついく》をもちいて作文しているところをみると、聖宝はなかなかの文筆家であったといえるのである。

三　造像と著述

聖宝の諸像造立

すでに見てきたように、聖宝は笠取山（醍醐山）の山頂に安置する准胝《じゅんでい》観音像などの造像や弘福寺における丈六檀像の十一面観音像、および東寺の食堂に置く千手観音像などの造立につとめてきたが、『醍醐根本僧正略伝』に記されている聖宝の他の造像活動を、このあたりで顧みておくことにしよう。

普明寺の四天王像

聖宝の造像活動は、まことに目覚ましかった。まず普明寺《ふみょうじ》に、聖宝は八尺の四天王像を造立し、あわせて大部の大乗経典《だいじょうきょうてん》などを書写して納めたという。その供養の日に、宇多法皇が行幸したと伝えられている。四天王は、東方の持国天《じこくてん》、南方の増長天《ぞうちょうてん》、西方の広目天《こうもくてん》、北方の多聞天《たもんてん》からなっていて四方を守る護法神である。祖師空海は四天王について、『仁王般若経《にんのうはんにゃきょう》』巻上、菩薩教化品第三の「若《も》し菩薩、百仏国の中に住して、閻浮提《えんぶだい》の四天王と作《な》りて、百法門を修し、二諦平等の心をもて一切衆生を化す」（「もし菩薩が百の仏の国のなかに住して、この地上世界の四天王となって、百の教えの門を実践し、世間と出世間の二つの真理が平等であるとの心をもってすべての生けるものを教化する」『秘密曼荼羅十住心論』宮坂宥勝他『弘法大師空海全集』第一巻参照）という文を引用して、十地（修習位《しゅじゅうい》）のうちの歓喜地《かんぎち》を説き、また四天王の造像について空海は、「四天王の像を造《つく》り奉《たてまつ》って、山寿《さんじゅ》を延《の》べ、海福《かいふく》を保《たも》たしめたてまつらんと。焉《ここ》に高天卑《かうてんひく》きに聴《き》きて、影響虚《むな》しからず。草草《さうさう》に限《さへぎ》られて久しく二手《じしゅ》を韜《つつ》む。理《り》須《すべから》く終《をはり》を慎《つつし》むこと始《はじめ》の如《ごと》くなるべし。所以《ゆゑ》に追って前《さき》の禱《いのり》を顧《かへり》みて、敬《ゐやま》つて吠室羅末拏《べいしらまな》等の四大天王の像四身を埕《ねや》す」（「四天王の像をお作り申しあげて、山のように無限の寿《よわい》を得、海のように広い福を保たしめたてまつられるように。高き天空より、低き世界のわれわれの願いを聴き、影は形に添い、響きの声に応ずるように、感応したまわらんことを。われわれは俗事に心もはばまれて、すべて何事もなし終り得ない。すべて物事の道理として、終りを全うすること、始めたときと同じ心をもって慎重になさなければならない。それ故に、今、続いて、前の祈りのときを思い出し、敬って毘沙門天《ヴァイシュラヴァナ》等四大天王の像四体を塑像《そぞう》としてお作り申しあげたのである」「管平章事《かんぺいしょうじ》の為の願文一首」宮坂宥勝他『弘法大師空海全集』第六巻参照）と述べている。聖宝は、祖師空海と同じような認識のもとに普明寺において四天王像の造立にあたったものとみてよかろう。そして書写した大部の大乗経典のうちには『仁王般若経』もふくまれていたと思われる。

聖宝の西寺別当補任

はっきりした年代は不明であるが聖宝は、おそらく延喜初年に西寺《さいじ》の別当を兼任した。東寺とならぶ平安右京の西寺は、東寺とともに平安遷都とほぼ時を同じくして造営された官寺である。西寺の開基は三論宗の碩学である慶俊《きょうしゅん》と伝えられ、その後、空海が弘仁十四年（八二三）に東寺を賜わった時を同じくして、三論宗の守敏《しゅびん》が西寺を賜わり、平安京における三論宗の拠点となった。したがって三論の学統をも受けついだ聖宝が西寺の別当に任ぜられたのは、まことにふさわしいことであった。

西寺での造像

西寺の別当となった聖宝は、西寺においても造営・造像に力をつくした。まず宝塔の造営を行ない、宝塔の心柱《しんばしら》を建てる日に、宇多法皇が行幸したという。聖宝は、宝塔がまだ竣功《しゅんこう》しないうちに、塔下に安置する十二尊像を造った。また西寺の中門《ちゅうもん》に安置する丈余の二天王像を造り、さらに同寺の東院堂《とういんどう》において丈六檀様《じょうろくだんよう》の七倶胝仏母准胝《しちぐていぶつもじゅんでい》菩薩像《ぼさつぞう》、ならびに同じ法量の帝釈天像《たいしゃくてんぞう》を造立した。

西寺宝塔の十二尊像

西寺宝塔の初層に安置するために造った十二尊像は、下方の地天《じてん》、西方の水天《すいてん》、東南方の火天《かてん》、西北方の風天《ふうてん》、東北方の伊舎那天《いしやなてん》、東方の帝釈天《たいしやくてん》、南方の焔魔天《えんまてん》、上方の梵天《ぼんてん》、北方の毘沙門天《びしやもんてん》、西南方の羅刹天《らせつてん》、そして天空に居する日天《につてん》、および星宿神である月天《がつてん》の十二種の天部の神がみの像のことである。『十二天供儀軌』によると、十二天は、一切の諸天鬼神を総摂する護世者であり、災害消除、国土安泰などの祈願にあたり、十二天を供養すれば効験があるといわれている。

西寺中門の二天王像

西寺中門に安置するために造った二天王像は、寺院の中門に四天王像のうちの二天王像を安置する例にのっとった造像である。空海は、東寺の中門に多聞天像と持国天像を安置したことが知られているが（『東宝記』一、中門条参照）、聖宝もそれにならったのであろう。ただし『不空羂索自在王呪経《ふくうけんじやくじざいおうじゆきよう》』には、「壇の東門外に二天王を画《えが》き、其の門を守護す。左辺には持国天王を作るべし。右辺には増長天王を作るべし」とみえ、また東寺中門の二天王像が朽損した時、元興寺の二天王像に模して東に持国天、西に増長天を造立したというから（『東宝記』一、中門条「古老伝云」参照）、聖宝は、多聞天・持国天の二像ではなく、持国天と増長天の二天王像を造像した可能性もある。

西寺東院堂の准胝菩薩像

東院堂に安置するため造像した七倶胝仏母准胝菩薩像《しちぐていぶつもじゆんでいぼさつぞう》というのは、聖宝が笠取山の山頂において初めて造った准胝観音像と同じ仏像であって、聖宝の信仰のなかでは、とくに重要な意味をもつものなので、聖宝は、西寺東院堂を平安京における三論教学の中心的道場として位置づけたとみなされている。また同じく東院堂のために造った帝釈天像は、十二天のなかで東方の守護神であるので、聖宝がこの像を東院堂に置いたのは、東方を守護する神としての認識にもとづいたものであったことは間違いない。祖師空海が帝釈天について、「釈天の能《よ》く三十三天の王の中に、其の徳、最上最勝なるが如く」（『大日経開題』）と述べているように、帝釈天は諸天王のなかで、その徳性が、この上なく、もっともすぐれている守護神とみられていたのである。しかし帝釈天の信仰は、他の真言宗の寺院にはみられないことで、聖宝関係の諸寺において初めてみられる特徴であると指摘されており、また帝釈天の信仰は、山岳信仰の人たちによって行なわれはじめ、聖宝にもそれが受けつがれたものかと考えられている（佐和隆研「醍醐寺の仏教と歴史」『密教の寺―その歴史と美術―』所収参照）。

東大寺中門の二天王像

　さらに聖宝は、東大寺や興福寺など南都の大寺院でも造像や堂舎の修造を行なったことが伝えられている。まず東大寺では中門に二丈余りの二天王像を造立した。それは、延喜二年（九〇二）のことであったという。その供養の大会にさいして一千二百余名の僧が参会し、勅によって施物《しぶつ》が贈られたという。『東大寺続要録』造仏篇には、建久五年(一一九四)十二月二十六日に、南の中門の二天王像を造り始めたことがみえ、東方は多聞天、西方は持国天であって、「二躰共《にたいとも》に木像にして、往古は二丈なり。今度《このたび》、三尺を増す。仍《すなは》ち二丈三尺なり」とある。この造像は、治承四年(一一八〇)、平重衡《たいらのしげひら》の南都焼き打ちのさいに焼失した二天王像を再造したものと考えられる。ここに「往古は二丈なり」とあるのは、聖宝が造立した二天王像の「二丈余り」の数値とほぼ一致するので、往古の木像というのは、聖宝が造像し、安置した二天王像と思われる。その二像が多聞天と持国天であったこともうかがわれる。

興福寺での造像

つぎに興福寺においては、地蔵堂が損壊していたのを気にかけた聖宝は、朝廷にその堂の新造を申しでた。そして新造の堂に安置する丈六の阿弥陀像、ならびに地蔵菩薩像、および羅漢像を修理し、宝達菩薩《ほうだつぼさつ》などの像を新たに造立した。聖宝が修理し、また新造した尊像は、あわせて十五軀であったが、それらがすべて完工した時、大会が設けられたという。地蔵堂というのは、『興福寺流記《こうふくじるき》』にみえる東院の地蔵堂のことであろう。同流記によると、地蔵堂は、宝亀二年(七七一)に、藤原房前《ふささき》の第二子である贈太政大臣《ぞうだいじょうだいじん》永手《ながて》(七一四―七七一)のために、その子(永手の嫡男には、参議となった家依《いえより》がおり、第三子に藤原種継暗殺事件に連坐して隠岐に流された雄依《およ り》がいる）が造立したものであって、寛仁二年（一〇一八）六月二十一日の夜に雷火のために焼失したと伝えられている。同流記には西金堂・講堂などほとんどの堂に安置されている仏像が詳細に記されているが、地蔵堂には、どのような尊像が置かれていたかの記述はない。これは寛仁二年の火災によって焼失したため安置されていた尊像がわからなくなったためであろう。ただし『興福寺濫觴記《こうふくじらんしようき》』諸堂建立之次第条の東院地蔵堂の項には、同流記とほぼ同様の由来が記され、それを建立したのは、藤原家依であったことが明記されている。そして寛仁二年の炎上後、再興されなかったことにふれ、また地蔵堂の本尊として地蔵菩薩像が安置されていたとする。なお『興福寺流記』に引かれている「延暦記」には、檜皮葺掃守殿《ひはだぶきかもりでん》に安置されていた仏像として、丈六の阿弥陀像一軀、脇侍菩薩像二軀、地蔵菩薩像一軀、羅漢像十軀などがあげられており、この仏像群は、聖宝が地蔵堂に安置するため修理したそれと、きわめてよく似ているので、聖宝が修理した羅漢像は十軀であった可能性がつよい。

興福寺地蔵堂の宝達菩薩像

聖宝が地蔵堂に新造した宝達《ほうだつ》菩薩像は、どのような菩薩像であったのか、明らかではない。宝達菩薩は、あるいは胎蔵界曼荼羅《たいぞうかいまんだら》の地蔵院に住する宝処《ほうしよ》菩薩のことかという説がある。宝処菩薩には、宝掌《ほうしよう》・宝生・宝作・宝光などの別称があって、はかりしれない大地の力と仏徳をあらわす菩薩であるとされている。宝達菩薩が宝処菩薩のことであるとしても、その造像は例がなく、こうした特殊な菩薩像の造立は、聖宝の独自の信仰と知識によるものと考えられている。

現光寺と金峯山での造像

このほか『醍醐根本僧正略伝』には、吉野の現光寺（比蘇山寺）において丈六の弥勒像《みろくぞう》と一丈の地蔵菩薩像を造り、また金峯山《きんぷせん》に堂を建て、高さが六尺で金色の如意輪観音像《にょいりんかんのんぞう》と一丈の彩色した多聞天王像《たもんてんのうぞう》、および金剛蔵王菩薩像《こんごうぞうおうぼさつぞう》を造ったことが記されている。

聖宝の地蔵菩薩信仰

聖宝が現光寺に地蔵菩薩像を造ったというのは、興福寺の損壊していた地蔵堂を聖宝が再建し、地蔵菩薩像を修理したことに通じるものであって、聖宝の地蔵菩薩にたいする信仰が顕著であったことを物語っている。奈良にある十輪院《じゅうりんいん》は、聖宝が創始した寺院であると伝えられているが、この寺院は地蔵菩薩を本尊とし、石龕《せきがん》に安置されている石造の地蔵菩薩像は、平安時代末期の作かとされている。『坊目拙解《ぼうもくせっかい》』という書には、「十輪院は元来、元興寺の一院にして、聖宝尊師が開基なり。其の後、聖宝、東大寺に移居するなり、仍《よ》て御影《みえい》、今尚《いまなほ》当寺に存す」と、当院の由来が語られている（『大和志料』参照）。この伝えをそのまま事実であったとするわけにはいかないが、聖宝に地蔵菩薩信仰があったことがみとめられるので、地蔵菩薩を本尊とする十輪院の所伝も見すごすことはできないのである。

金峯山の如意輪観音像

金峯山で聖宝が造立した尊像のなかに如意輪観音像があるのは、聖宝が笠取山の山頂に最初に造像した准胝観音像と如意輪観音像の場合と同じように、聖宝の信仰が観音信仰を中心にしていたことをあらわしている。また多聞天王像（毘沙門天像）については、四天王の一つであること、および普明寺に聖宝が四天王像を造立したことに関してふれたところである。聖宝が四天王像や二天王像の造像に顕著なものがあったことがみとめられるので、聖宝は、こうした守護神にたいする信仰も強くもっていたらしい。

金峯山の金剛蔵王菩薩像

聖宝が金峯山に造立した第三の尊像である金剛蔵王菩薩像《こんごうぞうおうぼさつぞう》は、聖宝の造像以前には造られることが、きわめて稀であった。金剛蔵王菩薩は、阿地瞿多《あじくた》が漢訳した『陀羅尼集経《だらにじっきょう》』などにおいて説かれているのによれば、堅固で不変の智を蔵する諸菩薩のなかで、もっともすぐれた菩薩であり、金剛薩埵《こんごうさった》の化身であるという。また金剛蔵王菩薩は、胎蔵界曼荼羅の虚空蔵院《こくうぞういん》に属し、百八煩悩《ひゃくはちぼんのう》（人間のすべての煩悩）を対治《たいじ》する（煩悩の迷いを断つ）とされている。

空海と金剛蔵王菩薩

空海は、その著『秘蔵記《ひぞうき》』において五大明王の一つである軍荼利明王《ぐんだりみょうおう》の自性輪《じしょうりん》（仏それ自体）として金剛蔵王菩薩をあげ、また『性霊集《しょうりょうしゅう》』巻第九に収められている「高野に壇場《だんじやう》を建立《こんりふ》して結界《けっかい》する啓白《けいびやく》の文《もん》」において、空海は、「心を至して……金剛蔵王菩薩との諸《もろもろ》の聖衆《しやうじゅ》と、梵釈四王《ぼんしやくしわう》龍神《りゅうじん》（大梵天王・帝釈天・四天王〈持国天・増長天・広目天・多聞天〉・八大龍王）等《とう》の護法《ごほふ》の諸天《しょてん》と影嚮《えうがう》の衆《しゅ》（いろいろな形にすがたを変えたものたち）とを勧請《くわんじやう》したてまつる」と述べている。ここに聖宝の祖師空海が、帝釈天や四天王などとともに金剛蔵王菩薩を重視していた一端がうかがわれ、聖宝の造像活動を通じて聖宝が、空海の信仰を正しく受けついでいたことが知られるのである。

仏教と土着信仰のふれあい

聖宝が新たに造った仏像のなかには如来像がなく、准胝、如意輪、金剛蔵王などの菩薩像と四天王、二天および十二尊像など諸天像にかぎられていることに気づくのである（西川新次「聖宝・会理とその周辺」『国華』七一―一一所収参照）。このことは、「聖宝の宗教的な活動が、貴族社会や大寺院を背景としながらも、仏教と土着の信仰とのふれ合いや、仏教と民衆との接触の中に向けられていたことを推測させる」（大隅和雄『聖宝理源大師』）のである。

中心的役割をはたした会理

聖宝の活発な造像活動は、もちろん聖宝が、みずから手をくだして尊像の製作にあたったのではないであろう。聖宝の造像活動は、その企画や勧進《かんじん》や指揮にあったとみるべきであって（西川新次、前掲論文参照）、さきにふれたように、聖宝の弟子で造像にすぐれた才能を持っていた会理《えり》が、諸尊像造立の中心的な役割をはたしていたであろう。

聖宝の御嶽信仰にはたした役割

ともあれ聖宝が金峯山に如意輪観音、多聞天王、金剛蔵王菩薩の諸尊像を造ったことからみなして、聖宝は御嶽《みたけ》信仰の発展に力をいたしたことは十分に考えることができる。そして後に大峯修行《おおみねしゅぎょう》、すなわち修験道《しゅげんどう》の祖と仰がれることになったのも、このあたりに理由があったと考えられるのである（西川新次、前掲論文参照）。

聖宝の修験道関係の著作

ところで聖宝には、修験道関係の著述として、㈠『修験最勝慧印三昧耶極印灌頂《しゅげんさいしょうえいんさんまやごくいんかんじょう》法《ほう》』、㈡『修験最勝慧印三昧耶普通次第《ふつうしだい》』、㈢『修験最勝慧印三昧耶六壇法儀軌《ろくだんほうぎき》』、㈣『修験最勝慧印三昧耶護摩法《ごまほう》』、㈤『修験最勝慧印三昧耶柴燈護摩法《さいとうごまほう》』、㈥『大峯道場《おおみねどうじょう》荘厳自在儀《しょうごんじざいぎ》』、㈦『理智不二界会礼讃《りちふにかいえらいさん》』など各一巻の書が世に伝えられている。さらに聖宝の著述とされているものに、㈧『修験心鑑書《しゅげんしんかんしょ》』一巻がある。

修験極印灌頂の所作次第

㈠の『修験最勝慧印三昧耶極印灌頂法』は、修験極印灌頂の所作次第であって、聖宝が大峯再興の時に龍樹菩薩《りゅうじゅぼさつ》から直伝したものと記され、本書の末尾に、「醍醐の昌泰三、鳥栖の鳳舎の御灌頂、是れ此の道の根源なり」とある。ここであつかわれている灌頂法は、第一に滅罪灌頂、第二に覚悟灌頂、第三に伝法灌頂、第四に結縁灌頂の四つから成り立っており、とくに第三の伝法灌頂は、「山伏道《やまぶしどう》の秘《ひ》、甚密《じんみつ》の伝授なり」と強調されている。

修験道慧印法の供養次第

㈡の『修験最勝慧印三昧耶普通次第』は、修験道慧印法流における諸尊の供養法の次第を記したものである。密教の十八道《じゅうはちどう》立《だ》ての供養法に加えて、聖宝が龍樹菩薩から直接伝授されたという辟除魔民《へきじょまみん》・大智慧・法螺《ほら》など慧印法流独自の印契《いんげい》のことが記されている。㈢の『修験最勝慧印三昧耶六壇法儀軌』は、慧印法流でとくに重視されている大日・龍樹・愛染《あいぜん》・金剛童子・深砂《じんしゃ》・弁天の六尊の修法を記したものである。大日以下の各供養法の前後のこまかな作法は省略するが、この儀軌において勧請《かんじょう》・道場観《どうじょうかん》（修法のさい本尊の道場を建立することを観ずる法）・本尊加持・字輪観《じりんかん》（本尊と行者の無礙一体を観ずる法）など重要なことが述べられている。㈣の『修験最勝慧印三昧耶護摩法』は、慧印法流の護摩供の次第を説いたもので、長さ一尺二寸の檀木《だんもく》十八本、長さ八寸の乳木《にゅうもく》十二本、同じく長さ八寸の百八支《ひゃくはちし》、それに加持物・白胡麻・五穀・薬種などの数量と種類を記して、それらを置く護摩壇の図を添えている。

修験道護摩法の次第

㈤の『修験最勝慧印三昧耶柴燈護摩法』は、野外で行なわれる修験道独自の護摩法の次第を説いたもので、火天段・部主本尊段・諸尊世天段の三段より成り立っている。慧印法流の一般的な護摩法に比して簡略に記されている。以上の五書は、一連のものであって、修験道慧印法流の作法次第として重視されていた。

修験道法具への讃歎

つぎに㈥の『大峯道場荘厳自在儀』は、「時に寛平七年冬月、法務律師聖宝、敬書す」と記す序文に、「其の法とは、一つには大法螺の功徳を讃じ、二つには梵夾《ぼんけふ》の徳を挙《あ》げ、三つには金剛杖の功徳を申す」とあるように、修験道において不可欠の法具であり、その音声にいっさいの法が摂取されるとする法螺と、修験者が背負う笈《おい》であると同時に、神秘の功徳を持つものとされている梵夾《ぼんきよう》（篋）と、そして山林抖藪《さんりんとそう》を行なう修行者が手にし、不壊の智のあらわれであるとする金剛杖の功徳が讃歎されている。その奥書には、「延喜九年己巳二月翼宿《よくしゆく》（二十八宿の一つ）の日に、拝写校讎《かうしゆ》し了《をは》り、即日伝授す。沙門観賢」とある。

不二説礼拝への讃歎

㈦の『理智不二界会礼讃』は、道理と智慧とが不二《ふに》のものであると説く善無畏三蔵などの教義を礼拝讃歎する頌《じゆ》であって、理は胎蔵界をいい、智は金剛界をあらわすものであるから、理による平等の世界と智による差別の世界とが一つであることを讃歎している。本書の奥書に、「右の理智不二礼讃は、大和国吉野郡の鳥栖山《とりすみ》の真言院（鳳閣寺）の道場に於て、彼の御灌頂を奉行するの時、法務大僧正（聖宝）の御作なり。向後《きやうご》、彼の三昧修行の時、唱誦《しやうじゆ》有る可《べ》きの由、言ひせしむるなり。即《すなは》ち回節《くわいせつ》（曲譜）は、我《われ》が之《これ》を加ふる而巳《のみ》、理智不二の末資《まつし》観賢（在判）」とあって、「醍醐の帝《みかど》の昌泰三庚申歳《かのえさるのとし》四月十八日」という日付が記されている。最後の㈧『修験心鑑書』は、修験道の奥義を説き、真俗不二の観照をすすめ、修験道の始祖である役行者《えんのぎょうじゃ》の功績をたたえたものである。

聖宝の著作とされる諸書への疑問

これらの修験道関係の書は、いずれも聖宝の著述とされているが、㈠の『修験最勝慧印三昧耶極印灌頂法』に、「山伏道」「何州何郡何郷何山何寺」「醍醐昌泰三」などとある表記、㈡の『修験最勝慧印三昧耶普通次第』に、「今上皇帝の御願円満」「大将軍の御武運長久」「当国大守の御武運長久」とある記し方、㈥の『大峯道場荘厳自在儀』に、寛平七年（八九五）当時、聖宝は権法務権律師であったのに、「寛平七年冬月、法務律師聖宝、敬書す」と記していること、そして㈦の『理智不二界会礼讃』の奥書に、「醍醐帝の昌泰三庚申歳四月十八日」とある日付の書き方など、聖宝の時代の表記としては疑わしいものばかりであって、また事実とも矛盾している記載が見うけられる。さらに㈦の観賢が記した奥書の年次である昌泰三年（九〇〇）当時、聖宝は権法務少僧都であったから、その奥書に「法務大僧正の御作なり」とあるのも事実とはあわない。さらに「大僧正」は、天平十七年（七四五）正月に行基が任ぜられて以来、天元四年（九八一）八月に良源が任命されるまで、任ぜられた者がいなかったので、これも、事実と相違するのである（大隅和雄、前掲書参照）。ちなみに『理智不二界会礼讃』の異本には、「法務大僧都」に作ったものもあるが、聖宝が大僧都になったのは翌四年正月のことであり、また法務に任ぜられたのは延喜六年（九〇六）十月であったから、この異本の記載も事実とは、まったく異なっている。さらにいえば、(一)の『修験最勝慧印三昧耶極印灌頂法』に、「大先達《だいせんだつ》」の語句がみえること、(二)の『修験最勝慧印三昧耶普通次第』に、「百官百司、職業を失はず」という文章が記されていることなどは、明らかに後世の記述であることをしめしている。そして(六)の『大峯道場荘厳自在儀』の奥書に、「延喜九年己巳二月」とあるように、干支《えと》を割り書きにしていることは、かなり後代の記述であることを如実に物語っている。

聖宝に仮託された修験道書

このように聖宝が撰述したとされている修験道関係の著作は、すべて聖宝に仮託されたものであるといってよい。しかしながら、そうした書物が聖宝の著作とされたのは、聖宝が出家してから晩年にいたるまで山林修行を怠ることなくつづけ、山林修行のなかでも「峰中で行う修法のためにさまざまな作法次第を作り、山岳修行の具体相を教理的に意味づけることを試みたのであろう」（大隅和雄、前掲書）ことが推測できるので、かかる修法のための作法次第にかかわる伝承が、修験道当山派の隆盛にともない、いくつかの書物となって聖宝に仮託されることになったのであろう。

その他の著作

修験道関係以外で、聖宝の著作とされている『疏抄』一巻と『持宝金剛念誦次第』一巻のことは、さきに言及したが、このほか聖宝の著述に(ア)『胎蔵次第《たいぞうしだい》』一巻、(イ)『五大《こだい》虚空蔵式法《こくうぞうしきほう》』一巻があり、また聖宝の著作かと考えられている(ウ)『護摩次第《ごましだい》』一巻がある。(ア)の『胎蔵次第』は、これと同名のものが空海にもあって、大日如来を本尊とする胎蔵界の諸尊を供養する念誦次第を記したものであり、空海の次第と比較してみると、その次第は簡略なものとなっている。(イ)の『五大虚空蔵式法』は、その書名からみて虚空蔵菩薩がそなえている五智が分かれて五尊となった五大虚空蔵菩薩を本尊として行なう修法の次第であるが、現在伝えられていない。そして(ウ)の『護摩次第』は、空海の『護摩次第』に比して記述が丁寧で理解しやすく、護摩修法の簡明な次第書である。聖宝の修法の次第は、空海のものに準拠しながら、いずれも、その一部をより平易にし、簡略にしたものであって、そこには真雅・真然・源仁を通じて祖師空海の法を修めた聖宝が、その修法を宮廷や貴族社会にとどめないで、ひろく実践しようとしたことが、はっきりとみとめられるのである（大隅和雄、前掲書参照）。

さきにふれたとおり聖宝の『疏抄』は、『大日経疏』を注解したものであるが、聖宝はまた『大日経疏』に加点を施したことがあったらしい。東寺観智院所蔵の『大日経疏愚案抄』第五巻の奥書は、杲宝《ごうほう》（一三〇六―一三六二）が書いたものであるが、その奥書のあとにつづけて、これも杲宝の自筆とみとめられる識語があって、それには、

（前略）醍醐本は、峯の阿闍梨懐深《くわいじん》自筆の本なり。件《くだん》の本は、朱黄の二点並《なら》びに存せり。朱点は大師の御点、并びに般若寺の御点なり。黄点は仁海僧正の点なり。（下略）

とあり、さらに「醍本第二十巻の奥書に云はく」として、朱筆をもって、

本に云はく、仁和元季《ぐわんねん》八月自《よ》り始まり、二季八月に迄《いた》り之を勘す。（中略）／件の本は、大師の御点、般若（原文は梵字）僧正（観賢）の御点相ひ並ぶと云々。

と記されている。この記載によると醍醐寺本は峯《みね》の阿闍梨懐深《かいじん》の自筆本であって、それには、「大師」と般若寺の観賢の朱点があった。また本奥書には、仁和元年（八八五）八月から同二年八月までに勘したということが記され、そしてこの本に「大師の御点」と「般若僧正の御点」があったというのである。仁和元年、二年という年紀からみなして、奥書ならびに識語にみえる「大師」は、観賢の師である聖宝と考えてよいであろう（築

島裕「大日経疏の古訓法について」『五味智英先生古稀記念上代文学論叢』所収参照)。聖宝に『疏抄』一巻の著作があり、また観賢に『大日経疏鈔』四巻の著述があったことからすれば、聖宝やその弟子観賢が『大日経疏』に加点を施したことは、至極当然のことであったといえるのである。

第七　醍醐寺と東大寺東南院

一　醍醐寺の発展

神女の降臨

延喜二年（九〇二）二月七日、聖宝は、あたかも神女《しんにょ》（天女《てんにょ》）のごとき神が三密上乗の壇に降臨するのに出会ったという話が、『醍醐寺縁起』に伝えられている。その神女は聖宝に、「我《われ》は是れ娑竭羅龍王《しゃからりゅうおう》の皇女、准胝《じゅんでい》、如意輪《にょいりん》の化身《けしん》なり」と名乗り、次のようなことを語ったのである。

唐から日本の笠取山へ

むかし大唐にいた時、わたくしは青龍という名前であった。わたくしは寺に居住し仏法を守っていたので、その寺を青龍寺と名づけたのである。この寺は恵果《けいか》が住していた寺である。弘法大師空海が帰国する時、わたくしは三昧耶戒《さんまやかい》を授けてくれるように頼んだが、大師は許してくれなかった。なおもあとを追いかけて港に行き授戒を乞うと、大師はわたくしの求法の志の深いことを理解してくれて、ついに三昧耶戒を授けてくれたのであった。そして大師はわたくしを津紀命《つきのみこと》と名づけてくれたのである。わたくしは笑みをうかべ、喜びにあふれて、大師とともに船に乗り、大師を守護しながら、はるかに万里《ばんり》の波濤《はとう》を渡り、ようやく日本に着き、この笠取山に跡《あと》を垂《た》れてこの国に恵《めぐ》みを施《ほどこ》そうとした。

唐名青龍を清滝に変える

始め笠取山の南の岩の上で休んでいたところ、老翁があらわれ、わたくしに告げて、「ここでは、丸見《まるみ》えであるから、ここから東のほうに高嶺《たかね》があるので、そこを居所とすべきであろう」と言った。そこでわたくしは、その峯に移り、永く住所としたのである。大唐では、もと名を青龍といったが、ここでの水にちなんで（三水《さんずい》を青龍の二字につけて）、清滝《せいりよう》と号し、あわせて大師が請来した密教を守護し、また未来悪世《みらいあくせ》の衆生《しゆじよう》に利益《りやく》を施そうとしたのである。

准胝観音と如意輪観音の本地

この笠取山は、大日如来の浄土である密厳国土《みつごんこくど》、花蔵世界《けぞうせかい》であり、金剛《こんごう》、胎蔵《たいぞう》、冥会《みようえ》和合《わごう》し（金剛と胎蔵とが奥深いところで合致し）、法性《ほうしよう》（真実で永遠不変の本性）・無漏《むろ》（煩悩のない境涯）・智拳《ちけん》（妄想をやぶり仏智に入る）の城である。ここには穢《けが》れの重い者はおらず、福の薄い者も住んでいない。わたくしの本地身《ほんじしん》は、准胝《じゆんでい》と如意輪《によいりん》である。胎蔵界の遍智院《へんちいん》の秘密八印《ひみつはちいん》のなかの陀羅尼菩薩《だらにぼさつ》こそ准胝仏母《じゆんでいぶつも》であり、金剛界会のなかの金剛法菩薩が、すなわち如意輪なのである。理智不二《りちふに》（道理と智恵とが一つである）、定恵具足《じようえぐそく》（禅定と智恵がそなわる）の真理が、仮に和光《わこう》（菩薩が衆生を救うために本来のあり方をはなれて、衆生と同じ次元にあらわれること）の姿であらわれ、如意宝珠の雨を降らせ、衆生を利益《りやく》し、救済し、炎旱には雨を降らせ、農耕の愁《うれ》いをなくし、風雨を順調にして、五穀を豊かに稔《みの》らせ、万民が豊楽で、四海を泰平にしようとするのである。つぶさに信じないならば不幸となり、仰ぎ信じれば幸運を得るであろう。

娑竭羅龍王の女

准胝観音、如意輪観音の化身であるという神女の父、娑竭羅龍王《しやからりゆうおう》は、『法華経』序品《じよほん》第一に難陀《なんだ》龍王、跋難陀《ばつなんだ》龍王、和脩吉《わしゆきつ》龍王などとならぶ八龍王の一神としてみえる。またその女《むすめ》については、同経の提婆達多品《だいばだつたほん》第十二に「娑竭羅《しやから》龍王の女《むすめ》は、年、始めて八歳なり。智慧は利根にして、善《よ》く衆生の諸根の行業《ぎやうごふ》を知り、陀羅尼《だらに》を得、諸仏の説きし所の甚深の秘蔵を悉《ことごと》く能《よ》く受持し、深く禅定に入りて、諸法を了達し、……衆生を慈念すること、猶、赤子《しやくし》の如《ごと》し」とある。しかし、聖宝の前に影向《ようごう》した神女は、この女ではなく娑竭羅龍王の第三女であって、第一女は安芸《あき》の伊都岐島明神《いつきしまみようじん》であり、『法華経』に記されている女は第二女であるという（『密宗血脈鈔』所引『真俗雑記』参照）。

善女龍王とは別神

娑竭羅龍王の第三女、つまり聖宝のところにあらわれたという神女は、また善女《ぜんによ》龍王のこととされている（大隅和雄『聖宝理源大師』参照）。しかし、善女（如）龍王は、空海の『御遺告《ごゆいごう》』に、「此の池（神泉苑の池）に龍王有り。善如《ぜんによ》（女）と名づく。もと是れ無熱達池《むねつだつち》（インドのガンジス河・インダス河など四河の水源とされる池）の龍王の類《たぐひ》なり」とみえる龍王の名であって、後世の偽作とされている『御遺告』だけにみえる龍王である。したがって、もともと娑竭羅龍王の第三女とは別の龍神であろう。事実、神泉苑《しんぜんえん》の善女龍王は、娑竭羅龍王の妹で、清滝（清滝権現）と号した神女の叔母であるという伝えもある（『理源大師行実記』『理源大師寔録』など参照）。

清滝権現の勧請

空海が津妃命と名づけ、聖宝のところに応現した神女は、清滝権現《せいりようごんげん》と呼ばれたが、『醍醐雑事記』には、清滝宮の勧請《かんじよう》を寛治三年（一〇八九）四月四日のこととしており、それより以前に清滝権現が、どのようなかたちで祀《まつ》られていたかは明らかではない。娑竭羅龍王の女の応現伝説の成立も、さして古いものとは考えられないのである。

准胝堂に安置された両観音像

聖宝が笠取山の山頂に醍醐寺を草創するのにあたって、まず造像したのは、しばしば述べたように准胝観音と如意輪観音の両像であった。この両尊像を安置したのは、当初、准胝堂においてであったようである。ところがそこに安置された如意輪観音は、准胝堂から抜け出して、姿が見えなくなることが、しばしば起こったという。いっぽう近江の国の石本寺《いわもとでら》の如意輪観音のほうも、つねにその姿が見えなくなったかと思うと、また石本寺に還座することがたびたびあった。そこで住人たちが不審に思っていると夢相があって、「自分は生身《しょうじん》の准胝仏母に奉仕《ぶじ》するために、つねに醍醐山に行き来しており、今夜もまた醍醐山に参り、しばらくは帰って来ない。お前たちは怪しんではならない。人に障《さわ》りがあってはならないので、自分は、毎日、仏供を醍醐山に送り、准胝仏母を供養し奉っているのである」と告げた。この示現《じげん》の夢を古老十余人は、同じ夜にみたので、人びとは不思議なこととして、信仰のあまりに石本庄《いわもとのしょう》を、ながく醍醐山に寄進したという（『醍醐寺縁起』参照）。

石本庄と岩間寺

石本庄は現在、大津市石山内畑町《いしやまうちはたちょう》一帯にあたり、笠取山への通り道に位置している。石本寺というのは、笠取山の東の峯である岩間山に存在する石間寺《いわまでら》（岩間寺）のことであろうか。石間寺は、岩間山で十二年間、練行したという泰澄《たいちょう》（金鎮大師ともいい、加賀の白山を開山した伝説で知られる）の開基と伝え、のちに醍醐寺の末寺となった寺院である。ただし『醍醐雑事記』の醍醐寺末寺条の石間寺のもとには、右のような所伝を掲げていない。また醍醐山上には、同名の石本寺があったが、この石本寺は、清滝宮が御影堂の前下に移建された跡地に小一条院（敦明《あつあきら》親王、九九四―一〇五一）の御願によって建立された寺院であって、この寺が破壊された後に、また清滝宮が建てられたというから（『醍醐雑事記』石本寺条参照）、近江の石本寺とは別の寺である。しかし右の所伝にみられるように、山上の石本寺は、清滝権現を祀る清滝宮とは密接な関係にあったことがうかがえる。とすると近江の石本寺も、清滝権現と伝説のうえで、かかわっていた可能性があろう。

草創期の醍醐寺

近江の石本寺の如意輪観音をめぐる話は、聖宝が笠取山で最初に造像した准胝観音像とともに造られた如意輪観音像を安置するための独自の堂舎が、当初なかったことを物語っている。そしてさらに近江の石本庄の寄進を受ける話からすると、草創当時の醍醐寺は、けっして財政的に豊かであったとはいえない状況であったことをしめしている。ところが准胝観音と如意輪観音の両観音を本地とする神女、つまり清滝権現の化現《けげん》は、かつて別べつに住さなければならなかった両観音が、一体となって人びとの救済にあたることになったことを象徴していると考えられる。しかも横尾明神とみなしてよい老翁が、神女に笠取山の東の高嶺に居所をかまえるように教えたというのは、まさにそこが笠取山の東の峯である岩間山（四三八・八メートル）であったと考えてよいであろう。ここに娑竭羅龍王の女と伝える神女、のちの清滝権現が岩間山から笠取山に遷座してきて、醍醐寺を守護する仏神として、かつての横尾明神と交替することになり、醍醐寺発展の一つの転機となったことを物語っている。

聖宝の清滝権現の感得

もちろん右にみてきた伝説は、後代になって、そのかたちが整えられたものであろうが、聖宝が延喜二年に清滝権現を感得したという伝えは、この時期の聖宝と醍醐寺の動向をみるうえで、きわめて示唆に富むものである（大隅和雄、前掲書参照）。聖宝が准胝観音・如意輪観音の化身である神女を感得したという延喜二年二月七日は、その前年の二月に益信《やくしん》から伝法灌頂を受けた宇多法皇が、翌二年二月二十三日に灌頂印信《いんじん》を授けられる半月ほど前のことになる。さらに聖宝は、この年の三月二十三日に権僧正《ごんのそうじょう》に補任されている。宇多法皇の伝法灌頂、および灌頂印信授与の儀式のさいに聖宝は、ともに表白師という要職をつとめており、宇多法皇の聖宝にたいする帰依は、いちだんと篤《あつ》いものとなってきていた。こうした状況と聖宝の清滝権現の感得の時期とが重なっているのは、醍醐寺が大きく発展する端緒が、このころに生まれたことを暗示させるのである（大隅和雄、前掲書参照）。

当初の堂舎は准胝堂

近江の石本寺の如意輪観音の話と聖宝が准胝観音、および如意輪観音を本地とする清滝権現を感得したとする伝説とをあわせて考えてみると、聖宝が笠取山の山頂に、その両観音像を安置するための堂を建立したのは、当初准胝堂だけであって、如意輪堂が建てられたのは、あるいは延喜二年（九〇二）ごろであったかもしれない。

准胝堂と如意輪堂の規模

准胝堂は、すでに述べたように三間四面の檜皮葺《ひはだぶき》であったらしい。如意輪堂も同様の規模の建物であった。『醍醐雑事記』によると准胝堂には、高さ五尺の准胝観音像と如意輪観音像とが安置され、これら両像の前に高さ五尺の執金剛神像《しゅこんごうしんぞう》、左に等身の毗沙門天像、右に同じく等身の帝釈天像が配置されていた。また聖宝が建立したという如意輪堂には、高さ五尺の如意輪観音像が安置され、さらに帝釈天像、四天王の諸像、兜跋毗《とばつび》沙門天像《しゃもんてんぞう》、ならびに二尺ばかりの准胝観音像が配置されていた。これらの尊像は、のちにいずれも両堂とともに焼失しているので、どの仏像が聖宝の時代のものであるのかは明らかでない。ただし両堂にともに安置されていた帝釈天像にたいする信仰は、山岳信仰の人たちのあいだで行なわれだしたものであって、それが聖宝によって受けつがれたものかと考えられており、また准胝堂の執金剛神像は、修験的な信仰の対象であったといわれていることからみると（佐和隆研「醍醐寺の仏教と歴史」『密教の寺—その歴史と美術—』所収参照）、准胝・如意輪の両観音像とともに帝釈天像、ならびに執金剛神像は、聖宝の造立にかかるものとしてよいかもしれない。

薬師堂と五大堂

その後、醍醐天皇の御願《ごがん》によって聖宝は、薬師堂と五大堂を建立したことが伝えられている。この両堂も、准胝堂ならびに如意輪堂と同じように三間四面で檜皮葺の建築であった。そして薬師堂には、半丈六の薬師如来像と日光《にっこう》、月光《がっこう》菩薩像、さらに釈迦三尊像と座像の帝釈天像が安置され、五大堂には、等身の不動《ふどう》、降三世《ごうざんぜ》、軍荼利《ぐんだり》、大威徳《だいいとく》、金剛夜《こんごうや》叉《しゃ》の五大明王の尊像、各一躰が安置されていた。

薬師如来像（醍醐寺蔵）

諸尊像の焼失

これらの堂も、のちに焼失し、薬師如来像と日光、月光の両菩薩像をのぞいて、それ以外の諸尊像は災火にかかって失われている。これらの尊像は、延喜七年（九〇七）、醍醐寺が御願寺となった時に、聖宝が奉行《ぶぎょう》となって造られはじめ、聖宝の没後、弟子の観賢があとをついで延喜十三年（九一三）十月、醍醐寺が定額寺となるまでに造像が終ったようである（延喜十三年十月二十五日付「太政官符」所引観賢奏状参照）。そして実際に造像にあたったのは、聖宝の門弟である会理《えり》であったとされている。

御願寺となった醍醐寺

醍醐寺が御願寺となった延喜七年には、醍醐天皇の外祖母である従三位の宮道列子《みやじのれっし》が、その年十月十七日に薨じ、正二位を贈られている。そこで天皇は外祖母の病気平癒を祈るために醍醐寺に薬師如来像を造立することを発願し、当時、真言宗の中心に立っていた聖宝にその造像を奉行させ、あわせて外戚宮道氏ともゆかりのある醍醐寺を御願寺としたといわれている。

聖宝の処分状

延喜七年六月二日、聖宝は次のような処分状を書いた。

老僧寛蔵《くわんざう》師、其の心性《しんせい》（まごころ）を知らず、只徳小《ただとくせう》なるも労《らう》と為し、去年を以て別当に任ず。而《しか》るに今《いま》、親しく操意《さうい》（心をかたく守ること）を見るに、甚《はなは》だ以て□性を破るなり。之《これ》に因りて永く別当竝《なら》びに御願所の行事を停止《ちやうじ》す。但《ただ》し提胡《だいご》（醍醐）、成《じよう》願《ぐわん》両寺の事は、延僘《えんじやう》法師の処分《しよぶん》を聴《ゆる》す。（口絵写真参照）

寛蔵の解任

この処分状は、いまに残る聖宝の自筆文書二通のうちの一通である。ここにみえる寛《かん》蔵《ぞう》という老法師の素性《すじよう》は明らかではないが、聖宝の記しているところによれば、寛蔵は徳がなかったにもかかわらず、これまでの労功によって延喜六年に醍醐寺の別当としたものの、堅固な心がけに欠けていることがわかったので、別当と御願所の行事の任に適当ではないと判断されて、その任を解《と》かれてしまったのである。

寛蔵と成願寺

寛蔵が解任されたあと聖宝の高弟である延僘《えんじょう》に醍醐寺と成願寺《じょうがんじ》の処分を委ねることが処分状に記されている。この両寺のうち成願寺（南池院《なんちいん》）は、聖宝の師である源仁《げんにん》が建立した寺院である。ここに突然、成願寺のことがでてくるのをみると、解任された寛蔵は、成願寺の僧であって源仁の門弟であったとも考えられる。そして寛蔵は、聖宝の意に反して別の筋から強力な推薦があったために醍醐寺の別当に任じられたのであろう。あるいは、寛蔵を醍醐寺に送りこんだのは、時の左大臣藤原時平《ときひら》、および宮道列子の夫である藤原高藤の子で、時平の腹心であった大納言定国《さだくに》、およびその弟で右近衛権中将の定方《さだかた》たちであったかもしれない。

藤原温子の病気快癒の祈願

醍醐寺が御願寺となったことは、『醍醐根本僧正略伝』に、「延喜七年、勅有りて、醍醐寺を以て御願所と為す」と記されている。聖宝の処分状によると延喜七年六月二日当時、すでに醍醐寺が「御願所」であったことが確かめられる。そうすると醍醐寺を御願寺としたのは、この年の十月十七日に薨じた宮道列子の病気平癒を祈るためではなく、藤原時平の妹で宇多法皇の中宮で醍醐天皇の継母であり養母であった皇太夫人温子の快癒を祈願するためであったのではないか。温子は、この年六月八日に崩じているからである。もちろん醍醐天皇の外祖母宮道列子の病気平癒を祈るさいにも醍醐寺が御願所となったということは否定できない。

皇胤誕生の祈請

さらに醍醐天皇は、聖宝が准胝堂で皇胤のことを祈請させたと伝えられている。聖宝の念力《ねんりき》によって、ついに朱雀・村上両天皇が誕生したという（『醍醐雑事記』巻第一、准胝堂条参照）。准胝観音は、望みの子を授ける霊力を持っていると信じられてもいたから、聖宝が醍醐天皇のために「求児法」（『密宗血脈鈔』所引「或鈔云」）を修したのは事実であろう。しかし朱雀天皇は、聖宝の没後十四年の延長元年（九二三）七月に降誕しており、また村上天皇は、同四年六月に生まれているから、もし聖宝が皇子の誕生のために祈禱したとすれば、その修法は両天皇よりも先に誕生した皇子のことであるとすべきである。ただし『醍醐寺縁起』に、

彼の准胝を以て、継帝の本尊と定めらるるの後、後に朱雀村上二代の誕生は、准胝の法、牛王《ごわう》加持の効験なり。此の吉例を以て、未来代々の御産の時、此の法を行なはる可《べ》しと云々。

とあるのによると、かならずしも聖宝の祈禱によって、ただちに朱雀・村上の両天皇が降誕したのではなく、聖宝の祈禱の効験がのちに朱雀、村上ら無事に天皇となる皇子た

ちの誕生となってあらわれたというのであろう。『醍醐雑事記』の記述も、こうした認識にもとづいて書かれているものと思われる。

釈迦堂の建立

聖宝が示寂《じじゃく》したのちのことである延長四年（九二六）十二月二十八日、醍醐寺の新堂である釈迦堂の釈迦仏像と四天王像の開眼供養が行なわれた。この供養に使者に立てられたのは、蔵人《くろうど》で近江大掾の藤原尹輔《ただすけ》であった。布百端を以て経を誦《じゅ》せしめ、その開眼会の模様を奏せしめた（『醍醐天皇御記』延長四年十二月二十八日辛亥条参照）。釈迦堂は醍醐天皇が下醍醐に建立させたものである。この釈迦堂は五間四面の建物であったが、『醍醐雑事記』が引く「旧記」に記されていることを敷延して述べると、延喜四年（九〇四）に皇太子に立てられた保明《やすあきら》親王が、同二十三年（九二三）三月に二十一歳の若さで薨じ、ついで皇太子となった保明親王の子慶頼《よしより》王も延長三年（九二五）六月、わずか五歳で薨じてしまったという不幸に見舞われた。そこで醍醐天皇は皇胤の相続を祈るために下醍醐に釈迦堂を建立したのであった。

小野道風の書

醍醐寺の南大門と西大門の額《がく》は、能書家としてよく知られている小野道風《おののみちかぜ》（八九四—九六六）が書いたといわれている（『醍醐雑事記』巻第三、釈迦堂条参照）。『古今著聞集』には、「小野道風醍醐寺の額を書く事」と題する説話が収められている。醍醐天皇は醍醐寺の南大門と西大門に掲げる額を書くようにと二枚の額を道風に賜わった。その時の勅定《ちょくじょう》は、楷《かい》書《しょ》と草書《そうしょ》の両様で書くようにとのことであった。道風は仰せにしたがって両様に書いて差しあげたところ天皇は、草書で書いたほうを南大門に掛けるように命じた。道風はこれを見て、草書の額のほうが、とくによく書けたと思っていたがそれを見抜いた天皇は、さすがに「賢王」であると感歎したというのである。

小野道風の活躍

小野道風は、延長六年（九二八）六月に漢以来の賢君明臣の徳行を清涼殿《せいりょうでん》の南廂《みなみびさし》の壁に書き（『日本紀略』延長六年六月二十一日条参照）、同年十一月に醍醐天皇が大江朝綱《あさつな》に命じて屏風の詩を作らしめた時に、道風は、その詩を屏風に書いている（延長六年十一月付『小野道風筆屏風土代』、および『日本紀略』延長六年十二《ママ》月条参照）。さらに翌七年九月、道風は紫宸殿《ししいでん》の障子賢臣像の色紙形の銘を書きあらためている（『日本紀略』延長七年九月条、および『古今著聞集』十一参照）。このように道風の書の面における活躍をみてみると、醍醐寺の両大門の額を書いたのも、おそらくそのころのことであったであろう。

下醍醐寺の拡充

延長八年（九三〇）九月、醍醐天皇は譲位し、間もなく崩じた。皇位を継承した朱雀天皇は、醍醐天皇の追善のために下醍醐寺の拡充につとめた。以後、醍醐寺は巨大な寺院として大きく発展してゆくことになるのである。

二　東大寺東南院の草創

聖宝と東大寺との関係

延喜五年（九〇五）、聖宝は七十四歳の高齢に達していた。この前年に、東大寺に東南院が開創されて、聖宝は、その第一代の院主となった。聖宝と東大寺との関係は、すでにみてきたように、聖宝の修学時代にまでさかのぼれる。出家してから間もない聖宝は、東大寺の東僧房（東房）に寄宿し、修業に励んでいた。その僧房が、のちの東南院となったという俗伝があり（『和州旧跡幽考』参照）、また貞観十七年（八七五）に聖宝は東南院を造り、檜皮葺《ひはだぶき》の僧房には如意《によい》が置いてあったという（『東大寺要録』諸院章第四参照）。この如意は、先述した五師子の如意のことである。さらに聖宝は、延喜二年（九〇二）に東大寺の別当となり（興福寺本『東寺長者補任』参照）、同年に東大寺の中門を造り、供養のことを朝廷に奏聞し、僧一千二百余人を召請し、勅許があって物《もの》を施されたという（『東大寺要録』諸院章第四参照）。

東大寺中門の二天王像

貞観十七年当時は、聖宝が笠取山で准胝・如意輪両観音の加持を行ない造像に着手し、醍醐寺の創建に意をもちいていた時期の真っ只中《ただなか》にあたるので、東南院を造ったとは考えがたい。また延喜二年に聖宝が東大寺の別当となり中門を造ったというのも誤伝である。当時の東大寺の別当は、聖宝とかかわりが深かった道義《どうぎ》であった。『東大寺別当次第』の道義の条に、「(延喜)二年、中門の二天の供養に、僧千二百人を請《しやう》ず」とあるごとき伝えが、やがて聖宝が中門を造ったとされるにいたったのである。ただし『醍醐根本僧正略伝』に、「東大寺の中門に二丈余の二天王像を造る。即ち大会を設け、千二百余の僧を供す。厚《あつ》き勅有りて物を施せり」とあるので、聖宝が中門の二天王像を造立したことは、事実であった。この聖宝の造像については、第六章においてふれたが、東大寺中門の二天王像の開眼供養会が延喜二年に催されたことが、右にみてきた所伝によって知られることになる。

東大寺東南院の前史

東大寺東南院の前史には、佐伯氏の氏寺である香積寺《こうしやくじ》、すなわち佐伯院の退転《たいてん》があった。佐伯院は、宝亀七年(七七六)に、当時、造東大寺次官であった佐伯真守《まもり》(麻毛利・麻毛流)と左大弁《さだいべん》の職にあった佐伯今毛人《いまえみし》の兄弟によって、平城左京五条六坊の地を東大寺、および大安寺から購入して建立されたものであった。佐伯今毛人は、かつて造東大寺次官から長官となり、三たび造東大寺長官をつとめ、東大寺の造営を見事になしとげた人物として名高い(角田文衛『佐伯今毛人』参照)。

佐伯院の完成

佐伯院は、檜皮葺で五間の堂舎を中心にした伽藍配置であった。その堂舎には、金色の薬師丈六像一軀と同じく金色の日光・月光菩薩像二軀、ならびに檀相の十一面観音像一軀が安置されていた。宝亀七年に起工された佐伯院の数棟の堂舎と内部の荘厳の完成をみたのは、いつのころか明らかではないが、おそらく延暦四、五年（七八五、七八六）のことであろうとされている（角田文衛、前掲書参照）。

佐伯真守と今毛人

そのころ佐伯真守は造東大寺長官の任にあり、弟の今毛人は民部卿の要職につき、正三位という高位に昇っていた。やがて今毛人は延暦九年（七九〇）十月、七十二歳で薨じ、兄の真守は翌十年十一月、大蔵卿在任中に卒した。

佐伯院の衰微

この兄弟が、あいついで没したのち、真守の女《むすめ》の佐伯氏子《うじこ》が佐伯院に居住していた。しかし氏子の管理が行きとどかなかったため、佐伯院の数棟の堂舎は破壊し、ついに氏子は佐伯院の田地を藤原冬嗣《ふゆつぐ》に売却してしまった。冬嗣は、弘仁四年（八一三）、興福寺に新しく建立した南円堂の法華会料として佐伯氏子から購入した田地からの収入をあてたのである。南円堂での法華会は、毎年九月晦日《みそか》から十月六日までの七日間営《いとな》まれる法事であって、この法会は弘仁八年（八一七）から始められたという（『南都七大寺巡礼記』興福寺南円堂法事条参照）。佐伯氏子が冬嗣に佐伯院の田地を売却したのは、おそらくそのころのことであったであろう。管理維持のための財源を失った佐伯院の堂舎の破損は、急速にすすんでいった。

真雅と藤原良房

そこで今毛人の孫にあたる従五位下の佐伯三松《みまつ》（『続日本後紀』によると、三松は承和六年〈八三九〉正月七日に正六位上から従五位下に昇っている）と出雲掾《いずものじょう》の和安雄《わあお》らは、氏子《うじこ》のした行為を歎いて、氏師《うじのし》である西大寺の僧承継《じょうけい》を通じて真守と今毛人兄弟の本願を氏大師《うじのだいし》である貞観寺の真雅に伝えたのであった。これを聞いた真雅は、三松たちの本願の意中を哀れんで、藤原良房にことの次第を語り、良房の援助を願った。真雅から佐伯院の真相を聞いた良房は感嘆して、氏子が売却した土地は返納しなかったけれども、それに相当する資金を三松たちに与え、佐伯院の堂舎と仏像とを修理させたのである。

佐伯院の荒廃

ところが元興寺の僧である永継《ようけい》が氏法師《うじのほうし》、あるいは檀越師《だんおつのし》と称して、佐伯院に二十余年も居住するにいたった。永継は老齢であり管理能力もなく、堂舎などの修治《しゅうち》にあたる気持ちは持ちあわせていなかった。永継の死後、氏師《うじのし》である山階寺《やましなでら》（興福寺）の安勢《あんぜい》が佐伯院を預かり、堂舎・仏像の管理にあたっていた。そうこうしているうちに永継の弟子僧で無慚《むざん》な人物であるという玄積《げんじゃく》があらわれ、佐伯院は自分が領住するところだと主張し、安勢に立ち向ってきた。安勢は言葉をさしはさむこともできないでいる間に、佐伯院の堂舎は、またも荒廃してしまったのである（延喜五年七月十一日付「佐伯院付属状」参照）。

元興寺の僧永継の前歴

無慙な僧玄積の師である元興寺の永継は、弘仁十四年（八二三）二月に婬犯《いんぼん》によって興福寺の僧中源《ちゅうげん》、庾信《ゆしん》と同時に遠江《とおとうみ》の国に流され（『類聚国史』巻八十七配流、弘仁十四年二月庚戌条参照）、十年後の天長十年（八三三）閏七月に、とくに赦免《しゃめん》されて京都に還《かえ》ってきた人物であった。その赦免の勅をみると、弘仁年中に罪を犯した薬師寺の僧良勝《りょうしょう》は、多褹嶋《たねのしま》に配流されていたのであり、また西大寺の泰山《たいざん》は隠岐《おき》、興福寺の康信《こうしん》は石見《いわみ》、そして元興寺の永継は信濃《しなの》の国に流されていたのである（『続日本後紀』天長十年閏七月癸未条参照）。永継の配流地が信濃の国となっているのは、はじめ遠江の国に流されたのが、のちに信濃の国へ配流替《が》えとなったためであろう。興福寺の康信は、さきに永継とともに婬犯によって遠江の国に配流された庾信と同一人物で、おそらく康信とするのが正しいであろう。康信もまた遠江から石見の国へ移配されていたのである。薬師寺の良勝は、弘仁三年（八一二）八月、女性と同車していた罪によって多褹嶋《たねのしま》に流されたのであったから（『日本後紀』弘仁三年八月癸巳条参照）、赦免されるまで実に二十一年も島流しされていたのである。

永継の前歴をみてみると、強引に佐伯院に入りこんできて二十余年も居据《いす》わってしまうという行為は納得できるし、その弟子僧の玄積の横暴さも、この師にしてこの門弟ありというべき行動であった。

東大寺別当の道義

真守、今毛人の苗裔たちは、永継、そしてその門弟玄積によって荒廃させられてしまった佐伯院の堂舎と仏像を修治する人がいないのを嘆き、氏師《うじのし》で山階寺（興福寺）の安勢に、まさに常舎・仏像を修治させようとしていた矢先にあらわれ出てきたのが東大寺の別当である道義《どうぎ》（八三七―九〇五）であった。

聖宝と道義

道義にかかわる諸記録によって、その経歴をみると、道義は円珍の母方の伯父にあたる海印寺の道雄の門に入り華厳を学び、また東大寺の平仁《ひようにん》にも華厳の旨を修めた。平仁は、すでにみてきたように聖宝の師であって、聖宝は平仁から法相宗を学んだのであるから道義と聖宝とは同門であった。道義は平仁から法相の学をも修めたであろう。また聖宝の門弟で、東大寺の別当となり、また東寺の長者となった観宿《かんじゆく》（八三四―九二八）は、道義の直門《じきもん》でもあった。ここにみてきたとおり道義は、聖宝の相弟子でもあり、かつ聖宝と共通する弟子を持っていたのであって、聖宝と道義とは深い関係でむすばれていたのである。

道義の行為

道義が東大寺の別当に補任されたのは、昌泰元年（八九八）八月八日のことであった（『東

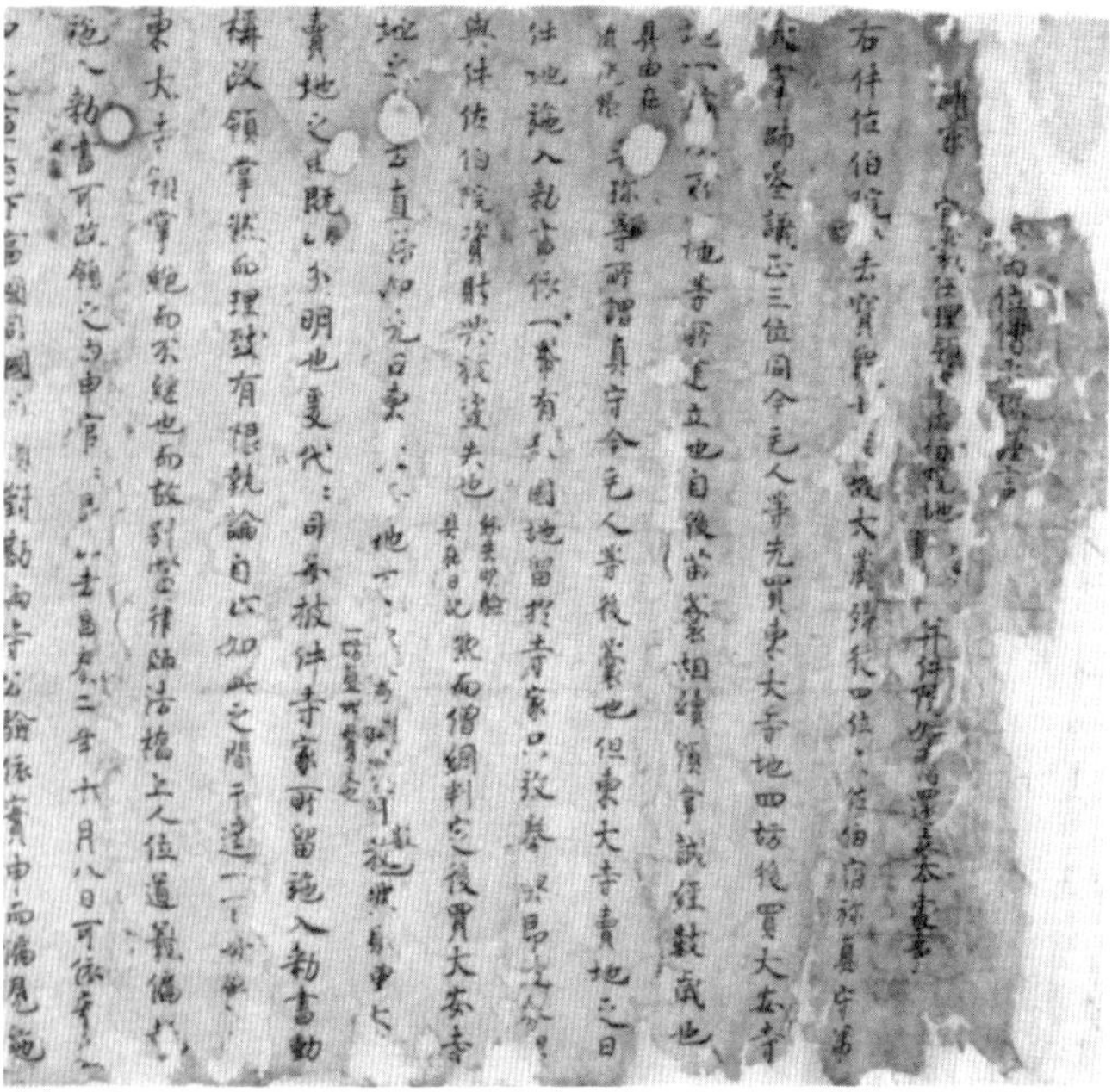

（国立歴史民俗博物館蔵）

大寺別当次第』参照）。東大寺別当となった道義は、天平勝宝八歳（七五六）六月十二日、東大寺に宮宅、および田園などを施入するために発給された勅書を盾《たて》に取って、あらためて東大寺領とすべきことを太政官に申したてたのである。太政官では、昌泰二年（八九九）十月八日に、事実にそくして調べるようにとの宣旨を大和の国の国司に下し、国司が東大寺と香積寺《こうしゃくじ》（佐伯院）の公験《くげん》（官司が交付した証明書）を対比検

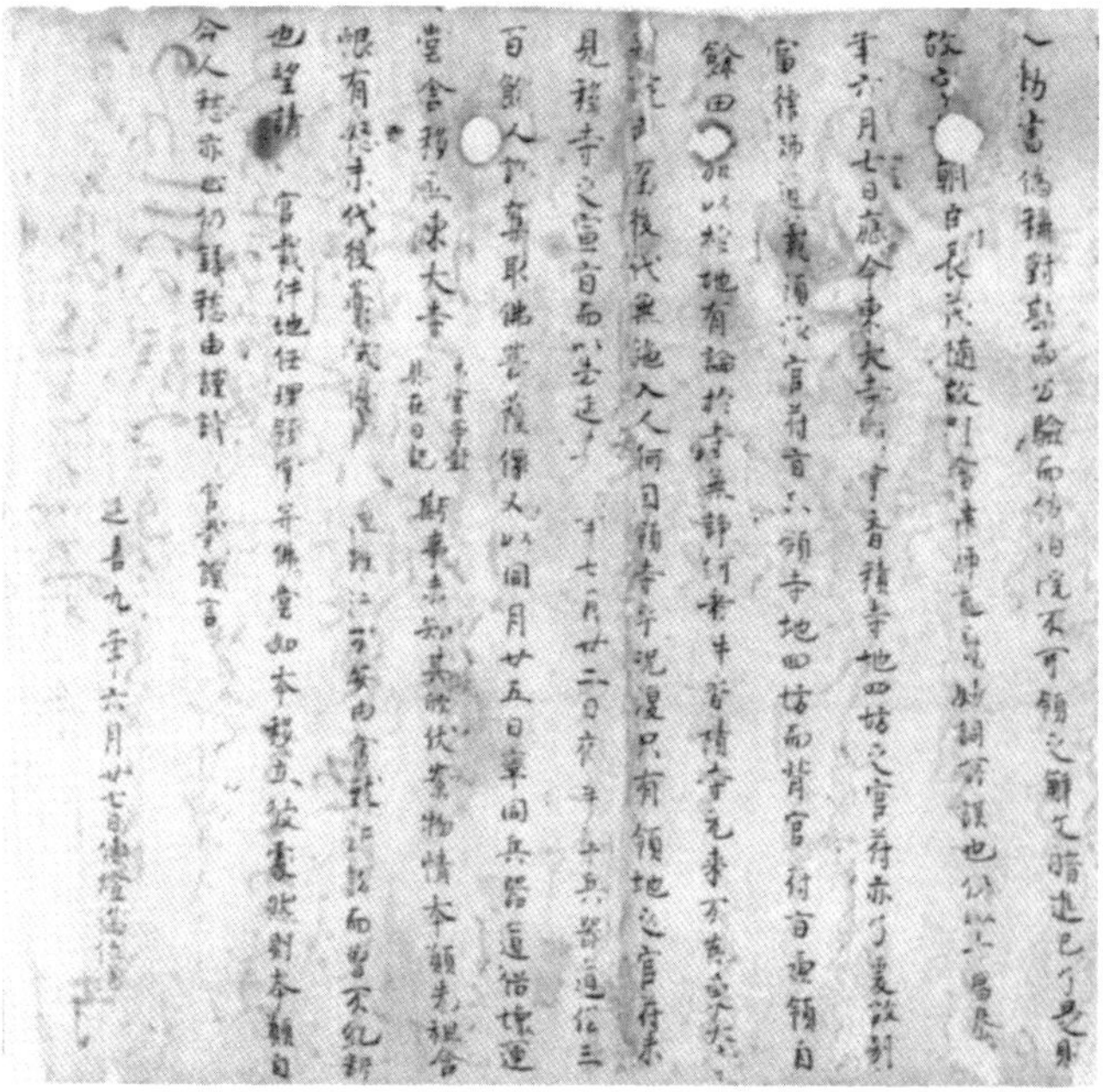

僧平珍款状案

討して事実にもとづいて報告せよと命じた。ところが大和の国の国司は、ただ天平勝宝八歳の施入の勅書を見ただけで、両寺の公験を対比検討したと偽わり、佐伯院がその土地を領有すべきではないとの解文《げぶみ》を、ひそかに提出してしまったのである。これは当時の国守であった橘長茂《たちばなのながもち》が、道義の巧妙な言葉にしたがって、こうした誤りをおかしたのである。

昌泰三年（九〇〇）六月七日

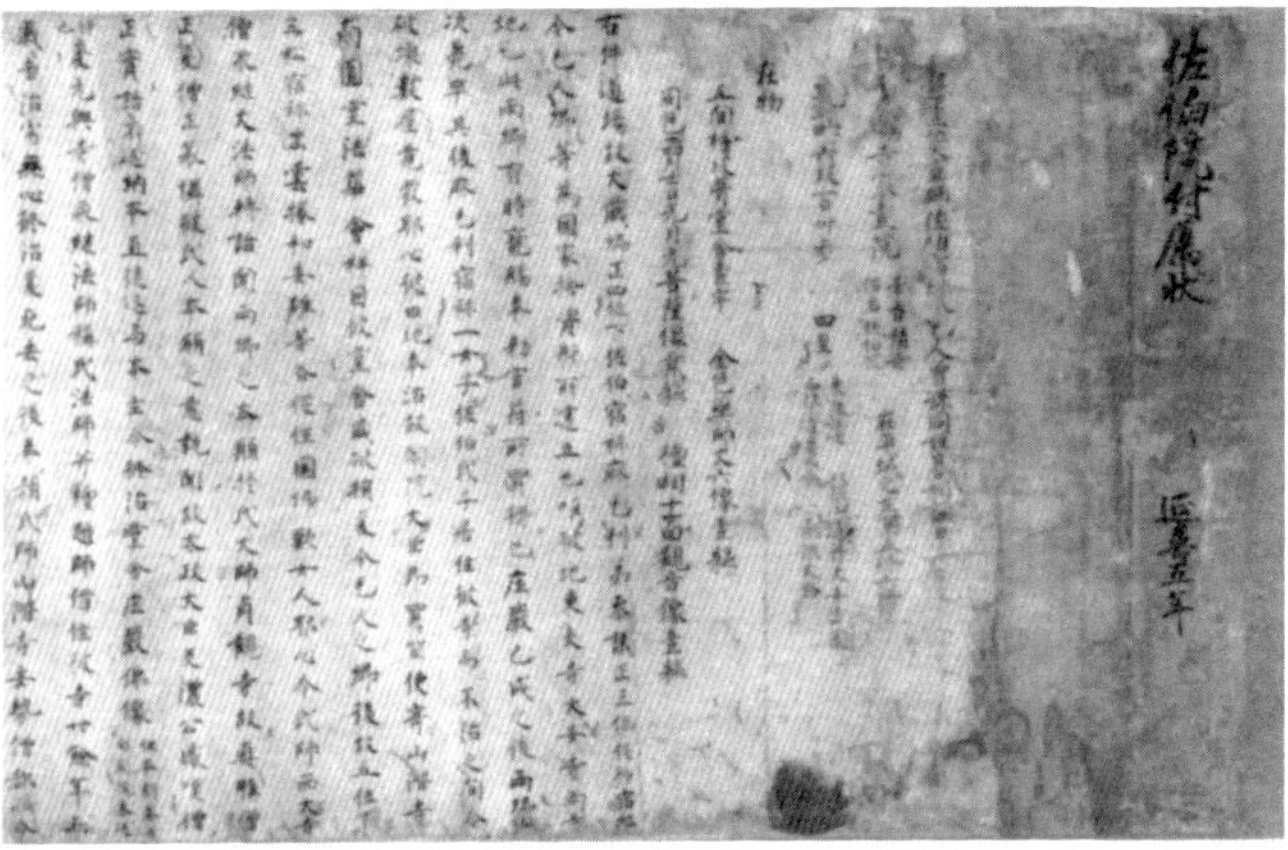

（随心院蔵）

に、東大寺に香積寺（佐伯院）の地四坊を領掌せしめるべきであるという「太政官符」が発給された。やがて道義は、官符の趣旨《しゅし》によって、ただ寺地四坊だけを領掌すべきであるのに、官符の内容にそむいて他の田地も領有してしまったのである。加えて土地が問題の対象であり、寺院については争点とはなっていなかった。なぜならば香積寺（佐伯院）は、もともと東大寺の別院ではなく、また後代になって施入した人もいなかったからである。したがって、どうして東大寺や道義が香積寺を領掌することができるのか、まして、その官符は、ただ領地に関するものであって、寺を移すことにはふれていないのである。ところが延喜四年（九〇四）七月二十二日の夜半に、武器を持った道俗三百余人が、香積

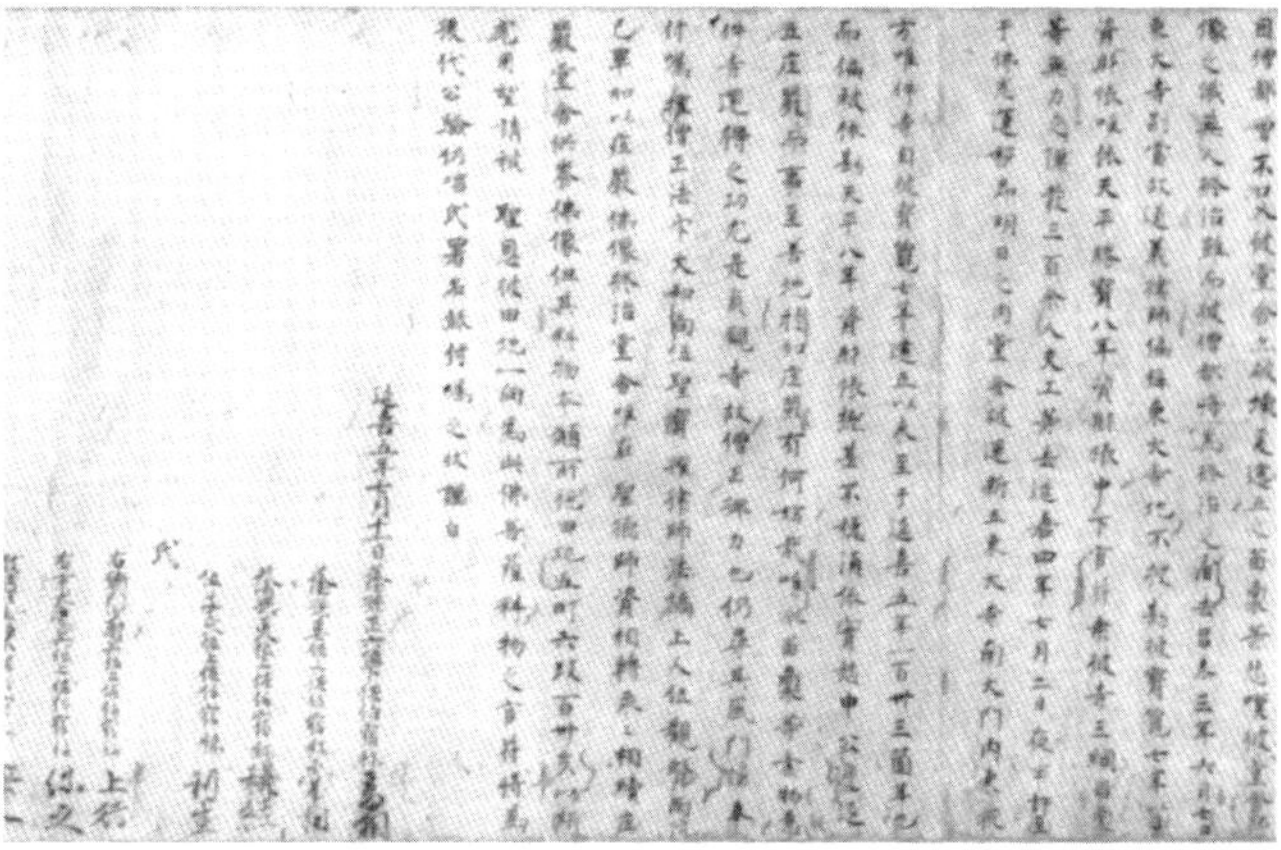

佐伯院付属状

寺の仏菩薩像を奪い取り、また二十五日には、同じく武器を携えた道俗が堂舎を取り壊し東大寺に移し立ててしまったのであった（延喜九年六月二十七日付「僧平珍款状案」参照）。

これは佐伯真守・今毛人らの後裔と称する平《ひょう》珍《ちん》という伝燈満位僧が、延喜九年（九〇九）六月二十七日に太政官に愁訴した文書によって、事の経過をみてきたのである。いっぽう真守・今毛人の兄弟が佐伯院を建立して以来、同院が荒廃した経緯を詳しく語っている延喜五年七月十一日付の「佐伯院付属状」では、香積寺（佐伯院）の三綱や真守らの苗裔が無力なのに乗じて、三百余人の人夫や大工を動員して、延喜四年七月二日の夜半に、仏像をことごとく運びだし、また翌日のうちに堂舎を壊して運び去り、あらた

聖宝、佐伯院を付属される

に東大寺の南大門内の東掖《とうえき》に移建したことを伝えている。仏像と堂舎の運搬の日を平珍が、七月二十二日の夜半、および二十五日としているのと日付に食いちがいが生じているが、今毛人の曾孫高相《たかみ》ら佐伯氏の氏人《うじびと》が、突如として佐伯院の仏像や堂舎が東大寺の南大門内の東掖に移されてしまったことにたいして、

偏《ひとへ》に天平（勝宝）八年の資財帳《しざいちやう》に依り勘《かんが》へらるること、極《きは》めて甚《はなは》だ穏《おだ》やかならず。須《すべか》らく実に依りて公庭《こうてい》（おほやけの場所）に愁《うれ》へ申し、返《か》へし立てて荘厳《しやうごん》すべし。而して事《こと》至つて善《よ》き地に荘厳を加ふるに於て何の妨《さまた》げか有《あ》らんや。（延喜五年七月十一日付「佐伯院付属状」）

と申したてているのは、平珍が、その愁訴状で憤懣《ふんまん》をあらわにしていることと、まったく変らない。

だが佐伯高相《たかみ》らは、現実の問題を考えて、佐伯院をもとの土地にもどすことを断念し、かつて佐伯院の復興に力をつくしてくれた真雅の門流である聖宝と観賢に、東大寺の南大門内の東掖に移された佐伯院を付属させることにしたのである。そして高相らは、仏像を荘厳し、堂舎を修治することを聖宝らにゆだねたのであった。そして聖宝らの門流が永代に東大寺内に移された佐伯院を相続し、堂舎を荘厳し、仏像を供養してくれるよ

うに願い、その費用は平城左京五条六坊にある、もとの佐伯院の田地五町六段百三十歩をもってあてることの官符を得て、それを後代の公験《くげん》としたいことを申しそえたのである。

佐伯院を東大寺内に移した理由

いったいなぜ東大寺の別当道義は、延喜四年（九〇四）七月に佐伯院を東大寺内に移してしまうという強行手段にでたのであろうか。「佐伯氏の出身とされる道義が、突然実力行使の態度をとった理由はよくわからないが、東大寺別当としての道義は、佐伯院を一拠（ママ）に東大寺内に移してしまうことで永年の紛争を解決しようとした」（大隅和雄『聖宝理源大師』）とも考えられている。しかし、はたして永年の紛争を一挙に解決しようとしただけの理由による行為であったのであろうか。

道義の出自

道義の「姓牒《せいてふ》は詳《つまび》らかならず」（『本朝高僧伝』和州東大寺沙門道義伝）とされているが、『東大寺要録』に、「東大寺別当律師道義は、佐伯の氏人《うぢびと》なり」（巻四、諸院章第四、東南院条）とあるから、道義は佐伯氏の一族であったことは確かである。しかし、道義が佐伯氏の氏人とされていても、真守・今毛人の後裔である佐伯氏の一族ではなく、真雅・道雄《どうゆう》らと同じように讃岐の国の佐伯氏の系統の出身であったであろう。道義が道雄の門弟であったことも、その推測を強める。

讃岐の国の佐伯氏と道義

東大寺の経営問題

讃岐の国の佐伯氏の姓《かばね》は直《あたい》であって、旧姓は連《むらじ》、そして現に宿禰の姓を帯びる真守・今毛人の後裔の佐伯氏とは別系の氏族であった。承和四年（八三七）十月、佐伯直長人《ながひと》、同姓真持《まもち》らが、また嘉祥三年（八五〇）七月、佐伯直正雄《まさお》が、佐伯宿禰《すくね》の姓を賜わり、さらに貞観三年（八六一）十一月、佐伯直豊雄《とよお》ら十一人が宿禰の姓を授けられ、そのうえ前回の正雄や今回の豊雄らが平安左京に移貫することをみとめられたのは、讃岐の国の佐伯氏の一門である実恵《じちえ》や道雄《どうゆう》、さらには空海の実弟真雅《しんが》らの尽力によるものであって（『三代実録』貞観三年十一月十一日辛巳条参照）、当代の高僧を輩出《はいしゅつ》させていた讃岐の国の直《あたい》系佐伯氏一門の平安京への進出には目覚ましいものがあった。しかし真守・今毛人系の佐伯氏とはちがって地方出身の佐伯氏には旧都平城、およびその付近に氏寺と称すべき寺院がない。そこで道義は、讃岐の国の佐伯氏の氏寺的なものとするために、かつて同族の真雅――道義は華厳にかねて真言をも学んだというから（『本朝高僧伝』第八、道義伝参照）、真雅の門弟でもあった可能性がある――が、氏大師《うじのだいし》としてかかわったことのある佐伯院を強引に東大寺内に移建してしまったということも考えられるであろう。

しかしながら、さらに広い見地に立ってみると、道義の佐伯院の土地をめぐっての行為は、道義が別当であった当時の東大寺の経営と切りはなすことができない問題の一環であったことに気づくのである。延喜二年（九〇二）十二月、東大寺と高陽院《かやのいん》（摂関家の一つの邸宅の名称であるが、ここでは左大臣藤原時平の邸宅の一つ）とは、摂津の国の水陸地十三町四段六十四歩を争い、公験によって永く東大寺領とすることが許された（『東大寺要録』巻一〇、諸事章之余所引『新記』〈『新国史』〉参照）。この水陸地は摂津の国河辺郡の猪名庄《いなのしょう》にかかわるものであった。猪名庄に関しては、天平勝宝八歳六月十二日の勅書があり、また同年十二月十三日の文書があるので（竹内理三「寺領の成立と分布」一、『日本上代寺院経済史の研究』所収参照）、佐伯院の土地と同じく天平勝宝八歳（七五六）に東大寺に施入されたものであったことが知られる。さらに同年十月一日に東大寺の野占使《やせんし》である平栄《ひょうえい》らによって点定《てんじょう》された因幡《いなば》の国高草郡の高庭庄《たかばのしょう》の田地は、のちに、しばしば他者に切り売りされるという経過をたどったが、やがて東大寺は、そうした売却は無効であると主張して返還を請う動きをみせはじめ（竹内理三「寺領の成立と分布」二、前掲書所収参照）、とくに昌泰三年（九〇〇）から延喜年間にかけて高庭庄の恢復運動が顕著に行なわれたのであった（竹内理三「寺田経営と其収益」、前掲書所収参照）。摂津の国の水陸地十三町四段六十四歩の土地の恢復の実現、および因幡の国の高庭庄の田地をめぐる恢復運動は、いずれも東大寺の道義が別当であった時代のことであった。その動きは、まさしく佐伯院の土地問題と軌を一《いっ》にしていることに注目しなければならない。

延喜二年の「太政官符」

ところで、もと佐伯院の園地に関しては、さらに延喜二年（九〇二）十二月二十八日付の「太政官符」がある。そこには東大寺の牒が引用されており、それは次のような文言《もんごん》になっている。

件《くだん》の園地等は、是れ勝宝感神聖武皇帝《しようはうかんしんしやうむくわうてい》供養の三宝料《さんぼうりやう》にして永く日月《じつげつ》を限り、施入せらるる所なり。而して五条六坊の園は、佐伯氏、先祖の地と称して領掌し、田村の地は、楊梅院《やまもものいん》、官符を申請して、亦《また》同じく領知せり。爰《ここ》に代代の所司等、乍《たちま》ちに本願の天皇が施入の勅書図券を置《お》き、公家に執り申さず、今にいたるまで未だ返納せず。望み請ふらくは、官裁、施入の勅書図券に依りて、寺家に返納し、三宝を供養せしめんと。（竹内理三編『平安遺文』九―三四七一）

延喜五年の「因幡国司解」

この牒文と延喜五年（九〇五）十一月二日付の「因幡国司解」に引用されている高庭庄の田地に関する東大寺の牒文に、

件の田地は、是《こ》れ挂《か》けまくも畏《かしこ》き勝宝感神聖武皇帝《しようはうかんしんしやうむくわうてい》、永く日月《じつげつ》を限り、三宝を供養せんが為《ため》に施入せらるる所なり。其《そ》は公験に明白なり。而《しか》れども代代の寺司、心に勘発《かんぱつ》（罪をせめること）すること無く、地の利を失ふに従ひ、已に仏僧の供養を絶

ち、多くは聖霊の本願に違《たが》ふ（下略）。（竹内理三編、前掲書一―二八六）

とある文言とくらべてみれば、東大寺の別当道義が私意によって特に佐伯院の土地を取りあげてしまったのでないことがわかる。佐伯院の問題も天平勝宝八歳に東大寺に施入され、のちに東大寺領ではなくなっていた各所の田地・畠地などの恢復運動のなかの一つのあらわれであったのである。

佐伯氏の氏人の抵抗

延喜二年十二月の「太政官符」によれば、佐伯院、および佐伯氏の氏人の抵抗が、かなりのものであったことをしめしている。さきにみた平珍の愁訴状には、昌泰三年（九〇〇）六月七日に、東大寺が佐伯院の地四坊を領掌することをみとめられた「太政官符」が発給されたことが記されていたが、それ以後も土地を東大寺に返納していなかったことが知られるのである。

東大寺東南院の開創

道義が佐伯院の堂舎・仏像を東大寺内に移してしまった延喜四年（九〇四）七月以後、この年のうちに、おそらくは移建されてからあまり時がへだたっていないうちに聖宝は、東大寺の大衆《だいしゅ》（僧徒集団）の承認のもとに、もとの佐伯院の堂舎の付属を受けた（延喜六年十二月十五日付「聖宝請文」宮内庁書陵部蔵『東大寺雑記』所収、および『東大寺続要録』諸院篇東南院条参照）。ここに東大寺東南院が開創されたのである。しかしながら佐伯氏の氏人たちは、こうした成り行きに唖然《あぜん》としながら、どうすることもできなかったのである。結局、佐伯今毛人の曾孫である佐伯高相《たかみ》・常相《つねみ》・秋経《あきつね》・利生《としお》らと氏人《うじびと》である佐伯上行《かみゆき》・保之《やすゆき》・安人《やすひと》・有若《ありわか》らあわせて八名が連署して、もとの佐伯院の堂舎を聖宝に付属させることを決したのである。それは延喜五年（九〇五）七月十一日のことであった（延喜五年七月十一日付「佐伯院付属状」参照）。ここに聖宝は、「両方の譲《ゆず》りを得」（『東大寺続要録』諸院篇東南院条）て、東大寺東南院を統轄することとなった。おそらく佐伯氏の氏人が聖宝にもとの佐伯院を付属させることをみとめたのは、かつて真雅が佐伯院の氏大師《うじのだいし》であり、その門弟である聖宝の母が真雅と同族である讃岐の国の佐伯氏の出身であったこととも関係していたかもしれない。

安勢と聖宝の関係

さらに佐伯院が破壊され東大寺の南大門内の東脇の地に移し建てられた当時、佐伯氏の氏師《うじのし》として佐伯院を預かっていた山階寺（興福寺）の安勢《あんぜい》と聖宝との関係も無視することはできない。というのは、安勢は昌泰二年（八九九）三月以来、僧綱《そうごう》において聖宝と肩をならべていたからである。

安勢の経歴

安勢（八二六―九〇九）は、法相宗の僧であって、寛平七年（八九五）十月、興福寺維摩会《ゆいまえ》の講師《こうじ》の宣旨を受け、翌八年に講師をつとめた（『三会定一記』寛平八年条参照）。そして昌泰二年

（八九九）三月二十三日、権律師《ごんのりつし》に任ぜられ僧綱に列した。この補任の時、安勢は七十二歳の高齢であった（興福寺本『僧綱補任』昌泰二年己未条参照）。延喜二年（九〇二）三月、安勢は律師に昇り、佐伯院が東大寺に移されてしまった同四年（九〇四）の二月二十九日には少僧都に任ぜられている（同上、延喜四年甲子条参照）。延喜六年十月七日、安勢は大僧都となり、翌七年、聖宝が僧正として僧綱の首席となった時、安勢は大僧都として次席の地位にあった（同上、延喜七年丁卯条参照）。そしてこの二者の僧綱における関係は、延喜九年七月、聖宝の入滅までつづき、同年十月二十六日に安勢も八十二歳で世を去っている（同上、延喜九年己巳条参照）。このように安勢と聖宝の関係をみてくると、聖宝が東大寺東南院となった佐伯院を付属させられたのは、佐伯氏の氏師である安勢の強い支持も当然あったものと考えてよいであろう。

聖宝は、延喜六年（九〇六）十二月十五日に次のような請文《うけぶみ》をしたためた。

謹《つつし》みて言《い》はく、東南院を請《こ》ふ事。
右、故別当道義律師、香積院《かうしやくゐん》（佐伯院）を移し立つ。去《さ》んぬる延喜四年を以て大衆《だいしゆ》中《ちゆう》に付属すること已《すで》に畢《をはん》ぬ。望み請《こ》ふらくは、当時《たうじ》の所司《しよし》、五師《ごし》幷《なら》びに宿徳《しゆくとく》、一門の流《なが》れに明判《めいはん》せられんことを。末世《まつせ》の喧《けん》を断《た》たん。謹みて言ふ。（延喜六年十二月十五日付「聖宝請文」）

東大寺東南院を聖宝一門へ付属

聖宝は、この請文《うけぶみ》で東南院について、上座・寺主・都維那《ついな》などである所司と五名の寺僧からなる僧徒集団の代表者である五師、ならびに経験が豊富で寺務に通じた長老格の宿徳にたいして同院を聖宝の一門の流派に付属させることの承認を要請したのである。

「末世の喧を断たん」

聖宝は、この時、七十五歳であり、余命のいくばくもないことを自覚して、東南院を聖宝の一門に伝えるという意志を表明して、その確認を所司などから取って証拠としようとしたとも考えられる。しかし、「末世の喧《けん》を断たん」という強い語調から察すると、このころも平珍のごとき佐伯院の移建に不満を持っていた佐伯氏の人びとがいて、佐伯院を旧地に再興させるか、あるいは東南院を佐伯氏出身の僧にゆだねるべきであるという動きが顕著になってきたための対策であり措置であったかもしれない。『東大寺具書』に、聖宝の東南院についての起請《きしょう》をめぐって、「延喜六年、薬師堂の起請を録して偁《い》はく、一門に流《なが》し末世の喧を断たんと云々」とあるのは、右の聖宝の請文に関することを伝えたものであろう。薬師堂というのは、佐伯院の本堂を移建し、その本尊の薬師三尊像をそこに安置した東南院の堂舎である。

聖宝の起請文

さらに『東大寺具書』には、右の記事につづいて、「同七年、重ねて院主の坊の起請を録して云はく、代々の院主の坊と為《し》て、永く一門に伝へ、是《ここ》に末世の喧《けん》を断たんとす。起請すること云々」と記されている。これは現伝している聖宝の自筆文書二通のうちの一通である延喜七年（九〇七）二月十三日付の「僧正聖宝起請文」を要約したものである。その聖宝の起請文は、次のとおりである。

東南院に定め置く院主の房の起請の事。

右、件《くだん》の院は、元是《もとこ》れ寺家の別当道義律師、延喜四年を以て香積寺、字は佐伯院を移し立て、大衆《だいしゅ》中に於て付属する所なり。同五年を以て、氏人、故参議正三位大宰帥佐伯宿禰今毛（マヽ）等の孫、同じく付属せり。茲《ここ》に因《よ》りて同六年、重ねて政所の判を請《こ》へり。但《ただ》、住房に至りては、寺家に請ふらくは、悲田《ひでん》（院）一字を破壊し移し立てられんことを。領掌して代代の院主の房と為《し》て、永く一門に伝へ、是《ここ》に末世《まつせ》の喧《けん》を断たんとす。起請すること件《くだん》の如し。（竹内理三編『平安遺文』九—三四七二）

東南院主の房

この起請文で聖宝は、東大寺の別当道義が佐伯院を東大寺内に移建し、聖宝が大衆《だいしゅ》によってそれを付属させられることになってからの経過を述べ、延喜六年、東南院について、かさねて政所の判を要請したことにもふれて、悲田院一字を破壊し、移し立てて東南院主の房とし、これを永く聖宝の一門に伝えることを起請している。ここでも聖宝が、

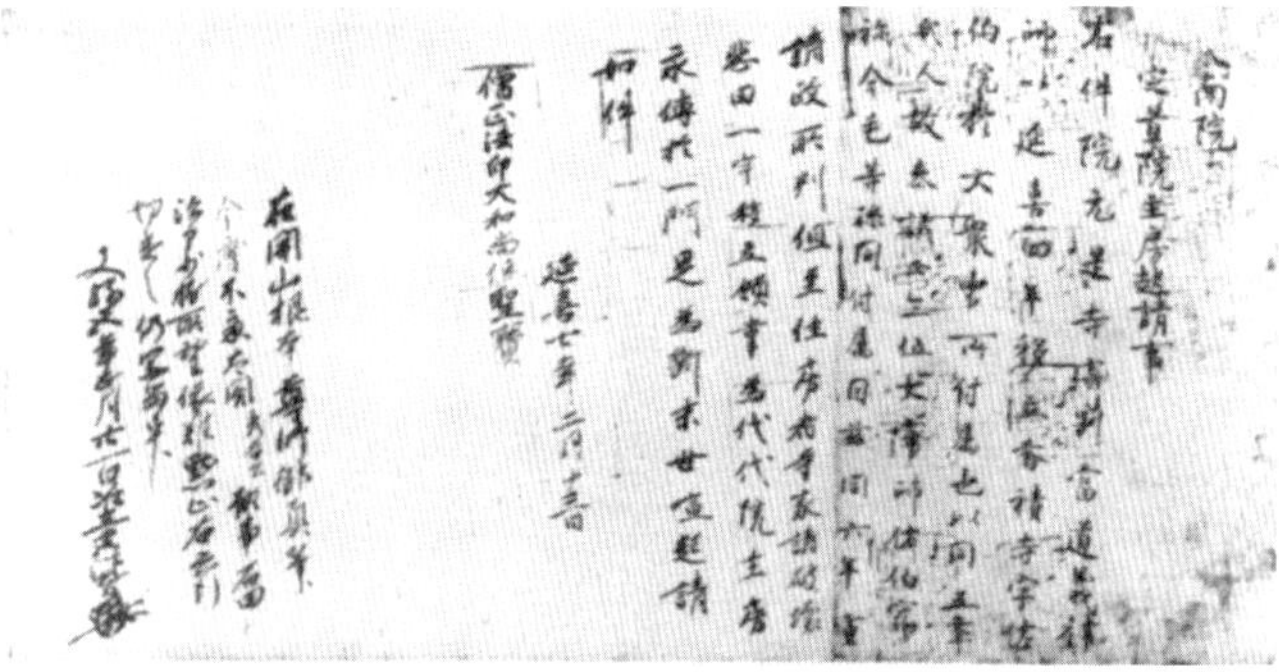

僧正聖宝起請文（醍醐寺蔵）

「末世の喧を断たん」と述べていることに注目しておきたい。

悲田院の移建

聖宝が東南院主の房とするために悲田院一宇を破壊、移建することを要請したことについて、『東大寺続要録』諸院篇、東南院の条にも、「次《つぎ》に当寺に乞請《きっせい》し、悲田院の屋一宇を破壊し、以て代々の院主の房蟄《ぼうちつ》と為《な》す」と記されている。この悲田院というのは、『東大寺要録』諸院章第四に、薗院、温室院、東洞院などとともに、説明の記述もなく単に院名だけが書きあげられている東大寺内の悲田院のことであるとも思われるけれども、聖宝が東南院主の房とした悲田院とは、佐伯院にあった堂舎であるとみなすのが自然ではあるまいか。

薬師三尊と悲田院

佐伯院では薬師三尊像を本尊とし、それが安置されていた堂舎は、金堂であったとみなされるが（角田文衛、前掲書参照)、同院に薬師三尊像を安置する堂舎とともに、もし悲田院があったとすれば、真守・今毛人の兄弟は、福田《ふくでん》思想にもとづく仏教信仰をしていたことになる。事実、『日本高僧伝要文抄』第三に引用されている『延暦僧録』第五の「東大居士伝《ひがしのだいこじでん》」には、佐伯今毛人について、「得る所の官禄は、二分《にぶん》して経を写し、先に国恩に報《むく》い、後に品《ほん》類《るい》を霑《つるほ》し、未《いま》だ自身、六親《りくしん》、知故《ちこ》に及ばず、諸生《しょしゃう》の品《ほん》に尽《つく》し、同じく勝福《しょうふく》に沾《そ》へり」と記されている。つまり今毛人は、官から支給される俸禄《ほうろく》の半分は写経のためにあて、まず国恩に報《むく》い、のちに品類《ほんるい》を潤《うるお》し、あとの半分は、自分自身や父母・兄弟・妻子や知人のために及ぼすことなく、諸生《しょじょう》の品《ほん》、すなわち衆生《しゅじょう》のためについやし、ひとしくすぐれた福徳をまし加えたというのである。「品類《ほんるい》」は、ここでは佐伯氏全体をさすものとする解釈があるが(角田文衛、前掲書参照)、右の文章にみられるように、「品類」は、上文の「国恩」の対語《ついご》となっているから佐伯氏全体をさすものではなく、もっと広く、あらゆる種類の存在者、つまり衆生、あるいは民衆を意味しており、下文の「諸生の品」と同じ意味の言葉と解すべきであろう。この今毛人にたいする評語は、まさしく今毛人が福田思想の持ち主であったことを裏づけている。そこで佐伯院に悲田院の堂舎があったとみなすことは、的《まと》はずれではないのである。

佐伯院の悲田院

平安左右両京にあった悲田院は、施薬院《せやくいん》とならんで京中の路辺にいた病人・孤児《こじ》を収容する施設であった（『延喜式』左右京職、路辺病者条、および新村拓「悲田院と施薬院」『日本医療社会史の研究』所収参照）。したがって佐伯院の悲田院も同様な性格を持っていた堂舎である。延喜四年（九〇四）七月、道義が佐伯院の堂舎を破壊し、東大寺の南大門内の東掖に移建した時、悲田院には、なお病人・孤児が収容されていたため、ここだけは手をつけることができず、延喜七年まで、その建物は、佐伯院の敷地内に残されていたのであろう。つまり佐伯院復興のための火種《ひだね》があったのである。

聖宝が悲田院を移建した理由

聖宝が悲田院の堂舎を破壊し、東南院主の房とし、それを聖宝の代々の門流に伝えようとしたのは、佐伯院復興の火種を消すためであった。聖宝が「末世の喧を断たん」としたのも、佐伯氏にかかわる僧侶の策動を封じる意図にもとづくものであったであろう。しかし、聖宝の信条からみると、見境《みさかい》もなく悲田院の破壊を企てたとは思われない。悲田院は、佐伯院の実体がなくなったため、その機能をはたせなくなっていたであろう。そこに収容されていた病人や孤児は、すべて佐伯院の庇護を失って去っていってしまい、ただ建物だけが残されていた状況を聖宝が見定めたうえでの行動であったと考えたい。

佐伯院復興の動き

だが佐伯院を復興させる動きは、根絶されてしまったわけではなかった。そのあらわ

平珍という僧侶

れが延喜九年六月二十七日に平珍《ひょうちん》によって太政官に差しだされた愁訴状であった。平珍は、その愁訴状で、次のように訴えている。

伏して物情を案ずるに、本願の先祖、恨《うら》みを含《ふく》み、怒《いか》り有り。末代の後裔、涙《なみだ》を拭《ぬぐ》ひ、□(虫損)但《ただ》、不安の由を注し、当《まさ》に訴訟を致すべしと雖《いへど》も、而して曾《かつ》て糺断《きうだん》せざるなり。望み請《こ》ふらくは、官裁、件《くだん》の地、理に任《まか》せて領掌し、幷びに仏堂、本《もと》の如くに彼の処に移し立てさせしめよと。然らば則《すなは》ち本願、自《おのづ》から今人《こんじん》の愁《うれ》ひも亦止《またや》まん。

まさにこれは血涙の書であった。平珍は、おそらく『高野春秋編年輯録』にみえる平珍と同一人物であろう。平珍が右の愁訴状をしたためた年よりも二年前の延喜七年(九〇七)四月に、平珍は、高野山の大塔を修補する神託を夢に見た。「是れ参籠《さんろう》拝感の丹心《たんしん》(まごころ)に依るなり」(『高野春秋編年輯録』巻三、延喜七年四月条)とあるので、平珍は当時、高野山に参籠していたのである。平珍が発願した大塔の修補が完成し、落慶の大法会が執行されたのは、二十七年後の承平三年(九三三)十月のことであった(同上、承平三年十月二十七日条参照)。また承平七年(九三七)春、平珍は、高野山奥院《おくのいん》の空海の廟《びょう》を再興する念願を起こした。金剛峯寺《こんごうぶじ》の別当峯宿《ぶしゅく》は、世財に乏しく廟塔が焼失して以来、小さな茅舎《ぼうしゃ》のままにしているのを平珍が見るにしのびず、悲慨《ひがい》したことによるものであったという

（同上、承平七年春条参照）。ちなみに奥院の廟塔の焼失は、承平三年二月の山火事によるものであって、その年の夏に、財政難から仮屋を造っておいたのであった（同上、承平三年二月条、および夏中条参照）。

平珍をめぐる往生説話

さらに『日本往生極楽記』にみえる平珍も、おそらく愁訴状をしたためた平珍と同一人物であろう。同書に語られている平珍の往生説話は、『今昔物語集』にも、ほぼ同じ話として収められている。両書にみえる平珍の往生説話をあわせてみると、およそ次のような話になる。

平珍の山林修行と往生

法広寺《ほうこうじ》（所在未詳）の住僧であった平珍は、幼少のころから山林修行につとめ、あらゆる霊地を参詣していた。晩年になって一つの寺を建立し、そこに住みついていた。別に小堂を造って、堂内に極楽浄土のありさまの彫刻を施して、いつも礼拝していた。そして平生、「入滅する時には、威儀を整え極楽に往生したい」と語り、臨終にさいして、弟子たちに念仏三昧《ねんぶつさんまい》を行なわせた。その時、平珍は、「音楽が近く空中に聞えたので、きっとこれは阿弥陀如来が迎えにきたのであろう」と語って、新しい清浄な衣を着て、念仏を唱えて絶命したという。

平珍の作善行為

説話にみえる平珍が、幼少のころから山林修行につとめ、あらゆる霊地を巡礼し、また寺を建立し、さらにその寺内に小堂を造り、堂内に極楽浄土のありさまを彫刻したというのは、高野山を参詣し、大塔や廟塔の修復、再興を発願したと『高野春秋編年輯録』に記録されている平珍の作善《さぜん》行為に通じるものがある。そしてそれはまた、愁訴状をしたため、佐伯院の復興に心血をそそいだ平珍の行動にもつながっている。佐伯真守・今毛人の後裔と称する平珍は、記録や説話にみられるように、けっして、かつて佐伯院を乗っ取った永継《ようけい》や、その弟子玄積《げんしゃく》のごとき破戒僧ではなかった。平珍が、佐伯院の再興に熱意を持ったのは、単なる私利のためではなく、佐伯氏の氏人として、由緒ある氏寺を存続させるためであったのである。

平珍の宿願

平珍が、佐伯院の復興を念願として太政官に訴えた延喜九年（九〇九）六月二十七日当時、聖宝は、すでに死の床に就いていた。そしてそれから九日後の七月六日に聖宝は入滅している。このような状況をあわせ考えてみると、平珍が佐伯院の復興について愁訴したのは、余命いくばくもない聖宝の病状を睨《にら》んで、佐伯院再興の好機が到来したと判断したためかもしれない。

佐伯院という地名

しかし東大寺の権力は、平珍のような在野の僧侶にとって、あまりにも強大であった。東大寺は、微力な平珍が太刀打ちできる相手ではなかった。もちろん東南院は、これ以後永く存続しているから、平珍の太政官への愁訴は、受け入れられなかった。けれども文治二年（一一八六）十月日付の「大法師譲状」に、左京五条六坊五坪にあった田地三段に注記して「字佐伯院」とあるのによれば、佐伯院は、その故地および付近（五条六坊五坪の地は、旧佐伯院の敷地五条六坊十二坪の西に接する地で、もと葛木寺《かつらぎでら》のあった地）に地名として残っていたのである。平珍らの悲願にもかかわらず佐伯院は、ついにその故地に再建されるに至らなかったが、以後永く地名として残されたことは、平珍をはじめ佐伯氏一族の魂魄《こんぱく》のせめてもの慰《なぐさ》めとなったであろう。

三　聖宝の門弟と入滅

東大寺東南院の継承

聖宝によって整備された東大寺の東南院は、これ以後、三論宗の学問の中心的寺院となった。そして聖宝の亡きあと東南院の院主は、聖宝の門弟延僘《えんじょう》に引きつがれ、聖宝が起請したとおりに、聖宝の門流が代々東南院の院主となり、三論宗の長者とも称されることとなった。

聖宝の門弟延僘・観賢たち

延僘が聖宝から醍醐寺と成願寺の処分をゆだねられたことや、聖宝と延僘の師弟関係をめぐる逸話については、さきに見てきた。聖宝の門弟のなかでは、延敒が聖宝のあとを受けて東南院の院主になっていることからして、聖宝の三論宗の学問をもっともよく受けついだのが延敒であったといえる。聖宝の第一の弟子は、観賢《かんげん》である。観賢についても、これまで折にふれて記してきたが、聖宝との師弟関係を物語る逸話は後述することになる。延敒、観賢のほか、聖宝の門弟である峯禅《ぶぜん》、貞崇《じょうしゅう》らにたいする聖宝の伝法灌頂のことや、聖宝の造像活動を助けた門弟の会理《えり》のことも、すでに見たとおりである。

延惟の経歴

ここでは、少しく年代をさかのぼらせて、さらに幾人《いくたり》かの門弟たちのことを、聖宝の伝法灌頂にかかわらせながら顧みておくことにしよう。昌泰元年（八九八）十二月十五日、聖宝は延惟《えんゆい》（八三二―九二二？）に伝法灌頂を授けた。記録に残されているのにかぎれば、寛平七年（八九五）十二月十三日、聖宝が観賢に伝法灌頂を授けてから二人目のことになる。延惟は興福寺に住して法相を学び、華厳、三論を兼習し、「学虎と作《な》」（『続伝燈広録』南京東大寺已講延惟伝）り、学匠として名声を博した。のちに東大寺に住し、法華・最勝二講会の講師《こうじ》をつとめ、延喜七年（九〇七）、維摩会講師となり、延喜九年四月二十七日、東大寺の別当に補任された。同十年六月十四日、権中納言紀長谷雄《きのはせお》が東大寺の俗別当となった時、その「太政官牒」の奥に奉行として別当延惟は署名している。同十年六月二十五日、伝燈大法師位の太保《たいほう》が東大寺造寺所専当に補任されたさいの「太政官牒」の奥に同じく別当の延惟は奉行として名をつらねている。さらに同年八月九日、右少弁藤原当幹《まさもと》が東大寺の俗別当に補された時にも、その「太政官牒」の奥に奉行として別当延惟は署判を加えている。延喜十二年（九一二）正月二十一日に智愷《ちがい》（八五一―九一八）が東大寺の別当に補任されたさいの「太政官牒」には、「件の智愷、宜《よろ》しく彼の寺の別当延惟が辞退の替《かは》りに補《ぶ》すべし」とあるので、延惟は延喜十一年十二月ごろに別当の任を辞したのであって、おそらく延惟の没年は、翌十二年ごろのことであろう（以上の「太政官牒」は『東南院文書』一櫃所収参照）。

済高と印紹

ついで聖宝が伝法灌頂を授けたのは、延喜二年（九〇二）二月八日、済高《さいこう》と印紹《いんじょう》にたいしてであった。済高（八七〇―九四二）は、仁明天皇の皇子源多《みなもとのまさる》の子であって、はじめ貞観寺の承俊《じょうしゅん》について真言を学び、同寺の慧宿《えしゅく》から両部の大法を授けられた。聖宝から伝法灌頂を受けた翌三月十六日、勧修寺の別当に任ぜられた。その後、東寺の別当となり、延長六年（九二八）十二月には、東寺の長者《ちょうじゃ》に任ぜられ、また金剛峯寺の座主となっている。済高は東大寺の東南院にも住したことがあったから、聖宝の三論の学統も受けついでいたであろう。いっぽう印紹《いんじょう》（八五三―？）は、東大寺の僧であって、聖宝から伝法灌頂を授けられた時、年齢は五十歳であった。これ以外に印紹の経歴は知られていない。

済高、印紹らが聖宝から伝法灌頂を受けたのと同じ年の七月十五日に、峯禅《ぶぜん》は聖宝のもとで伝法灌頂を授けられ、九月二十三日には、貞崇《じょうしゅう》が灌頂を受けている。この両名についても、さきにふれるところがあったが、かさねて、やや別の面に目をむけて、彼らの経歴をみておきたい。峯禅（八五四―九二五）は、はじめ聖宝の師であった真然《しんぜん》に師事して真言の教えを受け、真然の死後、聖宝の門弟となったらしい。聖宝から伝法灌頂を受けたのち大安寺に住し、真言の弘法につとめていた。延喜十六年（九一六）夏、観賢の推挙によって金剛峯寺の座主となり、同十九年正月、座主の職を辞退した。貞崇（八六六―九四四）は、平安左京の人で、俗姓は三善氏《みよしうじ》。はじめ貞観寺の慧宿のもとで真言を学び、のちに聖宝について灌頂法を受け、同時に三論を学んだ。延長六年（九二八）正月、内供奉十禅師となり、同八年二月、醍醐寺の座主となった。承平二年（九三二）九月、権律師に任ぜられ、翌三年十月二十日、東寺の三の長者に補せられた。この時、一の長者は済高、二の長者は会理で、いずれも聖宝の受法の弟子であった。貞崇は東寺の三の長者に任ぜられると同時に、薬師寺の別当に補任されている。承平六年（九三六）、前年末に没した二の長者会理のあとを受けて二の長者に任ぜられ、天慶五年（九四二）十一月には、済高の死没によって一の長者にすすみ、翌十二月、金剛峯寺の座主に補任された。

翌天慶六年、七十八歳の貞崇は辞表を提出した。その上表文は、菅原文時《すがわらのふみとき》（八九九―九八一）が代作したものであったが、その冒頭は、

去る昌泰二年、東寺の廿僧を謝《しゃ》し、本願有るに依りて、金峰山の辺に籠《こも》る。一新《いっしん》の草堂を結構し、三十余年、更に出山の思ひを絶ち、一生の間、臥雲《ぐわうん》の志を遂《とげ》んと欲す。而して延長五年、頻《しきり》に恩詔を蒙りて、俄《には》かに禁闈《きんゐ》に候せり。（『扶桑略記』天慶六年条）

という文でつづられている。これによれば、貞崇は、昌泰二年（八九九）ごろ東寺の二十僧の一員であったことが知られる。東寺の二十僧というのは、修学僧五十人のうち三十人が東寺に常住する学衆であったのにたいして、二十人は他寺の僧で夏中に東寺に止住して衣食を給与され、五カ年の修学を終了すれば東寺の要職に任ぜられるという選良僧である。貞崇は、こうした好条件の地位を棄て去って、昌泰二年に金峯山《きんぷせん》に草堂を構えてそこに籠ったのであった。そして三十余年、金峯山から出る思い絶ち、一生のあいだ隠《いん》者《じゃ》としての志をとげようとしていたのである。しかしながら延長五年（九二七）、しきりに醍醐天皇の恩詔を受け、御所《ごしょ》に伺候することになった。これが翌六年正月に内供奉十禅

師となったことに相当する。

貞崇は、入滅する一カ月ほど前に、逆修《ぎやくしゆ》（生前から死後の菩提を祈って仏事を行なうこと）の願文《がんもん》をしたため、そこでも、

昔《むかし》、山扃《さんけい》（山門のとびら）を閉《と》じて臥雲《ぐわうん》し、早《はや》く、草堂を結びて暗迹《あんせき》（隠れていること）し、三十有年、密語《みつご》を友とし、六百余巻の般若《はんにや》を師と作《な》す。而して延長五年、詔命頻《しき》りに降りて、辞謝することを聴《ゆる》さず。（『願文集』七）

と述べている。前年の辞表では、「殊《こと》に慈恩を蒙《かうむ》り、本山に罷《まか》り帰《かへ》り、将《まさ》に余喘《よせん》（余命のこと）を送らんとす。若《も》し露命《ろめい》（はかないいのち）を草庵に留《とど》め、霜資《さうし》（晩年の時）を松岫《しようしゆ》（松のある山峰）に過《すご》せば」云々と、余命を金峯山の草庵で過ごすことを表明している。翌年の願文では、造仏写経を行ない、「本願の道場を尋《たづ》ねて、新写の講筵《かうえん》を開《ひら》」こうと願っていたことを吐露している。そして願文は、「夫《そ》れ法界《ほつかい》は無辺《むへん》にして、衆生《しゆじやう》は無尽《むじん》なり。請《こ》ふらくは、我《わ》が大師《だいし》の宿願《しゆくぐわん》の如《ごと》く、同じく彼《か》の群生《ぐんじやう》の迷心《めいしん》（心の迷い）を導《みちび》かんことを」という言葉でむすばれている。貞崇がいう「我が大師」とは、聖宝とみなして間違いない。ここに聖宝が、多くの衆生の心の迷いを解くことを宿願としていたことがしめされている。貞崇は、もっともよく聖宝の山岳修行を受けついだ人物であった。

延喜三年（九〇三）十一月十八日、聖宝は真願《しんがん》に伝法灌頂を授けた。真願（八六〇―？）は、はじめ東大寺の僧で、のちに聖宝の弟子となり、聖宝のもとで醍醐寺最初の供僧となった。真願が伝法灌頂を受ける五カ月ほど前に東寺に発給された「太政官牒」には、聖宝の奏状が引かれている。それには、

件《くだん》の真願は稚《わか》くして出家し、忝《かたじけな》くも聖宝の弟子に結ばれ、長じて道を知り、遂に密教の肝心《かんしん》を孕《はら》めり。況《いは》んや三行《さんかう》（親を養い、喪を治め、仏事を修する子としての三つの行ない）を勤《つと》めんが為に、専ら寸晷《すんき》（わずかな時間）を競《きそ》ひ、清浄《しやうじやう》の操《みさを》、定水《ぢやうすゐ》に塵《けが》れ無《な》く、慈悲の心、大雲を蓋《おほ》ふが如し。（延喜三年六月五日付「太政官牒」『弘法大師全集』第五輯所収）

とあるように、聖宝は真願を称讃している。しかも聖宝は、「聖朝（醍醐天皇）、東宮に御《おはしま》しし時に、聖宝に相ひ従《したが》ひて、常《つね》に玉階に侍し、護念加持《ごねんかぢ》、相《あ》ひ共《とも》に供奉《ぐぶ》す」と述べている。これによれば聖宝は、真願とともに醍醐天皇の皇太子時代、つまり寛平五年（八九三）四月から同九年（八九七）七月までの間、護持僧をつとめていたことが知られる。真願が三十四歳から三十八歳にかけての時のことであった。延喜十九年（九一九）九月、真願は延性《えんしょう》らとともに醍醐寺の定住僧となっている（延喜十九年九月十七日付「太政官牒」『醍醐雑事記』巻第三所収）。

醍醐寺定住僧の延性

真願らとともに醍醐寺の定住僧となった延性（八五九―九二九）は、はじめ東大寺で出家し、延喜五年（九〇五）九月一日、聖宝から伝法灌頂を受けた。同十九年（九一九）九月、醍醐寺の定住僧にえらばれ、延長六年（九二八）正月、貞崇とともに内供奉十禅師に補任された。同年十二月二十八日、醍醐寺の座主に任ぜられ、また醍醐寺内に如意輪観音像を本尊とする三間四面で板葺の念覚院を建立した。

貞寿、聖宝より伝法灌頂を受ける

聖宝は、延喜七年（九〇七）八月八日に貞寿《じょうじゅ》に伝法灌頂を授けた。貞寿（八五二―？）は、はじめ東大寺に住し、のちに高野山に籠居していた僧であった。延喜十六年（九一六）十二月九日付の「太政官牒」にみえる観賢の奏状に、

> 件《くだん》の貞寿、故師僧正法印大和尚位聖宝、去る延喜七年八月八日、大覚道場に於て、件の貞寿に、阿闍梨位を授くるの伝法の許可先《さき》に了《をはん》ぬ。観賢、随ひて相ひ共に参詣し、壇に向ひ水を灑《そそ》ぎ、供《ぐ》するに花を以てす。即ち僧正相ひ謂《かた》りて云《い》はく、須《すべか》らく将《まさ》に奏聞して阿闍梨と為すべしと者《てへ》り。厥《そ》の後、僧正、同九年、奄然《えんぜん》として遷化《せんげ》す。爰に観賢、先師の宿心《しゅくしん》を失《うしな》はず、僧正の本意を遂《と》げんと思ふ。況《いは》んや復《ま》た貞寿が精進の勤《つと》め、松柏《しょうはく》、何《なん》ぞ変らん（松も柏も、いつもその色を変えないように精進がどうして変っていようか）。安禅《あんぜん》（ひたすらに修行すること）の志、金石彌々堅《いよいよかた》く、誠に道の棟梁《とうりやう》、全

法の師範《しはん》に足《た》る者なり。

と貞寿を称讃して、貞寿に阿闍梨位を賜わるように上奏した。同年十二月九日、聖宝の伝法灌頂があってから九年後に貞寿は阿闍梨位を聴《ゆる》されたのである。さらに貞寿は、延喜十八年（九一八）八月十七日、嵯峨の大覚寺において寛空《かんくう》らとともに宇多法皇から灌頂を授けられた。

最後の伝法灌頂

聖宝が伝法灌頂を行なった最後のものと思われるのは、延喜八年（九〇八）十一月八日に道憲《どうけん》にたいする伝法灌頂である。道憲（八五六―？）は元興寺の僧であったが、その経歴は不明である。

聖宝の門弟たちの活躍

このように聖宝の付法の弟子たちを見てくると、延惟が東大寺の別当、済高・貞崇が東寺の長者、峯禅・貞崇が金剛峯寺の座主、貞崇・定性が醍醐寺の座主となっているように、聖宝の門弟たちは、それぞれのちに重職についており、観賢の東寺長者、および醍醐寺の座主、延敒《えんじょう》の東大寺別当、ならびに東寺長者、醍醐寺の座主、そして会理《えり》の東寺長者など要職を占めた聖宝の弟子たちの顔ぶれとあわせて見ると、聖宝が南都の三論をはじめとする諸宗派と真言密教とを綜合させた結実が、そこにあらわれている感を深くするのである。しかも祖師空海の宗教活動の原点となった山岳修行を聖宝は、いちだんと発展させ、それを受けついだのが貞崇であった。貞崇は、後世の修験道の発展に大きく寄与し、聖宝の宿願を達成させる基礎を作ったのである。

聖宝と観賢をめぐる逸話

延喜六年（九〇六）十月七日、権僧正の聖宝は、僧正に昇った。同じ日に観賢は、東寺の三の長者となった。聖宝が僧正に任ぜられた時のこととして、聖宝と観賢をめぐる逸話が、無住《むじゅう》（一二二六―一三一二）の『沙石集《しゃせきしゅう》』にみえる。

醍醐《だいご》ノ尊師《そんし》（聖宝）、僧正ニナリ給《たまひ》テ悦《よろこび》申《まうし》給《たまひ》ケルニハ、雨ノ降リタリケル日、簑笠《みのかさ》キテ参内《さんだい》シテ、簑笠ヲバ、紫宸殿《ししんでん》ノ高蘭《かうらん》ニカケラレタリケリ。伴《とも》ニハ般若寺《はんにやじ》ノ観《くわん》賢《げん》僧正一人、履《はきもの》持《もち》テヲワシケリ。御《きみ》モ敬《うやまひ》給《たまひ》テ、「観賢ハ法器《ほふき》ノモノ（仏法を受けるにふさわしい者）ナリ。不便《ふびん》ニシ給へ（よく目をかけてやれ）」と被仰《おほせられ》ケル。カクコソ上代ハ名聞《みやうもん》ノ心ナクシテ、徳ヲ以テ公家《くげ》（朝廷）ニツカヘシニ、今ハヨロヅスタレタルヨシ、僧正（金剛王院僧正実賢）被申《まうされ》ケレバ、禅定殿下《ぜんぢやうでんか》（藤原道家）モ被感仰《かんじおほせられ》ケリ。上代ノ僧ノ官途《くわんど》（官位）ハ上《うへ》ヨリ賞シ給フ。名聞《みやうもん》ニアラズ。近代ハ望《のぞみ》テ名ヲ求ム。貪《むさぼり》テ利ヲ思フ。釈子《しやくし》ノ風廃《すたれ》、道人《だうにん》ノ儀カケタル故也。

名聞を求めなかった上代の僧

これは醍醐寺の座主、東寺の長者を歴任した実賢《じつけん》（一一七六―一二四九）が、藤原（九条）道家（一一九三―一二五二）に語った話を例にあげて、上代の僧は名聞を求めなかったのに反して、近代は名利《みょうり》を貪《むさぼ》ることの多いことを無住が批判したものである。実賢が道家に「カクコソ上代ハ名聞ノ心ナクシテ、徳ヲ以テ公家ニツカヘ」たと言ったのは、「名聞を求めず、世俗の権威に媚びることなく、出家としての信念を貫いた人として」（大隅和雄『聖宝理源大師』）、聖宝だけをあげているのではなく、実は、聖宝が従えてきた観賢のことを主として評しているのではないか。雨の降る日の御礼言上に、観賢が師聖宝の履物を持って雨のなかで控えていたことを目にした醍醐天皇が敬意を表して、聖宝にたいし、「観賢は仏法を受けるにふさわしい者だから、よく目をかけてやれ」と命じたことが、この話の核心《かくしん》をなしているからである。

観賢をめぐる類似の話

事実、観賢をめぐって、これと似た話が多くの記録に残されている。たとえば『釈《しゃく》家初例抄《けしょれいしょう》』の観賢の伝に、「延喜二年三月廿三日、権律師に任ず。……師僧正（聖宝）、拝賀の日、観賢、同日に拝賀す。師が三衣《さんね》の箱を取りて罷り出づ。万人、之に感歎すと云々」とみえ、『三宝院伝法血脈《さんぼういんでんぼうけちみゃく》』の観賢の譜に、「延喜二年、権律師に任ず。……聖宝僧正、拝賀の時、師に従ひて三衣の箱を持つ。見る者、之に随喜す」とあり、また『密宗血脈鈔《みつしゅうけちみゃくしょう》』は、「或記」を引いて、「延喜二年三月廿三日、権律師に任ず〈五十〉。此の日、師の聖宝、権僧正に任じ拝賀す。又《また》同日、（観賢）拝賀す。師の三衣の箱を取りて罷り出づ。万人、之に感ず」と記している。

観賢にたいする言葉

聖宝が延喜二年（九〇二）三月二十三日に権僧正に任ぜられた時、観賢は同時に権律師となり、その拝賀の折りに、観賢が師である聖宝の三衣《さんね》の箱を持って伺候したという話は、ひろく伝えられていたとみえて、後世の『続伝燈広録《ぞくでんとうこうろく》』の観賢伝にも、

延喜二年三月二十三日、権律師に任ず。此の日、聖宝、僧《(ママ)》正と作《な》る。師資、同日に宮に入り、賀を伸《の》べて殿を退く。（観）賢、師の三衣の筥《はこ》を持つ。君臣、之を見て感心す。

とある。聖宝が、僧正に任ぜられた御礼言上のため、雨の日に簑笠をつけて朝廷に参内し、紫宸殿の高欄《こうらん》に簑笠を掛け、供《とも》につれてきた観賢が、師の履物を持って控えていたという『沙石集』の話よりも、聖宝が延喜二年、権僧正補任の拝賀の日に、同時に権律師となった観賢が師の三衣の箱を持って参内したとする諸記録にみえる話のほうが実話のように思われる。おそらく『沙石集』の話は、右の話が履物のことになって伝えられたのであろう。事実にもとづいて、古く成立したと考えられる話でも、万人《ばんにん》が感歎したのは、観賢にたいすることになっているから、「上代ハ名聞ノ心ナクシテ、徳ヲ以テ公家ニツカヘ」たというのは、やはり主として観賢にたいする言葉として理解したほうが

妥当ではないであろうか。とはいえ、名聞を求めない人物であったと伝えられた観賢の生き方は、師の聖宝のそれに影響を受けたことは間違いないところであろう。

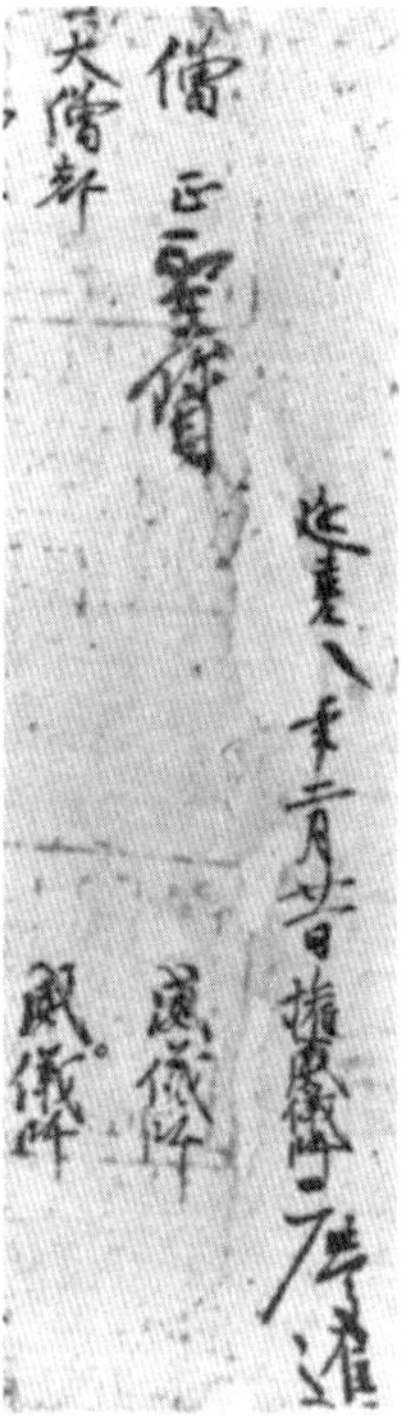

聖宝自筆の署名
（延喜８年２月21日付
「僧綱牒」，醍醐寺蔵）

聖宝の名簿進上

　聖宝が僧正に任ぜられた前年、延喜五年（九〇五）十二月二十二日、醍醐天皇は聖宝を召して、平城ならびに京都付近の諸寺の八十歳以上の老僧に綿を賜うことにし、聖宝に名《みょう》簿《ぶ》を進上させるように命じた。老僧たちに施される綿は穀倉院《こくそういん》から支給されることになっていた（『醍醐天皇御記』延喜五年十二月二十二日丙午条参照）。聖宝が名簿の進上を担当させられたのは、当時、聖宝が権僧正として僧綱《そうごう》の次席の地位にあったためとも思われるが、あるいは、その前日、二十一日まで、三日間行なわれた御仏名《おぶつみょう》（仏名会《ぶつみょうえ》、『日本紀略』延喜五年十二月二十一日乙巳条参照）の導師をつとめたこととかかわりがあるのかもしれない。

延喜八年の旱魃

　延喜八年（九〇八）、聖宝は七十七歳の喜寿《きじゅ》を迎えた。この年の夏、諸国は、ひどい旱魃《かんばつ》に見舞われた（『日本紀略』延喜八年是夏条、『扶桑略記』同年夏月条参照）。秋七月と暦が変っても、旱《ひでり》はやまなかった。そこで七月三日、雨を祈るための読経《どきよう》を行ない、ついで六日には陰陽道の五龍祭《ごりゆうさい》を催して雨乞いをした。さらに炎旱がつづくので九日には、諸国の名神、および官社に奉幣し、諸国の国分二寺、および定額の諸寺に『大般若経』を転読させ、また左右京職に京中路辺の死人の骨を埋葬させて、甘雨を祈らせた。しかし祈雨の感応《かんのう》は、いっこうにあらわれなかった（『日本紀略』、『扶桑略記』裏書、『北山抄』六など参照）。そこでさらに十二日、諸社に奉幣し雨を祈った（『日本紀略』延喜八年七月十二日辛巳条参照）。十六日には、伊勢大神宮に幣を奉って請雨した（同上、七月十六日乙酉条参照）。京中の旱魃もひどく、百姓《ひやくせい》の要求によって神泉苑の水関を開いて、水を供給するにいたった（『祈雨記』醍醐天皇条、『類聚符宣抄』天慶二年七月十六日付「平朝臣伊望宣」参照）。

七月十九日、聖宝は神泉苑において孔雀経法《くじやくきようぼう》を修することを命じられ雨を祈った。孔雀明王《くじやくみようおう》を本尊として雨乞いする密教の秘法孔雀経法を聖宝が修したのは、日本で最初のことであった。聖宝は、これにさきだって請雨経法《しよううぎようほう》を修したのであったが、效験《こうけん》がなかったためである。神泉苑における聖宝の孔雀経法の修法には三十二人の僧が加わっていた。修法を始めてから五日目になって雨が快く降ったという（『日本紀略』延喜八年七月十九日戊子条、『東寺長者補任』一、延喜八年条、『祈雨日記』醍醐天皇御時条参照）。『祈雨日記』には、「甘雨、流れ澍《そそ》ぐ」とある。聖宝の修法は二十六日に結願《けちがん》となったが（『東寺長者補任』同上条参照）、同じ日に山陵使を派遣し雨を祈っている（『日本紀略』延喜八年七月二十六日乙未条参照）。二十六日の結願の日に勅使が祈雨のため山陵に遣わされているのは、修法五日目の降雨量が期待するほどのものではなかったからであろう。八月に入っても干天はつづいた。

深草山陵への奉幣

八月二日、深草《ふかくさ》山陵に奉幣《ほうへい》して雨を祈った（『貞信公記』延喜八年八月二日条参照）。深草山陵は、山城の国紀伊郡深草郷（京都市伏見区深草東伊達町）にある仁明《にんみょう》天皇の陵である。なぜとくに深草山陵に祈雨のために奉幣したのであろうか。これには歴史的な由来があった。その昔、貞観十七年（八七五）六月にも、ひどい旱魃があった。六月十五日に神泉苑において十五人の僧が、大雲輪請雨経法《だいうんりんしょううぎょうほう》を修したことがあったが、その日、菅原是善《すがわらのこれよし》以下の勅使が深草山陵に遣わされ、雨が降らない祟《たた》りは、山陵の樹木を伐採したためであるとの神祇官の言上によって過《あやま》ちを謝し、恩を祈らせた（『三代実録』貞観十七年六月十五日丙寅条参照）。これが祈雨のために深草山陵へ奉幣する始まりとなったのである。

神泉苑の池水放出

さきに旱魃に苦しむ百姓の要求によって神泉苑の水関を開いたことにふれたが、そのさいのこととして『祈雨記』には、「貞観中、此の水（神泉苑の水）を給す。少納言を遣はして、六衛府《ろくゑふ》の舎人《とねり》、各々《おのおの》三人、及び相撲人《すまひひと》十人、駕輿丁《かよちやう》等を率《ひき》ゐしめ、開きて水を出すことを監せしむ。一日一夜にして水尽《つ》き、与《あた》ふることを止《とど》む」（『祈雨記』醍醐天皇条）とある。貞観年中（八五九―八七七）、渇水もしくは旱天のため神泉苑の水を給水し、あるいは放出したのは、貞観四年（八六二）九月に京都の人家の井泉が、ことごとく枯渇《こかつ》したので、神泉苑の西北門を開いて諸人が水を汲むことを許したこと（『三代実録』貞観四年九月十七日癸未条参照）、また同十七年（八七五）六月、右衛門権佐《うえもんごんのすけ》の藤原遠経《とおつね》を神泉苑に遣わして、左右衛門府の官人、衛士《えじ》などを率い池の水を放出させたということにあたる（同上、貞観十七年六月二十三日甲戌条参照）。貞観十九年（八七七）四月、改元があって元慶という年号になったが、その年六、七月は炎旱に見舞われ、七月十日、「神泉苑の池の水を引《ひ》きて、城南《せいなん》の民田《みんでん》に漑灌《そそ》ぐ。一日一夜にして水脈《すゐみやく》涸《こ》竭《けつ》す」（同上、天慶元年七月十日己酉条）ということがあった。『祈雨記』が述べている「貞観中、此の水を給す。……一日一夜にして水尽き、与ふることを止む」というのは、あるいは、その時のことを指しているのかもしれない。

さて話を延喜八年（九〇八）のことにもどすと、この年十二月十四日、聖宝は新銭を下賜されている（『西宮記』臨時一、裏書参照）。新銭というのは、前年十一月に鋳造された延喜通宝である。聖宝が新銭を賜わる以前、十一月二十六日には宇多法皇、陽成上皇にそれぞれ新銭五万文が奉られ、また皇太子、親王以下、外五位以上の者に新銭が賜与された。さらに十二月一日には、宇多法皇の要請によって僧綱に新銭が班与された。この時、班与されたのは僧都一人、律師二人であったというから（同上、裏書参照）、僧綱の首席にいた僧正の聖宝と次席の大僧都安勢《あんぜい》には新銭の下賜がなかったのである。新銭を賜わった僧都一人は由性《ゆうしょう》、律師二人は観賢《かんげん》と慈念《じねん》であった。

聖宝への新銭賜与

そして十二月十一日、神今食《じんごんじき》の日に新銭を伊勢大神宮と諸社に奉納した。神今食は、毎年六月と十二月の十一日に伊勢の天照大神《あまてらすおおみかみ》を勧請《かんじょう》して、天皇みずから神饌を供する祭儀である。ついで十三日には七大寺に新銭の班給があった。そして翌十四日に聖宝が新銭を賜わったのである（『西宮記』臨時一、裏書参照）。

貞観十七年の旱魃と新銭の下賜

ここで想起させられるのは、旱魃が激甚であった貞観十七年六月のことである。この月二十三日に神泉苑の池の水を放出したことは、さきに見たが、十一日の神今食祭《じんごんじきさい》には、天皇の親祀はなかったものの、親王、公卿が神嘉殿において祭儀を執り行ない、そして十三日、使者を十五大寺に分遣して『大般若経』を転読させ、寺ごとに新銭二貫文、もしくは三貫文を施して雨の降るのを祈った（『三代実録』貞観十七年六月十一日壬戌条、および十三日甲子条参照)。この時、諸寺に賜わった新銭は、貞観十二年（八七〇）正月に鋳造された貞《じょう》観永宝《がんえいほう》である。

神今食祭と新銭賜与

六月の神今食祭は、その年の豊作を祈願し、十二月のそれは、収穫への感謝と来る年の豊稔を予祝する宮中における農耕祭祀である。それが祈雨や新銭の班給とかかわっているのは注目されてよいであろう。しかも貞観十七年六月の時と延喜八年七月、および十二月の一連の行事が、まったく同様であるのは、延喜八年七月の祈雨と十二月の諸寺、および僧綱への新銭賜与とが、貞観十七年次の先例を踏襲したものであるとみなして間違いない。したがって聖宝が十二月十四日、新銭を賜わったのは、この年の祈雨修法の功と、来る年の豊饒祈願のための修法への期待によるものであろう。

宇多法皇、聖宝の病床を見舞う

さて延喜九年（九〇九）正月、聖宝は七十八歳の年を迎えた。例年行なわれる後七日の御修法を聖宝はつとめた。おそらく、これが聖宝の宮廷における最後のつとめとなったであろう。四月二十七日、受法の弟子延惟《えんゆい》が東大寺の別当に補任された。しかし、師の聖宝は、すでにこの月、病《やまい》の床についていた。普明寺で療養していた聖宝を陽成上皇と宇多法皇が見舞った。時の右大臣源光《みなもとのひかる》（八四六—九一三）も病に沈む聖宝のもとを訪れた。五月十日に諸寺、諸社にたいして『仁王経』を読ませ、疾疫を祈禳《きじょう》し（『扶桑略記』裏書、延

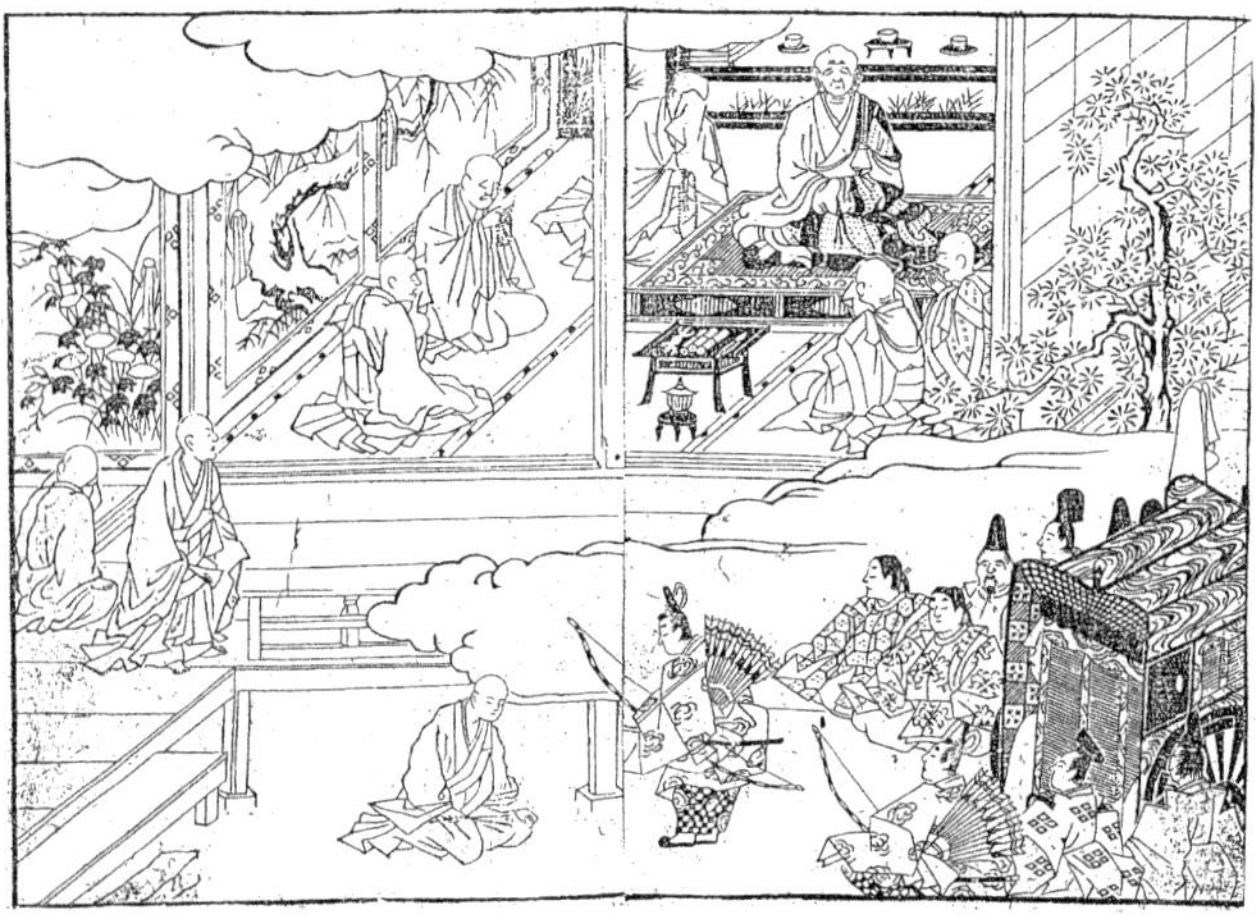

聖宝の病床を見舞う陽成上皇と宇多法皇(『理源大師行実記』版本より)

聖宝の辞表

喜九年五月十日甲戌条参照)、また二十六日に臨時の仁王会を行なって、疾疫を祈禳させたのは、去年の夏からこの年の夏にかけて疾疫が流行したためであった(『日本紀略』延喜九年五月二十六日条、『扶桑略記』延喜九年春夏之間条、および同裏書、同年五月二十六日庚寅条参照)。これらの祈禳のさいに聖宝の病気快復の祈願も、あわせてなされたかもしれない。

だが聖宝の病状は、しだいに悪化していった。六月十九日、聖宝は僧正の官を辞任する旨をしたためた上表を朝廷に提出し、これが許された(『日本紀略』延喜九年六月十九日条、興福寺本『僧綱補任』など参照。『古今和歌集目録』僧綱条には、「十九日、之を許さず」とある)。以後、延長元年(九二三)五月、増命《ぞうみょう》(八四三—

九〇七）が僧正に任ぜられるまで僧綱では僧正の官は闕員となっていた。

ところで嘉暦年間（一三二六―一三二九）に醍醐寺一山の歌を集めて撰修されたといわれている『続門葉和歌集』《ぞくもんようわかしゅう》巻十釈教歌に、「人の物をたてまつりたりける返事に、よみてつかはされける歌」と題する聖宝の歌が収められており、その歌は、

皆何《みななに》もなきはまことの事なれは
　えさすと思ふなえつと思はし

というものである。そしてこの歌には、

此うたは、三論の心《こころ》ならば絶待無所得《ぜったいむしょとく》の義《ぎ》、真言の義ならば遠離因果絶能所《おんりいんぐわぜつのうしょ》の心なるべし。

という説明がつけられている。雲雅の『理源大師行実記』は、「人アツテ世財《せざい》ヲ持来《もちきたつ》テ、而《しか》モコレヲ奉献《ぶげん》ス。師《し》、能施所施及施物三輪清浄《のうせしよせぎふせもつさんりんしやうじやう》ノ義《ぎ》ヲ開示《かいじ》シ訖《をは》ツテ亦《また》和歌ヲ詠ジ」たとして、この歌を掲げ、そして「夫迷途《それめいと》ノ法《はふ》ハ妄想《まうぞう》ヨリ生《しやう》ストイヘル意《こころ》ヲヨミ玉ヒケルトゾ」と説いている。また竜海の『理源大師寔録』は、この歌を評して、「その調いたく劣れり、おそらくは師の名をかりたるならん、されど古くより言伝《いひつたへ》たるとおぼし」と述べている。おそらく後世の人が、聖宝に仮託してこの歌を作ったのであろうが、

聖宝の死

「三論・真言両様の解釈を注記しているのも、鎌倉時代の醍醐寺で、聖宝が三論・真言の師として仰がれていたことを示しており、興味深いもの」（大隅和雄、前掲書）であることは確かである。この歌が聖宝の実作でなかったとしても、聖宝の遺言《ゆいごん》とも受けとれる面がある。聖宝が「無所得《むしょとく》」、つまりいっさいの事物に執着《しゅうじゃく》しないという生き方をしたことを、この歌は、まことによく言いあてているといえるであろう。聖宝は、こうした考えをもとにして、その生涯をつらぬいたのであった。

延喜九年七月六日、聖宝は七十八歳の天寿を全うした。その日、朝廷は誦経《ずきょう》の料として調布二百端を施し、左近衛将監《さこのえのしょうげん》である紀淑人《きのよしひと》を使者として聖宝終焉《しゅうえん》の寺、普明寺に赴かせた。それからおよそ八百年後、聖宝の八百年忌を前にした宝永四年（一七〇七）正月十八日、聖宝に理源大師《りげんだいし》の諡号が贈られた。

聖宝の家系図

（推定略系図による。本書四頁以下参照）

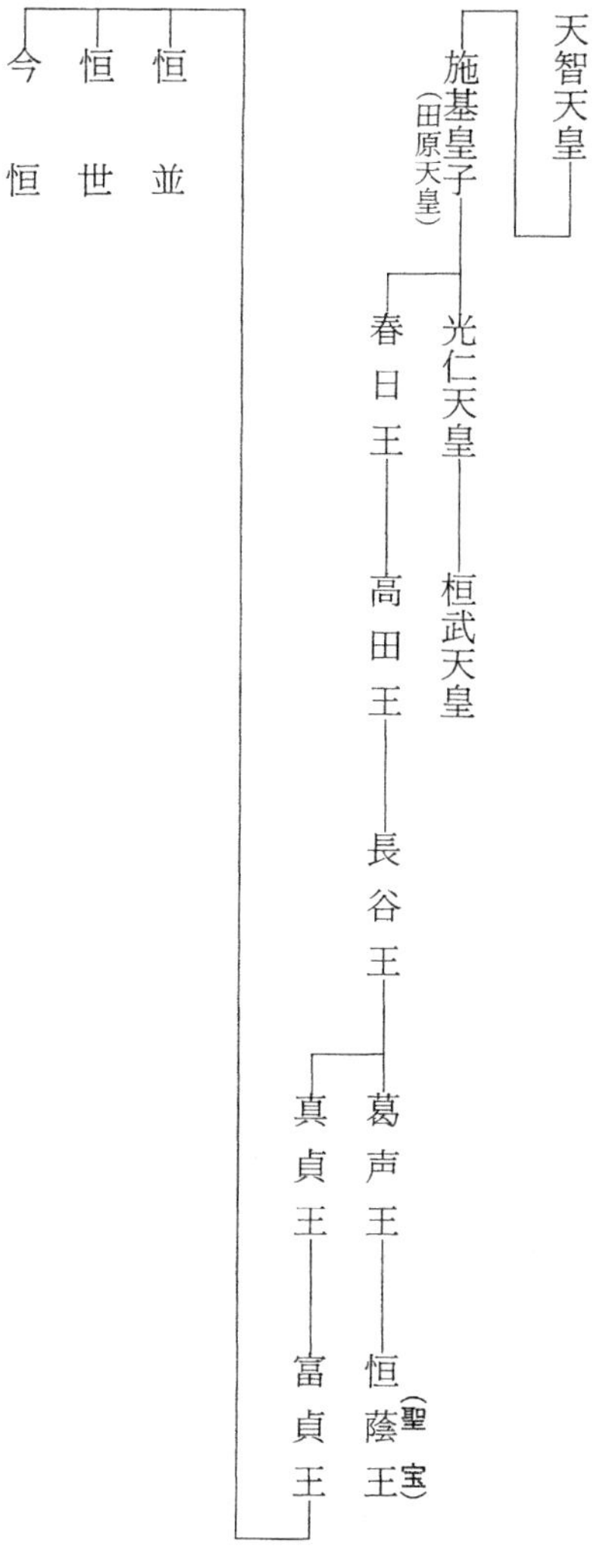

略年譜

年次	西暦	年齢	事蹟	参考事項
天長 九	八三二	一	この年、聖宝生まれる。俗名は恒蔭王。父は葛声王。母は讃岐の国出身の佐伯直氏か	四月、南殿で宴会催される○この年、全国的に飢饉
一〇	八三三	二		三月、仁明天皇即位
一一 (承和元)	八三四	三		正月三日、承和と改元○この月、宮中真言院での後七日御修法はじまる
承和 二	八三五	四		三月二一日、空海入滅する
九	八四二	一一		七月、承和の変起こる
一四	八四七	一六	この年、真雅の門に入り、出家する○以後、東大寺の東僧房南第二室に居住し、元興寺の願暁・円宗に師事し、三論を学び、東大寺の平仁のもとで法相を修学する。さらに東大寺の玄永に師事し華厳を、また真蔵のもとで律を学ぶ。この間、金峯山で山林修行をする。また真雅と確執し、四国へ巡錫の旅にでて、最初の門弟となった観賢を連れて帰ったと伝える	七月、円仁唐より帰り、大宰府に入る○この年、真雅東大寺別当となる。またこの年、唐僧の義空渡来する

嘉祥三	八五〇	一九		四月、文徳天皇即位
天安二	八五八	二七		一一月、清和天皇即位
貞観四	八六二	三一		七月、嘉祥寺西院に貞観寺の号を賜わる
五	八六三	三二		五月二〇日、神泉苑で御霊会が催される
八	八六六	三五		閏三月一〇日、応天門炎上する○九月、伴善男、伊豆の国に配流される（応天門の変）
一一	八六九	三八	一〇月、興福寺維摩会の竪義をつとめ、賢聖義・二空比量義を論ずる。維摩会終了後、伝燈満位を授けられる	二月、貞明親王（後の陽成天皇）、皇太子となる
一三	八七一	四〇	この年、真雅から無量寿法を受ける	一〇月、応天門再建される
一四	八七二	四一		九月、藤原良房没する
一六	八七四	四三	六月一日、笠取山（醍醐山）の山頂に草庵を構え、准胝・如意輪両観音像を造像するための御衣木を加持し、堂舎の定礎をし柱を立てたと伝える	三月、貞観寺の新道場成る
一八	八七六	四五	六月一八日、笠取山の山頂に准胝堂が完成し、准胝・如意輪両観音像の造立も終わり、落成供養の導師に遍照がなったという	四月、大極殿炎上○一一月、清和天皇譲位、貞明親王（陽成天皇）受禅、藤原基経摂政となる
元慶三	八七九	四八	二月二五日、弘福寺の別当となる。この時、伝燈大法師位	正月三日、真雅没する

	四	八八〇	四九	三月、真然から胎蔵・金剛両部の大法を受ける	一二月、清和太上天皇崩ずる
	五	八八一	五〇	この年夏、真然のもとで修行。この時、空海の『胎蔵普礼五三次第』を真然から授与される	この年、在原行平奨学院を創建する
	七	八八三	五二	三月四日、弘福寺の別当を重任する	二月、上総の国の俘囚反乱〇八月、この月以降、藤原基経政務を放棄する
	八	八八四	五三	この年、源仁から伝法灌頂を授けられる	二月、陽成天皇譲位、光孝天皇即位
	九（仁和元）	八八五	五四		正月、敦仁親王（醍醐天皇）生まれる〇二月、仁和と改元
仁和	三	八八七	五六	三月九日、阿闍梨位の灌頂を伝授される	八月、光孝天皇崩ずる〇一一月、源定省（宇多天皇）即位する。この月、藤原基経関白となる。以降「阿衡の紛議」起こる。この月二十二日、源仁没する
寛平	二	八九〇	五九	八月一一日、貞観寺の座主となる	正月、遍照没する
	三	八九一	六〇	この年、藤原高子の五十の賀の時、諸宗の僧による講論があり、円仁の門弟玄昭の論義を目にした聖宝は玄昭を「因明王」と称讃する	正月、藤原基経没する〇九月一一日、真然没する
	六	八九四	六三	一二月二二日、権律師となり、二九日、権法務となる。この月末、弘福寺の検校に任ぜられる	八月、菅原道真遣唐使となる〇九月、遣唐使の派遣中止される
	七	八九五	六四	一二月一三日、観賢に伝法灌頂を授ける。同月二九日、東寺の二の長者となる	八月、源融没する

八	八九六	六五	正月、後七日の御修法の導師となる○この年、東寺の別当を兼任する	六月、藤原胤子没する
九	八九七	六六	九月、日蝕にあたって修法を行なう○一二月二八日、少僧都となる○この年、『古今和歌集』に採録された「花のなか目に」の和歌を詠んだと伝える	七月、宇多天皇譲位、敦仁親王（醍醐天皇）即位
一〇（昌泰元）	八九八	六七	正月、後七日の御修法を行なう○二月、延惟に伝法灌頂を授ける	七月、昌泰と改元する○八月、道義東大寺の別当となる
昌泰　二	八九九	六八	一一月二四日、宇多法皇東大寺において受戒した時、戒和尚をつとめたと伝える	一〇月、宇多上皇東寺で灌頂を受け、落飾入道する
三	九〇〇	六九	正月、後七日の御修法を行なう○三月、「東寺上座神忠解由状」に別当として署名する○五月、法隆寺東辺の富河（富雄川）が氾濫し、大洪水のため法隆寺の十師たちが死に、受戒会に東大寺の十師を、その欠にあてたい旨、聖宝が奏聞する○七月、宇多法皇金峯山に行幸した時、その駕に従い、『後撰和歌集』に採録された羇旅の歌「人毎に」の和歌を詠じたか○この年、『修験最勝慧印三昧耶極印灌頂法』などを撰述したと伝える	三月、醍醐天皇の外祖父藤原高藤没する○七月、宇多法皇金峯山に行幸する○一〇月、宇多法皇高野山に行幸する○この年、勧修寺が創建される
四（延喜元）	九〇一	七〇	正月一四日、大僧都となる○一二月一三日、東寺において宇多法皇が益信から伝法灌頂を受けた時、後朝の嘆徳をつとめる	正月、菅原道真左遷される○二月、僧の山林修行などを禁止する○七月一五日、延喜と改元する○一二月一

延喜 二	九〇二	七一	二月七日、清滝権現を観じたという。八日、済高・印紹に伝法灌頂を授ける。二三日、宇多法皇が益信から灌頂印信を授けられた時、表白師となる○三月二三日、権僧正となる○七月一五日、峯禅に伝法灌頂を授ける○九月二三日、貞崇に伝法灌頂を授ける○この年、東大寺中門に二天王像を造立したという	三日、宇多法皇東寺で益信から伝法灌頂を受ける 三月、延喜荘園整理令が発令される
三	九〇三	七二	正月、後七日の御修法を行なう○一一月一八日、真願に伝法灌頂を授ける	二月、菅原道真大宰府の配所で没する
四	九〇四	七三		七月、東大寺の別当道義、佐伯院（香積寺）を破壊し東大寺南大門の東脇に移す
五	九〇五	七四	七月一一日、東大寺東南院を佐伯氏の氏人から付属され院主となる○九月一日、延性に伝法灌頂を授ける○一二月二一日、仏名会の導師をつとめる。二二日、醍醐天皇に召され平城・平安付近の諸寺の八十歳以上の僧に綿を賜わるにさいして、その名簿を進上することを下命される	四月、『古今和歌集』撰進の勅がでる○九月、宇多法皇金峯山寺に参詣
六	九〇六	七五	一〇月七日、僧正となる。また法務に昇り、東寺の一の長者となる	三月七日、益信没する

七	九〇七	七六	正月、後七日の御修法を行なう○二月一三日、東大寺東南院の院主の房についての起請文を書く○六月二日、醍醐・成願両寺の処分状を書く○八月八日、貞寿に伝法灌頂を授ける○この年、醍醐寺が御願寺となる	一〇月一七日、醍醐天皇の外祖母宮道列子没する○一一月、延喜通宝を鋳造する
八	九〇八	七七	七月一九日、神泉苑において祈雨のために孔雀経法を修する○一一月八日、道憲に伝法灌頂を授ける○一二月一四日、延喜通宝を下賜される	○この年夏、旱魃○七月、諸寺社に祈雨する○八月二日、深草山陵（仁明天皇陵）に奉幣し雨を祈る
九	九〇九	七八	正月、後七日の御修法を行なう○四月、病床に就く、宇多法皇と陽成上皇が普明寺に聖宝の病気を見舞う○六月一九日、僧正を辞する上表を書く○七月六日、入滅する	四月四日、藤原時平没する。二七日、延惟東大寺の別当となる
宝永四	一七〇七	没後 七九九	正月、理源大師の諡号を贈られる	

参考文献

一　聖宝伝の基本文献

撰者未詳『醍醐根本僧正略伝』　承平七年九月

現存する写本のうち最も古い写本と考えられているのは、醍醐寺霊宝館所蔵のものである。『続群書類従』巻第二一三所収の『聖宝僧正伝』は、醍醐寺本と内容は同じであるが、後世に加筆された箇所がある。続群書類従本の奥には、「或伝云」として他の記録の聖宝関係記事が付載されており、「安元二年三月四日書写了／前従儀師慶延本」云々の識語がある。

撰者未詳『醍醐寺縁起』　平安時代後半

古い時代の写本は、宮内庁書陵部所蔵の九条家本であって、『図書寮叢刊』の一冊として刊行されている。『群書類従』巻第四三〇所収の『醍醐寺縁起』には、「正安元年卯月廿九日。以二不慮之本一書写了。／定誉」の奥書がある。本縁起には「根本尊師者。東京人。俗姓王氏」に始まる聖宝伝および「第一座主。中院僧正観賢〈此号二般若寺僧正一〉讃岐国人」に始まる観賢伝が付載されている。

慶延撰『醍醐雑事記』　平安時代末期

この聖宝伝は『醍醐根本僧正略伝』と同本。ただし後世に加筆された箇所がある。

昭和六年（一九三一）七月、中島俊司編『醍醐雑事記』として醍醐寺より刊行。昭和四八年（一九七三）二月、再版が発行されている。

東京帝国大学編『大日本史料』第一編之四　東京帝国大学文学部史料編纂掛　大正一五年二月

本書の延喜九年（九〇九）七月六日条「前僧正法印大和尚位聖宝寂ス」のもとに一〇八頁にわたって聖宝関係のあらゆる史料が網羅されており、聖宝の伝記史料をみるのに至便である。昭和六四年（一九八九）一月に東京大学史料編纂所編として東京大学出版会から復刻版が刊行されている。なお『大日本史料』第一編之三、五などにも聖宝関係史料が収められている。

二　聖宝伝の一般的文献

雲　雅撰『理源大師行実記』　京都・岡権兵衛　宝永五年七月

竜　海撰『理源大師寔録』　文化五年一月

雨　月「聖宝尊師」（『有声』九）　明治二三年四月

高見寛応『理源大師』　六大新報社　明治四一年三月

斎藤隆現編『理源大師実伝記』　京都・文政堂　明治四一年四月

雲雅の聖宝伝は、八百年忌にあたって書かれ、竜海のものは、九百年忌にさいして著わされたもの、そして斎藤隆現の編著は、一千年忌の記念に編纂されたものである。

小林正盛「聖宝尊師と観賢僧正」（『六大新報』五八三）　大正三年三月

吉祥真雄「本覚大師と理源大師」(『密宗学報』二二五)　昭和八年四月
辻善之助「寛平延喜以後に於ける真言宗」(『日本仏教史』上世篇)　昭和一九年一一月
西川新次「聖宝・会理とその周辺」(『国華』八四八)　昭和三七年一一月
桑田忠親「理源大師自筆処分状」(『高僧の名書簡』)　昭和四七年一二月
堀池春峰「聖宝」(『書の日本史』二、平安)　昭和五〇年一二月
大隅和雄『聖宝理源大師』　醍醐寺寺務所　昭和五一年四月

本書は、醍醐山開創一千百年記念として出版されたもの。その「あとがき」に、「私は厳密な歴史研究の立場でいえば排除すべき説話や縁起をつないで行くことによって、聖宝という人物が立っていた歴史的位置を考え、叙述してみたい」と本書執筆の抱負が記されている。これまで著わされた聖宝伝のなかでの決定版といってよいものである。

松長有慶「理源大師(聖宝)」(『讃岐の五大師展―弘法・道興・法光・智証・理源―』)　昭和五三年一一月
中嶋繁雄「聖宝―修験道を再興―」(『日本名僧100話』)　昭和五五年一二月
小川太一郎「恒蔭王」(『讃岐人物風景』1、古代の名僧と宰相)　昭和五五年九月
大隅和雄「開山理源大師号記」(『醍醐寺文化財研究所研究紀要』三)　昭和五六年三月
佐和隆研「聖宝とその造像」(『日本の仏教美術』)　昭和五六年一二月
大隅和雄「聖宝―密教と山岳修行―」(『真言宗』)　昭和六〇年一〇月

佐伯有清「歴史と私」（『歴史手帖』一九―二）　平成三年二月

三　聖宝と醍醐寺の関係文献

岡田戒玉編『醍醐霊宝纂』　醍醐寺　昭和三年三月
中島俊司『醍醐寺略史』　醍醐寺寺務所　昭和五年六月
服部如実「醍醐寺の歴史」（『仏教芸術』四二、特集醍醐寺）　昭和三五年四月
佐和隆研他『秘宝醍醐寺』　講談社　昭和四二年一〇月
佐和隆研「醍醐寺の仏教と歴史」（『密教の寺―その歴史と美術―』）　昭和四九年一一月
佐和隆研「醍醐寺の美術」（『密教の寺―その歴史と美術―』）　昭和四九年一一月
東京国立博物館他編『醍醐寺密教美術展』　日本経済新聞社　昭和五〇年三月
佐和隆研『醍醐寺』　東洋文化社　昭和五一年三月
井上靖他『醍醐寺』（『古寺巡礼』京都3）　淡交社　昭和五一年一〇月
佐和隆研『醍醐天皇と醍醐寺』　醍醐寺　昭和五五年九月
醍醐寺編『醍醐寺』　醍醐寺　昭和六二年三月
醍醐寺他編『醍醐寺展』　日本経済新聞社　平成元年一〇月
山岸常人「論義会と仏堂（上醍醐御影堂と東大寺法華堂）」（『中世寺院社会と仏堂』）　平成二年二月

四　聖宝と東寺の関係文献

勅賜東寺一千百年紀念法会臨時事務局編『東寺略史』　同上臨時事務局　大正一一年四月

朝日新聞社編『東寺』　朝日新聞社　昭和三三年五月

佐和隆研他『秘宝東寺』　講談社　昭和四四年六月

東寺文化財保護部編『東寺―弘法大師と密教美術―』　弘法大師御誕生千二百年記念事業部　昭和四八年三月

司馬遼太郎他『東寺』（『古寺巡礼』京都1）　淡交社　昭和五一年九月

上島有編著『東寺文書聚英』図版篇・解説篇　同朋舎出版　昭和六〇年一〇月

山田耕二他『東寺』　保育社　昭和六三年五月

五　聖宝と東大寺東南院の関係文献

小原洪秀「佐伯院について」（『密宗学報』一七九）　昭和三年八月

田村吉永「奈良朝創建の香積寺に就いて」（『史迹と美術』一六―四）　昭和二一年七月

福山敏男「葛木寺と佐伯院（香積寺）」（『奈良朝寺院の研究』）　昭和二三年二月

平岡定海『東大寺の歴史』　至文堂　昭和三六年一一月

角田文衛『佐伯今毛人』（『人物叢書』一〇八）　吉川弘文館　昭和三八年七月

岸俊男「藤原仲麻呂の田村第」(『日本古代政治史研究』) 昭和四一年五月
永村真「『院家』の創設と発展」(『中世東大寺の組織と経営』) 平成元年二月
永村真「寺内僧団の形成と年預五師」(『中世東大寺の組織と経営』) 平成元年二月
湯山賢一「僧平珍款状案延喜九年六月廿七日一巻」(『古文書研究』三三) 平成二年一〇月

六　聖宝と修験道の関係文献

和歌森太郎『修験道史研究』 河出書房 昭和一八年一月
村上俊雄『修験道の発達』 畝傍書房 昭和一八年三月
和歌森太郎『山伏—入峰・修行・呪法—』 中央公論社 昭和三九年九月
鈴木昭英「修験道当山派の教団組織と入峯」(『大和文化研究』一〇—六・八) 昭和四〇年六・八月
中條真善『修験大要』 三密堂書店 昭和四三年一一月
村山修一『山伏の歴史』 塙書房 昭和四五年三月
宮家準『山伏』 評論社 昭和四八年一一月
中條真善『修験道の教理』 三密堂書店 昭和五〇年八月
宮家準「聖宝伝説考—修験道の伝承を中心として—」(『インド古典研究』六) 昭和五九年五月

著者略歴
大正十四年生れ
法政大学第二高等学校校長、北海道大学文学部教授を経て
現在　成城大学文芸学部教授、文学博士
主要著書
智証大師伝の研究　慈覚大師伝の研究　円仁　円珍　新撰姓氏録の研究(全九冊)　牛と古代人の生活　日本古代の政治と社会　古代氏族の系図　最後の遣唐使　日本古代氏族の研究　日本の古代国家と東アジア　古代の東アジアと日本

人物叢書　新装版

聖　宝

平成三年六月二十日　第一版第一刷発行

著　者　佐《さ》伯《えき》有《あり》清《きよ》
編集者　日本歴史学会
代表者　児玉幸多
発行者　吉川圭三
発行所　株式会社 吉川弘文館
東京都文京区本郷七丁目二番八号
郵便番号一一三
電話〇三―三八一三―九一五一〈代〉
振替口座東京〇―二四四
印刷＝平文社　製本＝ナショナル製本

『人物叢書』（新装版）刊行のことば

人物叢書は、個人が埋没された歴史書が盛行した時代に、「歴史を動かすものは人間である。個人の伝記が明らかにされないで、歴史の叙述は完全であり得ない」という信念のもとに、専門学者に執筆を依頼し、日本歴史学会が編集し、吉川弘文館が刊行した一大伝記集である。

幸いに読書界の支持を得て、百冊刊行の折には菊池寛賞を授けられる栄誉に浴した。

しかし発行以来すでに四半世紀を経過し、長期品切れ本が増加し、読書界の要望にそい得ない状態にもなったので、この際既刊本の体裁を一新して再編成し、定期的に配本できるような方策をとることにした。既刊本は一八四冊であるが、まだ未刊である重要人物の伝記についても鋭意刊行を進める方針であり、その体裁も新形式をとることとした。

こうして刊行当初の精神に思いを致し、人物叢書を蘇らせようとするのが、今回の企図である。大方のご支援を得ることができれば幸せである。

昭和六十年五月

日本歴史学会

代表者　坂本太郎

〈オンデマンド版〉
聖　宝

人物叢書　新装版

2020年（令和2）11月1日　発行

著　者　佐《さ》伯《えき》有《あり》清《きよ》

編集者　日本歴史学会
代表者　藤田　覚

発行者　吉川道郎

発行所　株式会社　吉川弘文館
〒113-0033　東京都文京区本郷7丁目2番8号
TEL　03-3813-9151〈代表〉
URL　http://www.yoshikawa-k.co.jp/

印刷・製本　大日本印刷株式会社

佐伯　有清（1925～2005）

ISBN978-4-642-75194-0